高等教育"十四五"部委级教材

桨板运动

主　编：朱江华　刘　勇

副主编：高文倩　秦　伟　侯秀文

东华大学出版社·上海

编委会

主　编：朱江华　刘　勇

副主编：高文倩　秦　伟　侯秀文

编　委：（按姓氏笔划排名）

丁国华　马　克　张　帆　叶泽峰　何海颜　朱　鹏

许福军　杨一明　何　翌　陈意华　郑冬华　林世行

林君薇　郝霖霖　贾立强　钱　军　钱斌翔　敖　翔

徐燕军　常伯深　焦长庚　鲍万松　蔡金兴　潘黎君

目 录

第一章 绪论
  一、桨板的起源与发展 / 1
  二、桨板运动的意义与特点 / 3
  三、中国桨板运动的发展 / 5

第二章 桨板装备
  一、桨板剖析 / 7
  二、如何选择合适的桨板 / 12
  三、桨板的保养、储藏 / 15
  四、桨板运动的安全保障装备 / 15
  五、中国桨板运动装备市场的发展 / 17

第三章 安全篇
  一、安全基础与原则 / 19
  二、教学环境要求与安全事项 / 21
  三、桨板运动的风险管理 / 23

第四章 桨板基础理论与技术
  一、桨板技术的合理性 / 35
  二、平衡与平衡训练 / 39
  三、岸边上下水 / 48
  四、落水、水上翻板与中位上板 / 54
  五、握桨、桨语和鸣哨 / 59
  六、桨板运动与中国海洋文明的联系 / 62

第五章　桨板跪姿划行技术

一、跪姿划行姿态与技术特点分析 / 64

二、跪姿直线 / 68

三、跪姿扫桨转向 / 83

四、跪姿停止、倒退 / 103

第六章　站立划行技术

一、站立划行的技术要领与特点分析 / 118

二、站立划行 / 122

三、站立锚点急停和转向 / 127

四、靠岸平移 / 133

第七章　桨板救生

一、桨板救生介绍、原则及情况判断 / 136

二、趴板直行 / 147

三、心肺复苏 / 152

四、自我救护 / 153

第八章　桨板竞技

一、竞速桨板技能 / 157

二、桨板技巧技能 / 165

三、桨板竞速比赛的战术 / 168

第九章　桨板教学组织与方法

一、桨板专项教学的原则 / 171

二、桨板教学的计划、组织和评估 / 172

三、桨板教学的基本方法 / 176

第十章　桨板训练理论与方法
　　一、桨板专项身体训练的原则 / 179
　　二、桨板专项身体训练的理论依据 / 180
　　三、桨板专项身体素质训练的基本方法 / 182
　　四、桨板竞技中的心理训练 / 188

第十一章　桨板竞赛组织与裁判法
　　一、桨板竞赛组织 / 190
　　二、裁判法 / 204

第十二章　桨板+项目介绍
　　一、冲浪桨板 / 221
　　二、白水桨板 / 223
　　三、桨板瑜伽 / 224
　　四、花式桨板 / 225
　　五、龙舟桨板 / 225
　　六、桨板球 / 226
　　七、桨板高尔夫 / 226
　　八、桨板钓鱼 / 227
　　九、桨板运动的发展是体育强国建设的必然要求 / 227

第一章 绪 论

一、桨板的起源与发展

桨板又名直立单桨冲浪,全称 Stand Up Paddle,简称 SUP。桨板是从冲浪中衍生出来的,最初,冲浪教练为了管理众多的学员、指挥冲浪员的姿势,将窄小的冲浪板换成冲浪长板,然后拿一根木棍支在板上,直立站在冲浪板上不仅可以获得良好的视野来观察周遭情况,还有利于应对远处过来的涌浪,于是逐渐有了后来的桨板。桨板运动,是在桨的帮助下推动专属浮板的一种行为,具有易用性与多样性,这是一种健康的、老少皆宜的有氧运动,也是适合初学者的水上运动。

桨板运动目前的形式和受欢迎程度起源于 20 世纪 20 年代的夏威夷。关于它的历史,几乎处处都引用了同一个故事,即"20 世纪 60 年代早期,夏威夷一队名为"Beach Boys of Waikkiki"(Waikiki 海滩男孩)的冲浪爱好者,站在加长的冲浪板上为学习冲浪的游客们拍照,因此,"Beach Boy Surfing"也是 SUP 的另一个别称"。但早在数千年前,许多大陆也有桨板早期发展的相关文明记载。

公元前 1000 年(即 3000 年前)就发现了早期 SUP 形式的记录(图 1-1),其迭代次数遍及秘鲁、以色列、意大利等地区,可见,站起来以某种形式划桨已经存在了数千年。在非洲和南美洲的古代文化中,出现了只用长桨驱动船只进行捕鱼、旅行或制造战争的记载。例如,非洲部分地区的勇士们乘着独木舟站起来,用长矛作为桨,默默地进入敌方领土。

早在 3000 多年前,秘鲁渔民就开始建造"Caballitos de Totora",这是一种用芦苇制成的小船(图 1-2),他们使用长长的竹杆驾驶小船在大海上捕捞

图 1-1　3000 年前早期桨板形式

打渔，一天劳作后，也会在海上进行冲浪竞速。事实上，这很可能是所有冲浪的真正根源。

图 1-2　秘鲁芦苇船

图片资料显示，1886 年英国便有了桨板运动发展的苗头。照片作者 Peter Henry Emerson 于 1886 年拍摄于英国的东盎格鲁沼泽 (图 1-3)，图中人们手持单桨乘着扁舟，在湖面行驶。

1939 年，在新西兰莫阿纳 (Moana) 也有类似桨板行驶的行为，照片人物背景不详，但也为早期桨板的发展提供了证据 (图 1-4)。

1953 年，在英国 Newquay Bay，一位叫 Charlie Force 的木匠，做了个空心的木制冲浪板，以便有足够的浮力来承载人，然后以一支 kayak 桨来帮助划水冲浪 (图 1-5)。

图 1-3 1886 年英国东盎格鲁沼泽　　图 1-4 1939 年新西兰莫阿纳　　图 1-5 1953 年英国 Newquay Bay

可见，桨板运动起源于欧美，历史悠久。20 世纪的桨板故事是夏威夷的故事。21 世纪初开始，桨板则在世界各地迅速发展和风靡起来。2004 年，夏威夷本土冲浪者 Rick Thomas 把一块桨板带回了加利福尼亚，从而让桨板运动得到了更大的曝光，再加上社交媒体的发展与对冲浪运动的持续关注，引发了历史上最受欢迎的体育热潮之一，使得 21 世纪成为一个全球性的桨板纪年。此后，桨板的玩法也变得多种多样，如桨板瑜伽、桨板钓鱼等。它不仅仅涉及冲浪一个运动，而是基于冲浪的传统再加上其他内容，这使得这项运动对全世界各地的人都具有吸引力且有较高的参与度，为其全球增长和热情参与铺平了道路。

二、桨板运动的意义与特点

（一）桨板运动的意义

随着科技和社会的发展，人们也面临更多的健康问题，而运动成为人们维护自身身心健康的良好手段之一。桨板运动的不断发展对社会、自然及人类本身都有着重要意义。桨板运动虽在我国发展起步较晚，但有着巨大的发展空间与潜力。

从社会方面来说，其能加速体育产业经济的可持续发展，加强体育产业建设。桨板运动的开展，涉及桨板、护具等其他周边商品的消费，同时还有相关技术服务方面的内容，这对体育产业经济甚至是社会经济都有较大的推动作用。此外，体育活动的开展，需要运动场所的支撑，因此，人们对桨板运动场所的需求也能进一步推动城市中相关体育设施的开发与完善，在户外进行运动的同时，能带动当地旅游产业与周边经济的发展，一定程度上也有利于社会经济建设。

从自然的角度来说，桨板作为户外项目之一，也是绿色的体育运动，在山水之间划着桨板，了解生态，了解环保的重要性，用全新视角亲身感受水上运动的魅力，使得参与者体会到大自然的资源是最珍贵而且无法复制的。同时，桨板运动也兼具环保教育意义，桨板运动能够近距离考察生态湿地，用科普认识自然，用心感受山水森林、空气和水的变化，兼具娱乐、科普、环保教育意义的体验内容，徜徉在秀丽风景里，亲近自然，对环境以最环保的方式接触大自然，有利于加强人与自然和谐共处的生态教育，促进环保观念深入人心。

从人类自身来看，桨板运动有利于改善人的身体素质，促进人的全面发展。桨板运动作为休闲体育项目之一，具有丰富的娱乐性与挑战性。在水面上运动，需要运动员具有较好的平衡能力与身体素质，因此，桨板运动有利于增强人体的平衡性、增强心肌能力、加快新陈代谢、提高免疫力、提高肺活量，以及为他们塑造优美的体型，具备很好的健身效果。同时，在运动过程中环境、水流等外部条件的不断变化，都会对运动带来一定的挑战，这便需要运动员有较好的观察、应变能力与灵敏性，面对突发事件时能够及时反应与处理，从而避免危险发生。桨板还是海岸救生和水域救生的重要工具之一，在国外受到广泛利用。除了生理方面的影响外，它对人的心理方面也有较大的影响，在运动过程中，能促进社交休闲活动的开展，舒缓人们的心情，改善低迷的情绪，减少压力，进而感受桨板运动所带来的乐趣。可见，桨板运动对人类的身心发展都有着较大的帮助。

（二）桨板运动的特点

桨板运动作为新兴水上运动之一，除具备冲浪板的功能外，还有入门难度较低、娱乐休闲价值高、可在无浪静水中和泳池中开展多种形式运动的特点，受到国内外众多体育运动爱好者的喜爱。

首先，桨板操作简单，上手容易。从桨板自身来看，它由一桨一板组成，设备简单，易于上手，学习门槛低，可参与人群广泛。与其他水上运动相比，桨板多为单边划行，所以即便是零基础，也能很快上手，给参与者提供了一个便于上手的玩水载体，不论是以竞技还是娱乐为目的的人都可以从中寻找到属于自己的乐趣。

其次，便是玩法多样，水域适应性强。桨板这个项目虽然隶属于冲浪，但它又有很多小项，加之桨板自身属性让其在各种水域中都能有相应的玩法技巧，大大提高了水上运动的娱乐性。在静水区域，除了能够运用基础技术进行滑行以外，还能结合一些休闲运动在板上开展，如桨板球、桨板瑜伽、桨板钓鱼等，包括多人进行桨板竞速等。在动态水域，桨板也能开展一些更为刺激的运动项目，如桨板冲浪和桨板白水漂流等具有挑战性的项目。

此外，在桨板之前，水上运动器械运输困难，像皮划艇，基本得用皮卡载着，或是架在车顶上，有时还会受车辆高度的限制，因此，对于户外出行携带来说受到较大的阻碍。而桨板有充气式和硬板两种，充气桨板能够收纳折叠，随身携带，大大简化了出行过程，为常年进行户外运动的爱好者提供了很大的便利。

三、中国桨板运动的发展

近年来，桨板运动在国内迅速普及，成为水上桨类运动中发展最迅速的项目。在海南、福建、浙江等地，桨板运动已有十余年的发展历史。而桨板运动门槛低、易上手、易跨界的特点，也进一步催生出较为成熟的桨板运动培训、竞技等行业产业。

桨板运动兼具激情与美感，对场地环境要求较低，无论江河湖海，都可以达到"乘板破浪"的效果。而且，通常桨板运动员需要放松心态，全身心投入维持桨板平衡、保证重心向上的把握中，因此对耐力和意志力也是一种长期的磨炼。通过参与桨板运动，能够有效地亲近自然、感受自然，在人与自然微妙的对抗中，感悟到"千磨万击还坚劲"的生命真谛。

2022年，国家发改委等部门联合印发《促进绿色消费实施方案》，明确宜将消费各领域全周期全链条全体系深度融入绿色理念，全面促进消费绿色低碳转型升级。在这一背景下，发展以桨板为代表的无动力水上运动，有利于传递可持续发展理念。同时，国家体育总局也举办多期桨板教练培训班，认证培训桨板教练员从业资格，并教授俱乐部运营等知识，各地也设立桨板教学单位，由专业教练引导青少年自主学习，注重身体素质培养。

2009年，"冲浪中国"首次将桨板冲浪带入国内。2014年，北京举办首届桨板公开赛。2019年，青岛举办首届东帆会杯国际皮划艇联合会世界桨板锦标赛，中国代表队获得2金5银8铜的成绩。2020年，武汉全民健身运动会举办武汉桨板团体队大赛。2021年，湖北桨板联盟琼州海峡百人横渡挑战赛创下了"中国桨板团队横渡琼州海峡人数规模之最"和"中国桨板女子团队横渡琼州海峡人数规模之最"两项国内纪录。同年，"桨浪长江"第二届武汉桨板长江马拉松组织桨板爱好者组成方队从中山舰码头下水，顺江而下，穿越九座长江大桥，最后在位于武汉青山区的汽渡码头上岸，完成了桨板水上运动马拉松。2022年，重庆举办全国桨板锦标赛吸引了来自全国59个城市的125支赛队、550余名选手报名参赛，打破了2021年创造的393人纪录，本次赛事标志着中国桨板运动进入快速发展阶段。

在水面上，桨板既是运动器材，也是救生工具、交通工具、瑜伽垫。在许多水上救援人士看来，桨板比救生圈、救生衣都省力，是救助溺水、落水人群的利器。桨板爱好者除去强身健体、休闲娱乐外，还承担着水上救援的任务，协助打捞不慎落水或溺水的人员。同时，相较于普通瑜伽，桨板瑜伽依托静水拓展空间，天然白噪音能够给人带来心理放松和疏导，让身处工作学习中的人降低焦虑及抑郁水平、缓解压力、提高专注，获得情绪纾解。

作为新兴水上运动，桨板运动具备多元化应用场景，能够有效锻炼体能、增强身体素质，同时能够在体育竞技、水上瑜伽、水上救援等领域下发挥重要作用，对于桨板运动的体验者而言，参与运动可以获得多学科实践知识，在户外习得实践技能，并能通过置身平静的自然环境，融入山水之间，达到修养身心的目的。

练习题

1. 桨板运动的意义是什么？
2. 桨板运动有哪些特点？

第二章 桨板装备

一、桨板剖析

（一）桨板材料

1.硬板材料

桨板运动是由冲浪运动演变而来的，属于冲浪运动的一种。所以最早的桨板其实就是冲浪板，是由木材制成的具有流线形的硬板，常用的木材有雪松、枫树、樱桃木、美国椴木、红木、轻木、胶合板等。木制桨板大多由手工制成，制作精美。为了延长桨板的使用寿命并使木材免于水的浸泡腐蚀，会在木制桨板表面刷上一层环氧树脂。后来，为减轻桨板的重量，制造者用空心木芯代替实木，如图2-1所示。木制桨板取材于自然，环保、美观且耐用。

图 2-1 木制桨板

由于木制桨板加工工艺复杂，造价昂贵，所以现在多是一些高端奢侈品牌才会生产。随着新材料的问世，轻质高强的玻璃纤维、碳纤维、芳纶纤维复合材料替代木材，被用于制造硬板。泡沫填充材料的问世进一步减轻了硬板的重量。玻璃钢硬桨板也称为环氧桨板，通常由 EPS 泡沫、多层玻璃纤维和环氧树脂构成，泡沫材料外包玻璃钢和环氧树脂是大多数板子的制作方式。有时也会用碳纤维和塑料，板子的重量根据内部结构的不同而不同。采用高性能纤维和树脂组合而成的复合材料制造出了更轻、更耐用、更小阻力的硬桨板。高密度 EPS 发泡材料做内芯，再经过多次的抛光打磨后成型，板体愈加坚固耐磨，如图 2-2 所示。

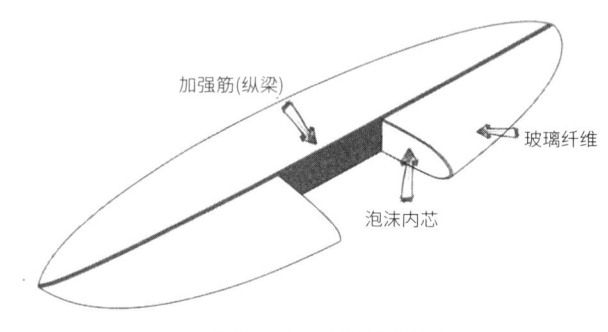

图 2-2 复合材料桨板结构

硬板，光看名字很硬，但其实是不折不扣的易碎品，如果没有磕碰，寿命的确很长；但是一旦磕着碰着弄出窟窿或者裂了，要及时用合适的胶水、玻璃纤维布修补，然后打磨好，有条件的还是要返厂维修。目前市面上的硬板大多用于冲浪、竞速和长途滑行，更强调板体的灵活、稳定和走水效率等，有好的滑行、巡航和转向能力，在强风或波涛汹涌的水流中非常稳定。所以我们能看到大多数硬板的造型上与其说像"板"，不如说更偏向"独木舟船体"，有"船舱"，有排水设计等，如图 2-3 所示。硬板最致命的缺点就是质量大，不便携，不好收纳，耐用性差且价格昂贵。

图 2-3 硬板

2. 软板材料

软板分为软桨板和充气桨板。其中，软桨板（如图 2-4）是由海绵等软材料板面和坚固耐用的 EPS 毛坯材料板芯制成的。软桨板是最便宜的桨板类型，且磕碰不易受伤。但是它的重量却要超过环氧桨板，且航行体验差于环氧桨板。

图 2-4 软桨板

近年来，充气桨板因其质量轻、易携带运输、可折叠方便收纳、耐用且价格实惠等优点越来越受桨板爱好者的欢迎。充气桨板是用空间布做的，空间布也叫拉丝布，材料学名 drop-stitch，是以涤纶织物为基布，经 PVC 薄膜层复合加工而成的高气密性充气材料。两层 PVC 中有尼龙，充气后拉紧尼龙。这种材料使滑水板可以做成相应的形状，并且充上气后也很结实。这种材料的厚度不同，承载能力也不同。一般来讲充气板子都是手工制作的，这也是不同品牌甚至相同品牌板子的质量会有所不同的原因。

目前，用于制作充气桨板的拉丝材料主要有四种，分别是单层料、双层料、双层加强料和双层加强机织料，如图 2-5 所示。

图 2-5 充气桨板四种拉丝材料

四种拉丝材料中，最软最廉价的就是单层料。单层料的优点是它最轻最薄，成本最低，施工简单；缺点是硬度不够，气压低，耐用性一般。因此，单层料多用于制作对强度要求不高的休闲板、儿童板等。

在单层料的上下表面人工刷胶后机压上一层任意颜色、任意厚度的 PVC，它就变成双层料了。双层料可以增加单层料的厚度和硬度，并且更加耐磨，但是相应的板的重量会增加、工艺更加复杂。双层料多用于对抗穿刺、耐磨性要求高的专业白水板、路亚板和载重大、长度大的龙板。

当前市场上的大品牌竞速板采用最多的材料是双层加强（针织）料。这种材料在出厂时一体成型，加工性能较好。用它制作的桨板可以做到在与双层料有着同等硬度的情况下，比后者更加的轻质，缺点则是材料成本更高，基底颜色无法改变。

目前最好的制作材料是双层加强机织料，其底料是机织布，相较于双层加强（针织）料抗拉强度更好，变形更小，可以做到更薄、更轻、硬度更好。其唯一的缺点是价格昂贵，因此大多在品牌桨板的高端竞速板中使用。

在制作桨板的过程中，为了增加板的硬度，通常会在上下两面沿着充气板长度方向的正中央，增加贯穿全板的长条形材料，称为加强筋。加强筋大体上分成两类：PVC 加强筋和碳纤维加强筋。PVC 加强筋价格低廉、软、有延展性、容易折叠、施工容易，在使用时需要铺得很宽，所以会使桨板的总重量增大。碳纤维加强筋成本高出 PVC 加强筋数十倍，硬、无延展性、折叠费劲、施工要求高，一般强度下无需太宽。

（二）桨板结构

桨板各部位名称图示（图 2-6）。

1. 板头

板头也称为板鼻，位于板的最前端。根据桨板的不同应用场景，板头形状也有所不同。如竞速板追求速度，因此它的板头形状较为尖锐利于破浪穿行；全能板适宜户外休闲放松，因此板头的设计较为圆滑利于灵活转向。

2. 板尾

板尾位于板的最后端。板尾的形状设计会影响尾部涡流的大小，也就是水阻的大小，因此设计重点在于其流线形程度、厚薄、吃水深度等。板尾的形状比较丰富多样，有圆滑状的，也有形似燕尾和鱼尾等。

3. 板面

板面指桨板的正面，是站人的一面。板面上包含行李架（行李固定绑绳）、把手、防滑垫、脚垫、充气阀、脚绳固定环等。这些部件在不同功能的板上略有不同。

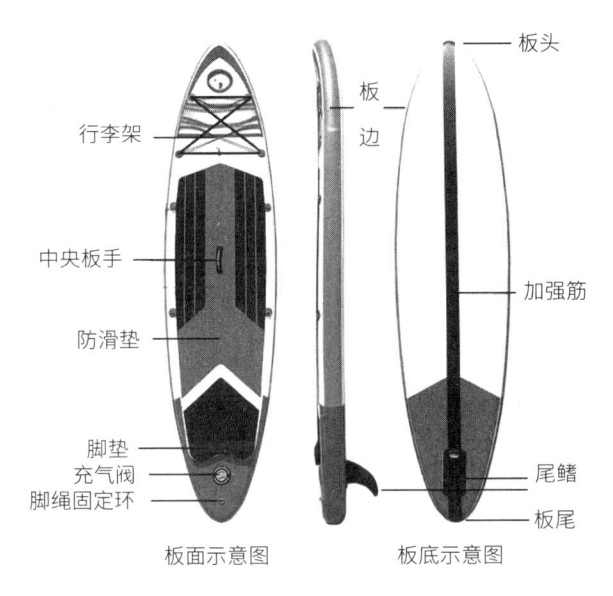

图 2-6 桨板结构

4. 板底

板底也称为板腹，是板与水面接触的部分。从横截面来看，不同的轮廓会影响板的性能。扁平板底的桨板在操控时稳定性良好；浅弧形板底的桨板操控性较好，但稳定性稍欠；浅 V 型板底可以提高桨板的操控性和循迹性，但稳定性欠佳。

5. 板边

板边是指板两侧的边缘部分。当需要增加桨板的容积和稳定性时，板边通常较厚，如旅行板；冲浪板需要较强的灵活性，其边缘就会设计得较薄。

6. 尾鳍

尾鳍位于板底靠近板尾处，尾鳍可以增加控水能力和稳定性，同时也会带来一定的阻力。常见的尾鳍根据形状可分为后掠式尾鳍、直立式尾鳍、通用型尾鳍（见图 2-7）。不同的底座长短、后掠角度、叶面的高度、面积和形状等都会产生不同的效果和性能表现。尾鳍根据材质可分为塑料尾鳍、玻纤尾鳍和碳纤尾鳍。从和桨板的连接方式来看，尾鳍可分为插片式尾鳍、快插式尾鳍和螺丝式尾鳍。

7. 桨板尺寸

桨板发源于国外，所以尺寸基本都是英制的，目前大部分品牌都会用尺、寸来表达桨板的大小。常见的桨板长度有 9 尺 6(290 cm)、10 尺 (305 cm)、11 尺 (335 cm)、12 尺 (360 cm)、12 尺 6(380 cm)、14 尺 (427 cm)。其中，竞速板大部分是两个尺寸：12 尺 6(380 cm) 和 14 尺 (427 cm)。桨板宽度一般在 23 英寸 (58 cm) ~37 英寸（94 cm）不等。通常来说，桨板的宽度越小，速度越快，但稳定性越差。对于桨板的厚度，最常见的是 6 英寸 (15 cm)，除此之外也有 5 英寸 (12 cm)、8 英寸 (20 cm)、4 英寸 (10 cm) 等。

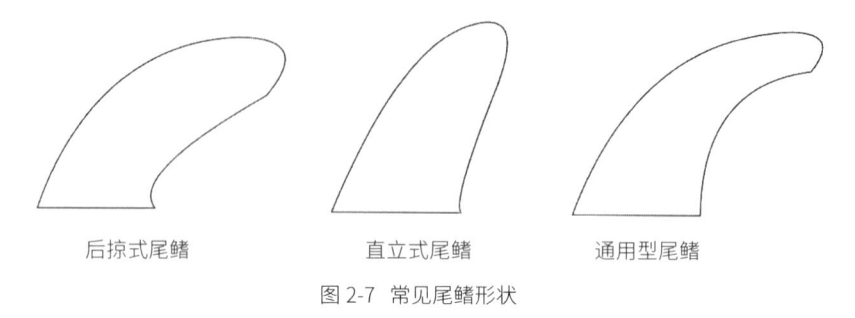

后掠式尾鳍　　直立式尾鳍　　通用型尾鳍

图 2-7　常见尾鳍形状

二、如何选择合适的桨板

（一）桨板的选择

首先，根据桨板制作所使用的材质，可将桨板分为硬板和充气板两种。比赛中的选手出于专业性和体验感考虑，大多会选择硬板参赛。而随着充气板制作技术的不断进步，在体验感方面与硬板的差距也在不断缩小。其次，根据桨板的不同特性，可将桨板分为全能板（all round）、旅行板（touring /flatwater）、竞速板（race）、冲浪板（surf），这也是比较常用的分类方式（见图 2-8）。此外，根据桨板特定活动特点，可以分为白水板（white water）、瑜伽板（yoga）、钓鱼板（fishing）等。

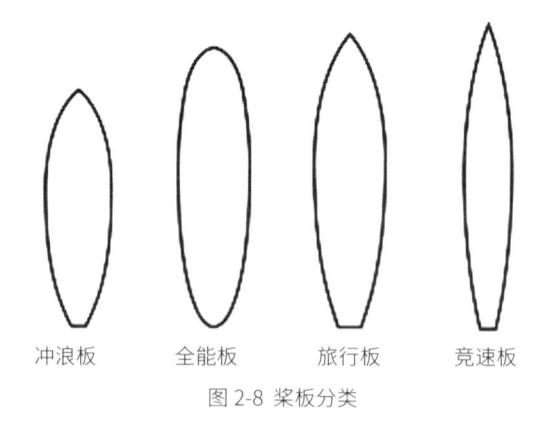

冲浪板　　全能板　　旅行板　　竞速板

图 2-8　桨板分类

1. 全能板（ALL-ROUND）

全能板通常较厚、较宽，拥有良好的稳定性，适合初学者和孩子。全能板用途最广泛，可用于休闲亲水活动，也可用于在湖泊或平静的海湾巡游。根据大小尺寸和形状的变化，有时也可用于瑜伽、钓鱼等。

2. 旅行板（TOURING）

旅行板主要为长距离划行而设计，并针对静水进行了优化。其长度比全能板更长，从而使划水更容易，非常适合长途旅行。旅行板板型宽大，体积和排水量也大，可以承载更多旅行必备物品，比如饮用水、食品、衣物等。

3. 竞速板（RACING）

竞速板专为速度而设计，相比舒适性和稳定性而言，设计中更多地考虑了如何提高性能。因此，竞速板通常更长，更窄并且具有尖尖的板头，有些还带有排水型船体，以便更有效地切水，从而使滑行速度更快。对于参加桨板比赛的选手来说，选择一块专业的竞速板是必不可少的。

4. 冲浪板（SURF）

冲浪板具有各种形状和尺寸，以适应选手的能力和体重。冲浪板越小，冲浪越灵活，但也越不稳定，因此对于初学者来说更难。在面对浪小无力且难以通过冲浪板抓浪的情况下，许多经验丰富的浪人开始用桨板冲浪（图2-9）。

图 2-9 冲浪桨板

（二）桨的选择

在桨板运动中，不仅需要板，还要有桨，因此除了选择合适的板以外，桨的选择也很重要。桨的结构比较简单，主要由桨柄、桨叶、T字把手组成（见图2-10）。目前，按材质可将桨分为三种：碳纤维桨、铝桨和玻纤半碳桨。

通常来说，铝桨价格最低，桨杆硬度大，重量较大（一般在900～1300克之间）。重量较轻的铝桨一般壁薄容易折断，较厚的铝桨划起来非常沉重。碳纤维桨简称碳桨，其特性主要是轻（一般在420～700克之间）、有适当韧性，非常适合站姿划桨。碳桨价格最贵，且由于碳桨桨叶硬度高，管壁比铝桨薄，划桨中的力量全部传至桨杆，导致力量型桨手经常会把桨划断，桨杆划断的情况比铝桨更常见。玻纤半碳桨分为部分使用碳纤维材料和完全使用玻璃纤维材料两种。其外观类似碳浆，价格基本是碳浆的一半，重量一般在 800～900 克左右。由于玻纤半碳浆具有类似十字弓的弹性，在使用中力量输出困难，体验性较差。

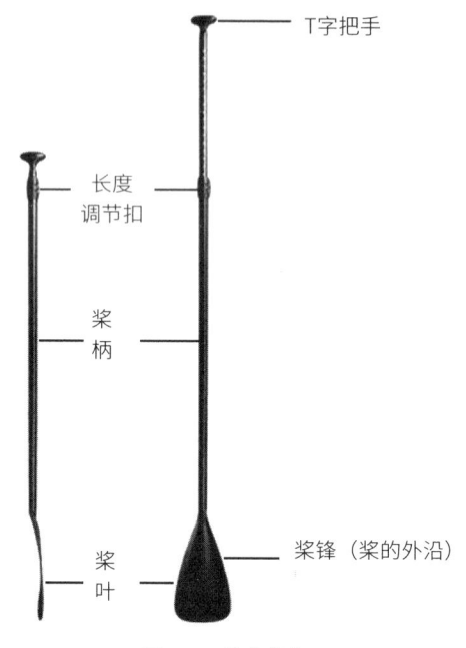

图 2-10 桨的结构

此外，为了携带方便，有些桨叶、桨柄可以分拆。因此，按桨的节数构造又可将桨分为定长桨（单节桨）、两节桨以及三节桨。

定长桨的桨叶、桨柄一体，价格最贵、重量最轻、使用感受最佳，并且杆体不会进水，但近两米的杆体很难运送储存，非常不便携，一般适用于进阶桨板爱好者。三节桨利用两个卡扣，可将桨叶、桨柄各部分分开，所以十分便携，但卡扣的增加使桨的整体重量随之增加，约比定长桨重两百克左右。杆体上的两个卡扣可以轻松收缩杆的同时，也存在进水的风险，长期使用接口会松动和磨损，一般适用于入门爱好者。两节桨在构造上只有一个卡扣，一般位于上端，其特点介于三节桨和定长桨之间，重量比三节桨略轻，携带优于定长桨，价格介于二者之间。在使用过程中同样存在卡扣处的磨损以及进水问题。

在桨的使用和选择中还需要考虑桨叶面积对划桨的影响。桨叶面积大则排水面积更大，单次划桨可以获得更大的推力，容易练习抓水、单边划直线、反桨支撑等动作，适合长距离划行，但桨叶面积的增大会使重量略有增加，力量强大的桨手使用时更容易断桨。相应的桨叶面积小则重量更轻，较适合于短距离冲刺，可以获得高桨频以及起步更快的优势。长距离比赛中使用小桨叶需配合采用中高桨频维持速度。

三、桨板的保养、储藏

（一）桨板的保养

桨板在使用过程中长期暴露在自然环境下，水、阳光、空气等外界因素都会导致桨板的强度和刚性下降、磨损和老化速度加快。因此，为了延长桨板的使用寿命，就需要养成良好的使用习惯，并定期进行清洁与保养。

①每次使用完桨板以后，要取下所有配件，以免打包时划伤板子。为避免泥沙、水草等杂质附着在桨板表面而破坏表层，应及时用流动的、干净的淡水冲洗桨板。

②冲洗后的桨板应用湿布或柔软的毛刷擦拭。如需使用清洁剂去除污垢，请务必使用不含化学物质的环保清洁剂，在去除污垢后需用淡水重新冲刷板面。

③在海水里使用桨板后，除了清洁桨板表面外，还要将桨板晾干后才能进行存放，以免残留的海水损伤板面。

④桨板离开水面后可以使用板袜保护桨板，避免紫外线的伤害并减少磨损。

⑤桨板使用一段时间后，防滑垫下会出现一些气泡，可以用小针轻轻压入防滑垫的气泡中，同时按压气泡位置，使防滑垫重新黏附到甲板上。

⑥对于玻璃钢材质的硬板可以对其表面保护层采取上胶、喷漆等防老化措施。平时要定期检查，如发现裂痕或破损应及时维修，保障出行安全，延长使用寿命。

（二）桨板的储藏

无论何种桨板都要防止在阳光下暴晒。存储桨板时应使板处于干燥状态，并存放到阴凉、安全和受保护的地方。充气式桨板可折叠后放入袋子中，如有较大的储存空间且使用频率较频繁时，建议放掉少量气体，以免在温度过高时产生热膨胀，导致桨板破裂。

四、桨板运动的安全保障装备

（一）脚绳（安全绳）

脚绳（图 2-11、2-12）是桨板运动最常用也是最重要的安全保障装备之一。在进行桨板运动时，脚绳可以让你和你的板子连在一起，如果你落水了，桨板不会漂至离你过远的距离，你可以借助脚绳快速地靠近板子，并借助桨板的浮力防止溺水。脚绳可分为两种：盘绕式和直线式。盘绕式脚绳的优点在于划行时它可以较好地保持在板面上，不会拖拉在水中从而将水下的一些障碍物或藻类缠绕，避免出现被缠绕的情况；同时划手在板上移动时也不易被绊倒。由于盘绕式脚绳在人板分离后会有较大弹力靠近划手，因此在一些桨板活动中（如桨板冲浪）则会使用直线式安全绳。

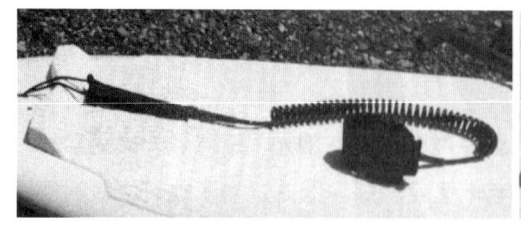

图 2-11 盘绕式脚绳　　　　　图 2-12 直线式脚绳

（二）浮力背心／救生衣

浮力背心（图 2-13）和救生衣（图 2-14）有一定的区别。传统救生衣的安全系数更高，适合刚上手桨板运动的新手使用，缺点在于包裹性比较强，由于无法透气，在运动中容易使人感觉闷热，同时还有一定阻绊动作的风险。浮力背心则是较综合的选择，便携的设计会更便于运动，且具有良好的透气性和舒适性。

图 2-13 浮力背心　　　　　图 2-14 救生衣

（三）防滑垫

在进行桨板运动时，桨板表面极易附着水珠，使滑板表面变得光滑，从而导致使用者跌落桨板或其他不必要的风险。因此应在桨板表面落脚处设置防滑垫（图 2-15），这将有效降低脚滑落水的概率，也使得在水面上掌控桨板的方向变得更得心应手。

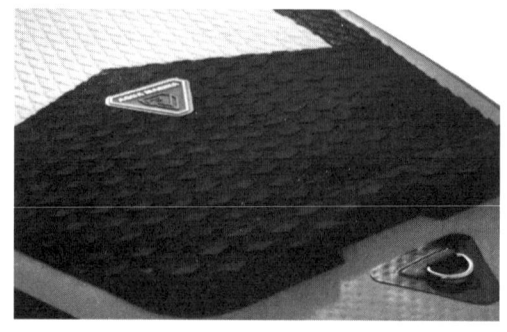

图 2-15 防滑垫

（四）潜水服

一件好的潜水服能让你的玩水季延伸到夏季和冬季，夏季和冲浪帽、墨镜搭配使用，能更有效地防晒。冬季可以添加手套和靴子，起到保暖作用。

（五）气阀盖（仅限充气式桨板）

桨板气阀常用的工作原理，是通过一个弹簧的上下移动拉动密封圈的上下移动，使得密封圈在贴合出气口和远离出气口的状态中切换，倘若弹簧受到朝向桨板的按压，那么可能会导致密封圈远离出气口，气阀松动，并大规模漏气。

气阀盖（图2-16）能在桨板充气口受到冲击（例如脚踩到充气口时），或因其他原因导致充气口松动时，阻止或延缓充气桨板内的气体溢出，给予你更多发现气口松动的容错率，留有更多调整充气口或返回安全区域的容错时间。

简便充放气阀门
板孔尾部单孔充气阀门设计
配合打气放气更便捷

图2-16 气阀盖

（六）溯溪鞋

溯溪鞋是一种涉水运动鞋，对地面的附着力较强，而且排水性非常好，泥沙能随水一同排出，减少对脚部的磨损。

五、中国桨板运动装备市场的发展

2016年，国家体育总局等九个部委联合出台《水上运动产业发展规划(2016—2020年)》。表示将进一步扩大水上运动产业规模，提出实现3000亿元规模的产业发展目标。目前，我国参与体育运动的人数正以39%的速率增长，预计2025年将达到5亿人。根据市场研究机构Research And Markets在2022年7月发布的报告，全球桨板市场规模在2021年达到3.3699亿美元，预计在2027年达到5.5147亿美元，年复合增长率为8.55%。

截至目前，中国国内桨板市场年均复合增长率已达11.9%。天眼查数据显示，目前，国内经营范围、产品、商标等含水上用品的企业注册数量达39782家。其中，最近1年内注册的公司就达到9887家，占可统计数据的24.9%。1~2年内注册的公司数量为9172家，2年内注册量占可统计数据的近50%。桨板运动的"出圈"也带动了水上装备等相关产品整体销量持续增长。其中，桨板销量增长高达145%，相关的附件类产品销量增长超过200%。

作为桨板运动最主要的装备器材，尽管现在消费市场仍以欧美品牌产品为主，但摩洛凯、维特拉、乐划等国产品牌也在进一步突围。国内桨板产地主要集中在广东惠州、浙江以及山东威海等地，其中，威海作为国内最大的桨板生产基地之一，产能占据全国七成，全球市场占有率超过50%。早在2010年，威海几家充气船制造工厂开始为国外品牌做桨板代加工，随着桨板运动热度的不断攀升以及桨板赛事的发展，从2013年开始，装备制造的重心开始向桨板转移，到2021年年末，威海能生产桨板的工厂达到200多家，众多外销型代加工型工厂逐渐调整市场重心，希望在国内市场拓展方面有所作为。

在水上运动大省海南，水上运动还成为了促进旅游消费的绝佳方式。由于四面环海、河流湖泊众多，海南以"体育+旅游"模式发展海上旅游新业态，依托优良的热带滨海岛屿自然生态资源，催生出旅游市场新的增长点，例如：桨板+瑜伽、桨板+钓鱼、桨板上野餐、桨板+冥想、露营+桨板等"桨板+"的多元化结合成为新潮流，使得桨板运动进入大众视野。

国内掀起的桨板热潮对企业来说是打造自有品牌、提升认知度的机会。在竞技层面，桨板运动经历了一段长期的竞速发展后，逐步衍生出桨板瑜伽、桨板球等概念的多元化丰富业态。在此期间，年轻人对桨板运动的心态也更为开放，入门容易而进阶又有足够大空间的特点，是"黏"住一大批爱好者的关键所在。而随着国家对水上运动的重视，桨板运动及其背后的巨大产业链将成为拉动地区经济、民生发展的重要引擎。

练习题

1. 简述桨板的结构，选取最感兴趣的结构展开说明。
2. 如何选择合适的桨板？
3. 试述桨板安全保障装备的作用和意义。

第三章 安全篇

近年来，随着桨板运动在国内的推广和普及，关注度不断提升，越来越多的人员参与到这项新颖、时尚的休闲运动中来。然而，由于我国水上休闲运动起步较晚，缺少相对较为成熟的涉水休闲活动规章制度，这也为开展如桨板项目等水上休闲运动带来一定的安全隐患。因此在开展桨板运动教学时，务必要确保树立"安全第一"的指导思想。

本章节重点阐述开展桨板运动时应注意的安全事项，包括场地、设施、器材的基本要求和安全使用、教学的安全环境等。通过对本章节内容的学习，学生可以对从事桨板运动的场地、设施、器材的安全知识有所了解，明白在开展桨板运动时应注意哪些安全事项，贯彻哪些安全原则，从而确保自身的健康与安全。

一、安全基础与原则

（一）场地设施的基本要求

根据国家相关文件的要求，开展桨板运动的教学与培训时，教学和培训场所的场地、设施应符合安全、质检、消防、卫生环保等相关标准，教学和培训器材应符合国家相关产品标准。此外，还应将各类安全制度、安全注意事项和特殊要求、平面示意图及疏散通道指示图等悬挂在明显位置，设置醒目的安全指示标志，同时确保安全疏散通道畅通，并在教学和培训的场地设置视频图像采集设备，采集和回放视频图像要能清晰辨识人员体貌特征。

由于桨板运动为涉水类项目，在平静或开放水域进行教学和培训时，其场地环境还应符合相应的条件要求，并且学生的人均培训面积应达到相应标准。

（二）陆地配套设施

开展桨板项目教学和培训，应该在陆地设置教室、休息区、更衣室、淋浴间、器材储存区等相应设施，还应重点配备岸上观察台及观察救生人员。此外，靠近水边的区域或是容易湿水的区域，特别是上下水码头区域，应注意设置防滑垫、防滑警示等，以免跌倒造成摔伤磕伤。

（三）做好安全准备和收尾工作

在开展桨板教学前，要做好安全注意事项的讲解，带领学生做好热身运动，对技术动作进行理论讲解，同时还应确保学生全程不脱离教学区域和教师视线范围。

结束桨板教学后，应对学生人数和器材进行清点，做好课后管理、器材整理等工作。

（四）桨板活动的安全原则

1. 安全第一

从事开展桨板项目活动，须切实树立安全第一的思想认识。有道是："水火无情""欺山莫欺水"，由于桨板运动是与水打交道的水上运动，安全永远是放在第一位的，切忌麻痹大意，必须谨慎小心。

2. 选择合适的场所

应依法、依规、依据个人能力水平选择适合的开展桨板运动的场所，特别是如果在自然水域从事桨板教学，必须到符合要求的水域中才行。此外，在自然水域中还应当注意水中环境、浪涌、潮汐等问题。

3. 良好的身体状态

从事桨板活动，应具有良好的身体状态，方能在教学活动中保持较好的精神面貌；特别是在饮酒后、饱餐后以及饥饿和过度疲劳时，都不应当开展桨板活动，这样可以降低因伤病、精神状态不佳等原因而出现危险情况的概率。此外，如患有心脏病、高血压、癫痫、活动性肺结核等病症，应遵医嘱是否能够从事桨板活动。

4. 量力而行，切勿逞能

在桨板教学活动中，学生应当切实根据自身能力，循序渐进地参与学习活动，时刻清楚了解自己的体能和技术极限在哪里，切勿逞能，做己所不能之事。如划行技术不佳，就不要到远离岸边的水域去，以免无法靠岸；又例如尚未掌握水中漂浮和上板技巧，就不要到较深的水域去，以免落水发生危险。

5. 自救和呼救

从事桨板活动时，如遇到激流落水、抽筋、强风浪等突发情况，应保持冷静，使用相应的自救技巧开展自救。同时，也可以向周围进行呼救，以便周围的人能够及时来进行帮助和救援。如发现他人需要被救助时，应根据个人能力，及时进行救援或尽快寻求更多人的帮助。

6. 环境保护意识

不少时候，桨板活动会在自然水域中开展。这也是桨板项目引人入胜的一个重要原因，即亲近自然。因此，我们必须树立牢固的环保意识，注重人与自然环境的和谐发展，保护自然环境不会受到人为破坏。

7. 桨板运动礼仪

桨板运动作为一项休闲运动，自然也具备着一定的社交功能。因此在水域中有多人共同进行桨板活动时，应对他人保持尊重、友善的态度，划行时主动避让他人，尽量不要与他人发生撞板，不要使用桨触碰他人（和板），主动做到不给他人带来影响和麻烦。这样，也能使自己在开心、安全的环境中进行桨板活动。

二、教学环境要求与安全事项

教学环境是否符合要求，是确保桨板教学活动安全的重要保障。根据国家体育总局水上运动管理中心发布的文件规定，开展桨板项目教学，应满足相应的环境安全要求。

（一）桨板教学环境的安全要求

在开展桨板项目的水上教学和培训时，作为教学环境的水域应当满足下列安全要求：

①如在自然水域中教学，应确保浪涌不超过 0.2 m 高，河流环境流速不超过 0.3 m/s，且不应有暗流等潜在危险因素。水流和波浪对于桨板项目来说具有一定的影响，特别是对于新手来说，会增大操作桨板的难度。如在过大的波浪或在水流中开展桨板活动，没有较好的体能和技术保证，将会增加发生危险的概率。

②在进行不同划行姿态的教学时，应确保跪姿划行区域的水深不少于 0.5 m，站姿划行区域的水深不少于 1.2 m。从板上掉落水中是桨板运动中经常出现的现象，而如果所在水域的水深过浅，可能会导致其从板上落水时直接触碰到水底，造成碰伤、擦伤、扭伤、挫伤等伤势，因此桨板项目对于其水域的水深有一定要求。

③教学水域的风速应小于 1.5 m/s。如在自然水域中开展桨板教学活动，风速是必须考虑的自然因素。过大的风会在水面形成波浪，加大桨板的划行阻力，使划行变得更加吃力；此外，划手在桨板上也会有风阻，这就进一步增加了桨板的划行难度。特别是在较为空旷、宽广的水域中时，风速通常都会比较大，因此

必须做好相关的安全措施，以及正确地评估个人能力。

④水下不得有构筑物、礁石、水草，且需要配备安全便捷的上下水码头区域。安全空旷的水中环境也是桨板项目教学场地的必要条件，它能够确保划手在落水时不会出现磕伤、碰伤等意外情况。同时，避开有礁石、水草的水中环境，也能够有效地减少划手在水中出现擦伤、被缠绕等风险的概率。此外，安全便捷的上下水码头区域，不仅能够使桨板教学活动变得高效有序，更能够减小因岸边混乱无序而带来的潜在风险。

⑤如在河道等自然水域中教学，应确保教学活动前3日无连续暴雨降水，教学当日没有中到大雨，以此规避水流过大过激带来的危险因素。雷雨天气时不得从事教学活动，如在教学期间突遇雷电、大风等极端天气，应即刻停止教学并迅速上岸，寻找安全处进行躲避。由于划手在桨板上划桨时处于水平面的高点，较容易引导雷电，因此雷电天气时务必不要进行桨板活动。

⑥教学过程中需要关注气温和水温的变化，确保学生核心体温不低于36 ℃，如出现失温情况应立即停止教学，采取紧急措施展开救援。失温是人体长时间在低温水域停留常见的紧急症状，严重时可能危及生命。为避免在桨板教学中出现失温情况，应确保教学环境的气温不低于26 ℃，表层水温不低于23 ℃。如在较冷的水域开展桨板教学活动，应考虑穿着适当的水上服装等以确保体温正常。

⑦桨板教学水域必须避免与其他船只航道的冲突，特别是高速的动力和非动力项目。教学水域如有固定航道或船只码头，应至少保持50 m距离。教学场地内不得与其他动力艇等项目同时进行教学活动。同在水面航行或停泊的船只，是对桨板活动具有较高威胁性的因素。船只高速行驶过的波浪，可能会影响到桨板划行的平衡，造成划手落水；此外如桨板因过于靠近船只而被螺旋桨、尾舵等带入船底，将会带来更严重的风险。因此在开展桨板活动时，务必主动远离船只，以确保自身安全。

（二）桨板教学时的安全事项

为确保桨板教学活动能够安全有序地开展，应注意以下安全事项。

①由于桨板属于水上操作类项目，如果在教学时水域过于拥挤，可能出现相互碰撞的情况，严重时可能会出现碰伤、被桨打到而受伤等情况。因此，在开展桨板运动教学和培训时，学生人均培训面积应大于50m^2，以确保教学安全和教学效果。

②合理的师生配比是确保安全教学活动的前提，特别是如桨板这种涉水类运动项目，应将学生人数控制在安全范围内。在对成年人进行桨板教学和培训活动时，学生和教师配比不应高于5∶1；青少年桨板教学和培训活动，学生和教师配

比不应高于 3∶1。每增加一名合格的助理教师，可增加 2 名学生，至多不应超过 15∶1。

②使用合适的教学器材。进行桨板运动教学时，应使用符合规定的教学用桨板。其长度应超过 3.8 m，宽度不小于 76 cm，初学者或青少年培训建议使用充气桨板，全套配件应包含尾鳍、安全绳以及适配用桨。

④下水前必须检查脚绳、救生衣等安全装备是否按要求穿戴。救生衣是从事桨板运动时必须配备的装备，它可以有效保障参与者的生命安全。因此，开展桨板教学和培训时，学生和教师必须规范穿戴符合标准的救生衣。需要注意的是，为避免出现泄气而造成的潜在风险，桨板活动中不可使用充气式救生衣。

⑤为避免出现潜在危险，在小雨天开展桨板教学活动时，不得穿着雨衣。

⑥严禁任何时候独自一人下水进行桨板活动，必须结伴进行。特别是桨板教学活动，现场必须有持合格教学资质证书的人。

三、桨板运动的风险管理

虽然桨板运动近年来逐渐为大众所接受，并有越来越多的人群参与其中，使桨板运动进一步普及和提高，但需要注意的是，由于缺少相关的安全意识和保障措施，关于桨板事故的报道也接连不断。究其原因，主要还是参与者对桨板运动的风险认识不足，没能做好有效的风险管理所致。因此，若想安全高效地开展桨板活动，必须做好该项目的风险管理。

（一）风险管理的基本概念

1. 风险的定义

风险通常指可能发生的危险，也泛指危险。简单来说，风险就是发生危险事件的概率。换言之，风险就是某个事件发生人们所不希望出现的结果的概率，它是某种既定危险情况发生的可能性和后果的组合。

从广义上看，只要某个事件存在两种或以上的可能性，那么就应该认为该事件具有风险性。然而，风险并不完全是消极的，它在可能带来损失的同时，也有可能是带来收益的因素。例如在桨板活动中，虽然意外事故作为风险潜在存在着，但是只要我们能合理地规避，就会给体验者带来满足感和充分的积极体验。

2. 风险的类别

根据风险的存在形式，大致可将其分为真实风险、潜在风险和意外风险三种类型。

①真实风险。即必然会出现的危险情况，例如对于桨板初学者来说，从板上

落入水中极大可能就是一种真实风险。

②潜在风险。即较大概率可以预见，指可能会出现，也可能不会出现的危险情况。例如桨板初学者从板上落入水中后，有发生溺水风险的可能性，此时溺水就是一种潜在风险。

③意外风险。即无法预知的、不可抗的因素导致的危险情况。例如在海/湖岸边从事桨板活动时，突遇来袭的离岸风，就会给桨板参与者带来一定的风险，此时如果没有足够的能力应对，则将会增加出现安全事故的概率。

3. 风险管理的目的

人们之所以愿意从事如桨板这类具有一定风险的休闲活动，就是因为它能够让人们体验到"冒险""挑战""探索"等战胜风险的情感，从而达到愉悦身心、增强自信、获得成就感等积极效果。然而，当风险大于参与者自身的能力时，就有可能导致事故的出现，从而带来负面体验。因此，风险管理的主要目的是利用适当的策略和方法，把在某项事件中可能出现的意外事故或损失控制在可以接受的、不会带来负面效应范围之内，最终达到积极的、理想的效果。就桨板运动而言，其风险管理的目的就是适当地规避真实风险和潜在风险，同时做好应对意外风险的准备，使参与者能够安全、高效地体验桨板运动带来的快乐，使他们获得良好的运动体验。

4. 风险管理的原理和原则

当然，有效的风险管理并不是绝对的追求平安无事，因为风险永远是客观存在的。风险管理的原理就是通过对风险中危险因素的分析和认识，采取合理有效的手段如专门训练、累积经验、合理计划、提升判断能力等，尽量规避、消除和减小风险可能超出可控范围的概率，从而达到风险管理的目的。

在桨板运动中，风险必然存在，如落水、失温、溺水、擦伤、磕碰、晒伤、体力不支、抽筋等。我们必须首先认识和了解带来风险的危险因素是什么，通过分析其原因和结果，最终采取有效的手段进行预防或应对，本着"以防范为主""两害取其轻""合理有效利用风险"的原则，安全、高效地从事桨板活动。

（二）风险管理的种类与主要途径

1. 风险管理的种类

总体来说，风险管理可以分为以下几类：

①规避或预防风险。例如，在雷电天气中进行桨板活动，就有遭遇雷电袭击的风险。因此我们从主观上就不要在这种天气中下水活动，同时也就规避了客观的雷电袭击风险。

②减小风险等级。例如桨板活动中常见的落水情况，虽然多数情况下划手并

不希望落水，但有时为了规避一些危险情况，他们也会选择主动跳入水中。

③风险的转移。即将风险分散或多人共同承担风险，例如购买意外保险、增加教师人数等。

2. 风险管理的主要途径

①执行相关法律法规，即依法依规开展和参与桨板教学和培训活动。遵守国家法律，依据行政主管部门颁布的规定、政策开展活动，是桨板运动风险管理的基本途径。目前，国家体育总局水上运动管理中心已经颁布了《全国冲浪（桨板）项目专业技能培训管理办法（试行）》，桨板项目各级各部门的从业者和参与者都应遵照执行。

②通过相关资料了解风险。可以通过收集相关资料，对事故案例、事故环境分析等方法，进一步认识和了解导致风险的危险因素，从而加强风险防范。

③引导参与者提高风险防范意识。就桨板教学活动来说，参与者包括教师和学生两方面。教师是教学活动的主导者，在风险管理中起主要作用，因此教师必须持有相关资格证书，并具备专业的技能和知识，以及对危险因素的认识，方能在教学活动中做到规避和预防风险。而学生作为教学活动的主体，应当遵守教学纪律，严格按照教师的指导开展活动，切勿逞能行事。

④制定有效的计划或方案开展风险管理。制定风险管理计划或方案，首先需要确定活动目的，其次需要了解对方或自身的水平能力，然后分析可能出现的风险类别和具体情况，并就这些情况制定规避或应对的方案，最终确保能够安全、高效地达到活动目的。为进一步提高风险管理水平，还可以在活动结束后对风险管理计划或方案进行总结，力求今后能够更加完善和提高。

3. 桨板运动的潜在风险及管理

如前所述，参与桨板的活动项目，有必要做好风险管理，方可保证参与者在安全的前提下体验桨板运动所带来的愉悦感、满足感。虽然桨板运动可开展的活动类别较多，但一般情况下，人们参与桨板活动的目的主要包括教学活动、休闲体验和竞技比赛三种，其中教学活动和竞技比赛都具有较好的组织性和规律性，参与者只要严格按照组织者的规定和要求开展活动，通常可以做到较好的风险管理。而休闲体验则由于其分类复杂、主观性强等原因，对参与者自身的风险管理水平有较高要求。虽然桨板运动可开展的活动多种多样，目的各有不同，但它们可能面对的风险具有一定的共性。

（1）天气和风

如果在自然的开放水域中从事桨板活动，天气是首先需要考量的因素，因为它不仅对桨板参与者的体验有所影响，糟糕的天气还会对参与者的安全带来隐患，因此在开始桨板活动前了解天气，对于计划一次安全的、成功的桨板活动至关重要。参与者应根据天气情况选择适当的地点、穿着的服装、携带的装备，例如在晴朗的天气准备防晒服和帽子，并且多携带一些饮用水等。

另外，我们也不应低估风对在自然水域中开展的桨板活动的影响。如前所述，风以两种形式对桨板活动产生影响：风阻和在水面产生浪。风阻作用于划手与桨板本身，而由于风产生的浪则会使桨板的划行更加有难度。更多时候这两种影响会同时对桨板参与者产生影响，如果划手没有足够的能力应对的话，风险水平就会提高，直至超出可控范围而导致意外事故的出现。

对于天气和风的风险管理十分容易。首先应当提前查看活动当天的天气预报和风力预报，并确保它们不会超出自身的能力极限。通常来说，桨板初学者应当在不下雨的无风或微风环境中进行桨板活动。而随着桨板经验的累积和个人能力的提高，则有可能在较大的风中从事桨板活动，但仍应保持在个人能力允许的范围内。如果在桨板划行的途中发现风力已经超过了自己的能力，可以通过改变划行姿态（见相关划行技术章节）来降低划行的难度，例如降低站立重心，或改变成跪姿甚至是俯卧划行，以此来减小风阻所产生的影响。

此外，在桨板活动中，还应当考虑风向的因素。由于逆风划行对于划手来说更具有挑战性和难度，因此如果计划的是一次往返桨板划行行程的话，应选择出发时逆风、返回时顺风，这样便能更加安全地确保参与者返回出发点。而如果计划的是一次桨板单程行程，则可以考虑顺风划行，会有更加舒适的划行体验。由于桨板活动通常是在靠近岸边的水域开展，因此了解与岸边相关的三种风向对于安全划行来说也至关重要。

①向岸风（图3-1）。它是指由水面吹向岸边方向的风，它对于桨板活动来说没有太大的风险，因为参与者在其影响下通常不会远离岸边，但仍需注意如果向岸风风力过大的话，可能会造成较大的涌浪，对参与者的平衡有更高要求，否则容易落入水中。

②离岸风（图3-2）。它是指由岸

图3-1 向岸风示意图

边吹向水面方向的风，由于岸边的阻挡，它不会产生明显的涌浪，使水面看上去仿佛较为平静，给人没有什么风险的错觉。而事实上，划桨板时如果不注意，被离岸风带到远离岸边的地方——且离岸越远风力越强，如果没有较好的体力和技术保证，很有可能导致难以返回岸边的情况出现。而此时如果没有紧急救援措施的话，很有可能出现安全事故。因此，如果没有较为丰富的桨板经验，就不应到宽广的湖里、海边等地点从事桨板活动。

③沿岸风（图 3-3）。它是指与岸边平行方向的风。桨板活动时需注意沿岸风造成的涌浪和风阻。

图 3-2 离岸风示意图　　　　图 3-3 沿岸风示意图

一般情况下，内陆的航道、河流、运河以及小型湖泊受风的影响较小，因为周围（或两边）都靠近岸边。但是在这些场所从事桨板活动时，仍需要考虑风的影响，以确保桨板活动的安全——毕竟，站在桨板上与狂风大浪搏斗，并不是一件十分惬意的事情，甚至有可能使你陷入险境。

总的来说，关于开展桨板运动时对于天气和风的风险管理，应当了解以下几点：

第一，提前查看天气预报，并于活动前一天和当天再次查看，确保是适合自己的良好天气。

第二，提前查看风力预警，了解风力和风向，确保是在自己划桨能力范围内。

第三，通过改变板上姿态，可以减小在风中划行桨板的难度。

第四，掌握在风中开展桨板活动相关的划行技巧，并保证自身体能状态良好。

第五，尽量不要或减少逆风划行，并特别留意离岸风是否存在。

第六，务必根据个人能力和情况参加桨板活动，不要盲目跟风，使自己处于险境之中。

（2）潮汐和水流状况

与天气和风一样，潮汐和水流状况也是可能影响开展桨板活动的自然因素，而它们也同样有可能成为桨板活动中的风险。

潮汐现象普遍存在于海洋、河流入海口、港口、海洋性湖泊、潮汐性河流以及山涧溪水等水域中。海洋性潮汐主要是由月球引力和地球自转共同作用产生的，基本上每六个小时左右，上述地点的水域就会出现一次潮汐变化。换言之，同一潮汐地点一天之内会有两次涨潮和两次退潮现象。需要注意的是，即使是在同一潮汐地点，每天涨退潮的时间亦是不同的，因此在上述水域开展桨板活动时，务必需要查看当地的潮汐预警，以确保活动安全。

潮汐对桨板活动的影响主要体现在两个方面：出入水地点和水流。通常，在涨潮时，水会更靠近岸边，便于桨板活动的出入水；而退潮时水域会远离岸边，人们有可能需要携带桨板在滩涂或泥沙中步行更远的距离才能出入水。而潮汐变换时出现的向岸流、离岸流或沿岸流，也会增加桨板运动的难度和风险，若未能及时察觉并正确处理，就有可能导致意外情况出现，因此值得我们注意。

潮汐作为桨板活动的风险因素，可能会对参与者造成的影响包括无法靠岸、撞击障碍物或被异物缠绕等。例如，若划行技术无法和水流速度对抗的话，在离岸流的作用下可能会被带到远离岸边的水域无法靠岸；或是被沿岸流推动与水面的船只或其他漂浮物碰撞和缠绕等。

（3）地点和环境状况

桨板运动受到大众推崇的原因之一就在于便于开展，无论是海面、河面，还是湖面，甚至在泳池中，只要是有水的地方，都可以开展桨板活动。但如果参与者希望在安全、愉快的前提下开展桨板活动，就必须合理地选择地点，并关注周围环境状况是否适合进行桨板活动。通常来说，选择开展桨板运动的地点有两种方法：在希望进行桨板活动的日期和时间，选择天气、环境都适合自己的地点；又或是选择好自己希望开展桨板活动的地点后，等待适合自己的天气和环境状况。

在选择开展桨板活动的地点时，首先需要考虑的因素就是风。如前所述，风会对桨板活动的体验产生明显的影响，特别是有可能关乎安全。

在具有潮汐的水域开展桨板活动，要将潮汐状况作为计划的一部分来考虑。及时准确地了解活动地点的潮汐状况和时间，关乎桨板活动参与者的安全。

如果在山谷溪流水域或是河道中进行桨板活动，水位和水流速度也是必须详细了解的风险因素。必须确保水位达到合适的深度，且流速在自己能够良好操作桨板的能力范围内，方可有计划地开展桨板活动。

此外，在哪里下水和出水也是需要列入计划之中的考虑因素。应该寻找较为方便且安全的上下水区域，避免上下水时摔倒或落水导致受伤。

最后，一些不适合开展桨板活动的水域也应当了解，例如航运繁忙的河道中、船只较多的码头边、饮用水源保护区、自然保护区或养殖区的水域等。

（4）着装

在开展桨板活动时，如着装不当，可能会导致参与者发生溺水、失温、擦伤或磕碰等风险，使其安全受到威胁。而合适的着装不仅能够使参与者感到舒适，同时还能够保护其免受冷、热、潮湿或干燥等天气的影响。选择合适的穿着，取决于人们参与桨板活动的地点、时间、天气以及开展桨板活动的类型等。通常在选择着装时需要考虑到的因素应该包括：是否能够保持干爽和温暖，是否具有较好的透气性、舒适度和防紫外线，是否对安全有影响等几个方面。例如参加一次轻松、舒适的桨板划行行程，且天气晴好、气温适中，那么就可以选择宽松、干爽的服装；如果参加一次激烈、可能会大汗淋漓的快速划行体验，或许就可以穿着更适合激烈运动的束身运动服装。合适的着装不仅可以让参与者保持温暖、干爽，还可以让他们感到凉爽且防晒，从而保持较好的运动状态和体验，也从一定程度上确保了活动的安全。

在多数情况下的桨板活动中，可供选择的着装通常包括短裤、T恤衫、比基尼泳衣、束身运动服、防晒服、防水夹克、防水裤、潜水湿衣、潜水干衣等，只要是平时陆上运动时穿着的服装，均可以在开展桨板活动时穿着。但需要注意的是，如果预测在某次桨板活动中有较大概率落水（如桨板冲浪），那么如棉毛衣裤、羽绒服一类的服装就不适合在本次活动中穿着。在寒冷天气参加桨板活动时，避免落水并使身体保持温暖干爽是非常重要的。

此外，参与桨板活动时应当至少准备一身可以随时更换的服装并确保其始终干燥，以便在需要的时候可以及时更衣，以确保不会因湿身太久而导致出现失温症状。

脚部的保护也是确保桨板活动安全不可忽视的一个方面。多数情况下参与者都会选择赤脚从事桨板活动，尤其是在初学的时候。但有时光脚也会有一定的风险，特别是水下或岸边的一些区域如果有不平整的石块，或是一些难以察觉的锋利物时，可能就会导致受伤（图3-4）。此外，如果在水温较低的水域从事桨板活动，如果没有很好的为脚部进行保温，有可能进一步导致身体失温，进而对安全带来隐患。因此，我们可以在有需要进行脚部保护的桨板活动中，选择穿着具有一定防水性能（或保温性能）的袜子或鞋子（如溯溪鞋），也可以选择潜水袜和潜水靴。

此外，如果从事桨板活动的水域中有岩石或其它障碍物（如白水桨板），落水后可能导致头部磕碰的，也需要特别注意对头部的保护——佩戴符合标准的头盔。而如果活动时阳光太过强烈，也可以佩戴遮阳帽和太阳镜来进行防护。同样，气温较低时，可以佩戴有助于保暖的帽子。

总的来说，桨板运动的着装除了确保参与者舒适以外，更是确保其安全的必要条件，因此在参与桨板活动时，应当根据实际情况选择合适的着装，并准备好备用服装妥善保管。

图 3-4 赤脚入水容易受伤

(5) 随身的安全器材

在不同类型的桨板运动中，参与者应当配备相应的安全装备（详见第二章第四节），才能有效地确保自身在活动中的安全，否则就会使风险加大，甚至出现意外事故。这些安全装备中有些是必须要配备的，而有些则是可以根据实际情况进行选择的。

①浮力辅助器材。

主要包括救生衣、便携充气式浮力背心和腰带等（图 3-5）。在大多数地区的桨板活动中，浮力辅助器材都是被强制要求佩戴的，因为它们不仅能够在参与者落水时提供额外的浮力，还能够减小参与者在落水后发生溺水的概率，从而使安全得到有效的保障。

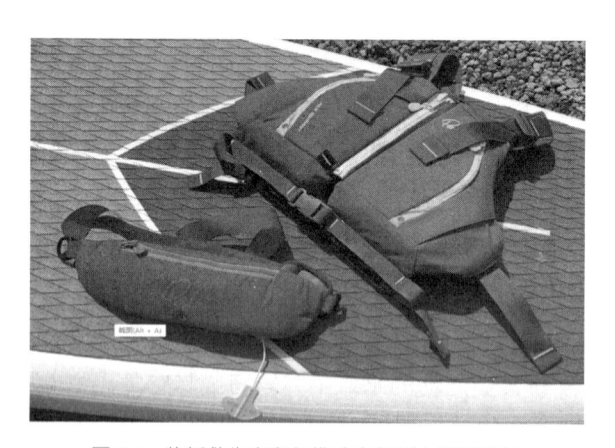

图 3-5 桨板救生衣和便携式充气浮力辅助器材

救生衣是在桨板运动中最常见的浮力辅助器材，除桨板冲浪活动外，几乎其他所有类型的桨板活动都要求参与者必须穿戴救生衣。适合桨板运动的救生衣应当是轻便、具有较好浮力性能且不会对划桨动作造成阻碍的。在穿着救生衣时，必须以正确的方式进行穿戴，并调整好救生衣的松紧，确保其较为牢靠地固定在自己身上，否则在落水后救生衣可能无法正常发挥作用（图3-6）。根据相关规定，在桨板活动中不可以使用充气式的救生衣。

图3-6 未正确穿戴救生衣

便携充气式浮力背心和腰带目前在桨板活动中越来越受到欢迎，因为它们能够在紧急情况下提供更加可靠的浮力保障，进一步提高了桨板活动的安全水平（图3-7）。便携充气式浮力背心和腰带是一种需要在使用时人工激活的浮力辅助器材，在未激活的情况下较为轻巧，可以像一般的小型腰包一样佩戴在腰间。在需要使用时，通过拉拽充气拉环进行激活，激活后瞬间就会被充气，从而为使用者在水中提供额外的浮力。

由于浮力辅助器材在日常使用中难免会磨损和老化，因此，应当定期对这些器材进行保养和维护，并于使用前检查其性能是否完好，以免造成安全隐患。

图3-7 便携充气式浮力背心和腰带

②脚绳（安全绳）。

每位划手在桨板上时，都必须正确地将安全绳佩戴在身体合适的位置上。常用佩戴安全绳的位置有脚踝、膝关节下方和腰部。在脚踝位置佩戴安全绳是最为常见的，适合在较为平静的水域中进行一般的桨板划行活动，以及桨板冲浪活动，它能够较好地适应各种着装的需求，不会感到不适。而佩戴在膝关节下方的方式则可以稍微提高安全绳在板上时的位置，从而减小划手在板上移动时被缠绊的可能，还能够保持较为舒适的双腿跪姿划行体验。在腰部佩戴安全绳需要通过同时佩戴快卸腰带来实现，这种佩戴方式进一步提高了安全绳在板上的位置，更适合在一些水流或涌浪较大的水域中使用，能够有效减小水浪漫过板面时对划行的影响。

使用安全绳时，务必要注意检查其是否与桨板已经建立了牢靠的连接。同时，由于安全绳在日常使用中难免会磨损和老化，因此，应当定期进行保养和维护，并于使用前检查其性能是否完好，如有问题应及时更换，以免造成安全隐患。

③其他安全装备。

在开展桨板活动时，特别是长时间的大范围水域划行活动时，为确保安全，做到万无一失，仍需要准备并携带一些其他有助于确保划行安全的装备并妥善保管。

防水包。防水包是开展水上活动时常见的收纳物品，它能够有效确保携带的服装、物品等保持干燥和可使用状态，也是长距离桨板划行活动必不可少的装备。

手机和防水袋、充电宝。对于现代人而言，手机的重要性不言而喻，而由于桨板是涉水类活动项目，因此在桨板运动中使用手机时，必须配备防水袋，以确保手机能够始终保持正常状态。在桨板活动中使用手机，除了可以摄影摄像外，主要还是作为紧急通信工具来使用。例如被离岸风或离岸流带到了远离岸边的水域，或是在未知的水域迷失了方向，只要手机能够正常工作，就可以进行紧急联络，从而不至于严重地威胁到自身安全。充电宝则能够确保手机有足够的电量。

饮用水和点心。在桨板活动时，合理的补充水和其他营养物质，保证参与者的精神和体能状态处在较好水平，是关乎活动安全的重要因素。如因身体过度疲劳或过热、缺水等原因，不能及时摄入水分和食物，造成脱水、体能不足甚至晕厥、休克等症状，将会严重威胁参与者的生命安全。

备用桨和安全绳。在某次活动中，特别是长距离的划行活动中，如果桨出现了损坏或断裂，那么这次活动可能就泡汤了——除非你携带了备用桨。通常，在计划进行长距离的桨板划行活动时，就应当考虑携带备用桨。携带备用安全绳也是为了确保安全绳出现断裂时可以进行替换，而不会使桨板活动因此泡汤。

(6) 主观安全意识的培养

如何在各类桨板活动中保证自己的安全呢？参与者的主观安全意识是最为关键的因素。不少桨板事故的发生，都是由遇难者安全意识不足、麻痹大意、缺少安全预案等原因造成的。因此，从事桨板活动，必须加强对自身安全意识的培养。

①保守的心理。

无论是在初学时，还是具有一定能力后，保守地计划和开展桨板活动，都能够较好地确保参与者的人身安全。通常来说，以保守的心理参与桨板活动，就是始终将活动的内容控制在个人能力范围内，对于不确定自己是否能够做到的事情，就不去尝试。特别是认为会对自己安全造成威胁的活动，就更应该拒绝。例如有朋友邀请你去参加桨板冲浪或白水桨板活动，而你并不确定自己是否有能力进行这些活动，从保守的角度出发，就应当拒绝。等到确定自己有能力从事这些种类的活动后，再参加也不迟。

②个人能力评估。

在近年来桨板事故发生的类别中，有很大一部分都是因为对个人能力评估不足而导致的。因此，正确地评估个人能力，对安全开展桨板活动具有重要意义。桨板的个人能力评估主要是从体能和技术两方面来说的，且必须要与计划开展的桨板活动项目紧密联系，包括活动地点的环境、水况、天气等，合理分析后做出执行计划或改变计划的决定。

③不要独行。

在桨板事故案例中，独自一人下水发生事故的数量也较为常见。独自一人下水开展桨板活动是十分危险的，一旦发生紧急情况，难以及时得到救助，很有可能发生危险。因此，无论何时何地，都不应当独自一人下水从事桨板活动。相约与同伴一道，不仅能够相互确保安全，还可以增进彼此间的交流。

④紧急预案和报备。

在每次开展桨板活动时，都应该尽可能地试想可能发生的所有情况，包括最不可能发生的情况，并一一做好相应的紧急预案。例如若有受伤的可能，是否可以考虑携带急救药品；如果伤势较重，是否能够及时联系到医疗急救等。当对所有紧急情况都做好了预案，且全部都在可以解决的范围内，其风险在能接受的范围内，就可以准备着手执行了。

在执行某次计划好的桨板活动前，应确保将本次计划告知一位不参加活动的人，包括起始时间、活动地点、人员人数、活动内容等，以确保有人能够在紧急情况下，为陷入险境的活动参与者们寻求必要的紧急援助。

⑤参加保险服务。

参加保险服务是风险转移常见的手段之一。通常情况下，正规的、有组织性的桨板活动，都会要求参与者参加保险服务，以此达到最低限度地确保安全的目的。因此，我们在参与桨板活动时，可以根据实际情况和个人需求，参加适当的保险服务。在参加保险服务时需要特别注意了解其主条款、附加条款和免责条款，确保其是符合自己需求的服务产品，以免出现参保无效的情况。

结语

　　桨板活动的安全关乎着生命、承载着快乐，在安全、快乐的前提下开展每一次桨板活动，留下美好的回忆，是每一位桨板参与者共同的愿景。因此，每位桨板运动的参与者都必须熟悉桨板运动的安全基础与原则，确保桨板活动环境符合要求，牢记安全注意事项，并做好桨板运动的风险管理，牢固树立主观安全意识，切实把自身和他人的安全放在首位，方能确保各类桨板活动的安全开展。

练习题

1. 如何建立桨板运动的安全意识？
2. 怎样做好开展桨板运动的危险防范工作？
3. 如果要您来做安全预案，您会着重做好哪些方面？

第四章 桨板基础理论与技术

一、桨板技术的合理性

桨板竞速是竞速性运动项目。一方面，要求技术符合环境特性，根据环境如水域条件、天气因素，减小行进中的阻力，保持最佳航线，最大限度地增大推进力；另一方面，要求技术必须符合人体解剖结构和生理特点，充分利用人体机能，发挥人的运动能力，这样才能在桨板竞赛中表现出技术的合理性。

（一）桨板技术术语

不同的运动项目都有本项目的技术术语，桨板也不例外，桨板技术中存在的术语有：

1. 划桨周期

划桨周期是指一次完整的划桨动作中身体各部分配合所做的动作的全过程，由桨叶入水、划水、出水和回桨4个连贯动作组成。一个完整动作称为一个划桨周期，它是周期性运动项目全部技术的体现，桨板竞速、跑步、游泳、骑自行车等都属于周期性的运动项目。

2. 划桨频率

划桨频率是指单位时间内划桨动作的次数。在桨板竞速中也简称为桨频，常以次/min来表示，是桨板竞速训练中必测的指标。计算公式：

$$动作频率 = 动作次数 / 成绩（不含出发、绕标时间）$$

在训练和比赛实践中，为测量统计的简化，可以以其中10次动作的时间(s)计算动作频率。即

$$划桨频率 = 10次 / 10个完整动作的时间$$

也可以将其换算为每分钟能完成的次数来表示，即

划桨频率 =60/(10 次 /10 个完整动作的时间)

3. 划桨节奏

划桨节奏是指桨板竞速时，每一个动作周期内各技术组成部分的动作速度与时间的比例关系，即桨叶划水和回桨的时间比例关系。每一划桨周期中，回桨时放松，划桨时用力，形成鲜明节奏，这样能够使有关部位的肌肉在相应阶段得到短暂休息，有利于合理发挥体能，取得好成绩。划桨节奏也可细分为入水阶段、划水阶段、出水阶段、回桨阶段的时间比例关系。各时段速度比例关系依个人技术风格特点不同而异。摄影解析运动员动作节奏，可鉴别诊断划桨技术的优劣。

4. 划桨次数

划桨次数是指划完一定距离所用的划桨动作次数，例如 200 m 距离，运动员用 25 次划桨动作完成，其划桨次数就是 25 次。划桨次数的多少并不能完全反映运动员的技术情况的好坏，应与天气、环境、桨板、桨、划水效果结合起来分析。

5. 划水距离

划水距离是指一个完成动作周期完成后，桨板前进的距离，又称划距、划幅，是技术量化指标的体现，但应与相同水流流速、风速范围情况下的数据作比较，常以 m/ 次表示。计算公式：

划水距离 = 比赛距离 (不包含出发绕标距离)/ 动作次数

在桨板竞速中，可以通过统计每 100 m 或 200 m 划水动作次数来检查运动员的划水效果，一般情况下，动作次数越少、划幅越大、效果越好。但如果划幅的增大是以通过降低桨频、延长滑行距离的办法来取得，这种划幅的增大就无竞技意义。

桨频和划幅是影响划行速度的重要因素。可以看出，无论是划幅的增加还是桨频的增加，或是两个因素共同增加，都可以提高划行速度；但如果划幅增大而桨频下降，可能导致划行速度下降。采用长划幅、慢桨频的划行方式的结果是低效率与低速度的。

但如果一味提高桨频，使划幅大幅缩短，结果也可能使直线速度下降。

所以划幅与桨频应依据比赛距离的不同和个人技术的不同而有合理的配置，目的是产生出最快的直线划行速度，展现最好的成绩。

6. 划水路线

划水路线是指桨叶在水中的划行轨迹。桨板有很多不同的技术，例如前扫桨转向和前舵转向，它们的划水路线也是不同的，这些不同的划水路线起到不同的划水效果与结果，在学习技能的过程中，也会运用到划水路线这一指标，用它来作为判断该项技术是否掌握的指标之一。

7. 起航

起航是指桨板由静止状态转为运动状态。及时且正确的起航技术，能使桨板在最短时间内到达最佳速度，在比赛中取得优势。

8. 乘浪

乘浪指的是在行进时，借助其他桨板产生的波浪力量，使自己的桨板加速向前推进的一种操纵技术。

（二）桨板技术结构特点

1. 桨板运动解剖特点

（1）肌肉初长度

肌肉收缩前的长度叫初长度。肌肉是由特殊分化的肌纤维构成，在正常的生理范围内适宜的初长度会使收缩力量加大。根据肌肉初长度与肌肉力量之间的关系，桨板的动作应充分考虑收缩前肌肉的初长度。如果划桨前肌肉已被适当地拉长，划桨时除了能增加肌肉的收缩速度和幅度外，还能增加肌肉收缩的力量。因此，在回桨时，核心肌群的伸展有助于其预先拉长，使其处于最佳初长度状态。

（2）符合肌肉舒张收缩机能

骨骼肌分布于人体的全身，每一肌束都有它的起止点和舒张收缩机能。关节的任何一个运动轴都有与拉力方向相辅相成的多组肌群，各自起着不同的舒张收缩机能作用。在同一动作中，不同肌群有各自先后不同的舒张收缩机能顺序。凡是与原动肌技能相符合的动作，肌肉所获得的收缩力相应就大，动作效果好。以参与划桨动作的有关肌肉舒张收缩机能为例：桨叶入水后，由于动作方向向前、向下，与腹直肌、腹外斜肌，腹内斜肌和腹横肌等收缩机能相一致，其肌群收缩产生的力量就会大。如果划桨动作从开始阶段保持弯腰、核心紧张，甚至入水前过早进行上述肌群的收缩，那么在划桨的过程中，由于肌群收缩力降低，导致相应作用无法体现。

（3）肌肉工作的协调配合

即使是最简单的人体运动，也是由众多肌群单位在神经系统支配下共同活动的结果。一个动作依靠原动肌群主动收缩完成运动，协同肌群起着调谐放松、协调、固定作用。这种肌群间的分工协作，对有效完成人体动作是必需的。肌群之间的协同关系不是固定不变的，在动作周期中是会变化转换的，协同肌变为原动肌，而原动肌变为协同肌。例如划桨和回桨动作中，肌群之间的配合与转化。

2. 桨板运动生理特点

（1）合理的技术与呼吸技能的关系

桨板运动是以有氧代谢为基础的运动项目。机体所需要的能量，源于摄入体内的各种能量物质的氧化过程。因此，人体必须持续不断地从体外环境得到氧的供应，以保证桨板运动时机体代谢活动所需的氧气。桨板运动时，呼吸的深度、力度、时间、节奏和方式与其他周期性水上运动有相同之处，尤其是划艇，但也具有它自身的特点。呼吸技术在技术结构中有着重要的位置。

在完整的动作周期中，呼吸必须严格遵循技术节奏，与躯干和肢体动作协调配合进行。如果呼吸节奏紊乱，会影响人体能量代谢的正常活动，扰乱动作的配合与节奏，使动作作用效果明显下降。

（2）优先运用身体大肌群发力

在桨板运动中，要优先运用身体大肌群发力，而不是小肌群，确保我们在用身体的核心肌群发力。腰腹核心和臀部是非常发达的，着重运用它们是桨板技术的核心要领。

（3）神经系统对动作技能的调节

技术动作的完成，主要是骨骼肌舒缩作用的结果，而由骨骼肌舒缩所实现的人体在桨板上划进的动作都是在神经支配下进行的。人体在运动中，中枢神经向骨骼肌发出指令。而骨骼肌中的肌梭根据肌肉张力的变化向神经运动中枢发回反馈信息，以使运动中枢对肌肉舒缩的调节更加精确，从而达到人体动作与技术要求之间的协调统一。

桨板运动作为周期性运动项目，除入水、出水外，一个动作周期是由划桨与回桨两个部分组成，两者呈周期性地不断相互转换。支配肌肉收缩与放松的神经系统，收到肌肉反馈的冲动刺激，产生兴奋与抑制的神经冲动，对肌肉活动起到调节作用。这种调节取决于运动中枢神经兴奋与抑制过程转换的是否精确，优秀运动员的动作之所以有高度的协调性，是由于经过多年的训练，大脑皮层部位的兴奋与抑制过程在一定空间与时间内能够精确自动地有节奏地转换的结果。

3. 符合规则的规定

比赛按统一制定的规则进行，每一位桨板运动员、学生都必须严格遵守。规则的制定与修改，其目的在于使比赛更加公平、更富有竞争性和观赏性。

合理的技术必须符合规则的规定。教练员和运动员均应加强对规则的学习，深刻理解各项目的比赛规定，并严格遵守。在此前提下，利用规则允许的空间，研究改进原有的技术动作，并作创新的尝试。

4. 符合个性特点

每个人的身高、体重是不一样的，而即使这些人身高体重相同，他们关节之间的骨骼长度也可能存在不同，例如从肩膀到手肘，从手肘到手腕，这些骨骼长度可能是有差异的。但即使这些骨骼长度是相同的，交叉在这些关节上的肌肉的起止点和附着点也是不同的。虽然桨板运动的技术原则普遍适用于每一个人，但运动员由于身体形态、体能、心理素质、综合运动能力和动作习惯等存在个体差异，技术动作上不可强求同一模式，在符合技术总体原则的基础上应结合个人的实际条件，发现、挖掘运动员的潜在能力，发扬个人在某些素质上的优势，针对个人特点进行技术创新，最大限度地符合个性特点，形成自身的技术风格。

二、平衡与平衡训练

对于水上运动项目来说，平衡能力是至关重要的能力之一。桨板运动相比皮划艇、赛艇、龙舟运动，对平衡能力的要求更高。

（一）平衡能力

平衡能力指人体在静止或运动状态中，维持某种身体姿势和动作的能力。在医学领域中，平衡分为静态平衡和动态平衡两类。静态平衡是指人体所处的一种姿势或稳定状态，如坐着的稳定状态，保持单脚站立，用前脚掌支撑地面站立，半蹲着等；动态平衡是指人体受外力作用或运动时，能自动调整并维持姿势的能力，例如走步，用前脚掌走，曲线或障碍跑，立定跳远，在较窄的平衡板上行走，原地转圈后停下来等。动态平衡可分为自动态平衡和他动态平衡，自动态平衡是人体主动运动过程中维持平衡状态的能力，他动态平衡是人体获得外界干扰时可重新获得稳定状态的能力。

使人体保持平衡的生理机制非常复杂，当前学术界普遍认为维持人体平衡需要依靠中枢神经对视觉、本体感觉和前庭觉信息的调控，加之对运动效应器的控制来完成。

视觉反馈：视觉反馈主要是通过感光细胞中的视杆细胞和视锥细胞来感知外在的变化。当光线照射到视杆和视锥细胞时，它们会向大脑发送脉冲，从而提供视觉相关信息，以识别人相对于其他物体的方位。

本体感受：皮肤、肌肉、肌腱以及关节等运动器官在不同状态（周围组织的伸展、收缩或产生压力）下产生的感觉，这些感觉与其他身体信息一起帮助我们确定人体在空间中的位置。如人在闭眼时能感知身体各部的位置，如站立的人体前倾时，会感觉到脚底的前部压力增加，再如脚踝会提示身体现在是站立于什么类型的质地中，或平坦或松软等。

前庭系统：作用于人体的平衡感和空间感，对于人的运动和平衡能力起关键性的作用。它和听觉系统的一部分耳蜗一起构成了内耳迷路，位于内耳的前庭。其具有特殊的感受器，经前庭神经把刺激信息传入到相应的脑干内的前庭神经核以及小脑，经过与其他感觉信息的整合、加工处理后输出，从而使人体做出反应。

（二）人体平衡的特点

人体不可能处于绝对静止的状态，人体在维持平衡的过程中，不可能是绝对静止的。呼吸系统和血液循环的存在造成了人体总重心在一定的范围内波动，肌肉的张力在任何时候都不可能恒定，因此身体姿势的维持不可能严格地不变。当维持平衡的时间较长，肌肉出现疲劳时，这种不稳定性就更加明显。因此这种平衡是一种相对的静态平衡。

①人体内力在维持平衡中的作用在某些静力性姿势中，维持平衡的不仅仅是重力和支撑反作用力，而是由重力矩与肌肉和韧带的拉力矩共同维持的，如燕式平衡。

②人体的补偿动作。人体在完成或维持静力姿势过程中，当重心发生偏移有失去平衡的倾向时，人体能借助于补偿动作在一定范围内"中和"或"抵消"重心的不适宜移动。例如：用左手提起重物，身体的重心也向左移，此时人体能自动地完成一系列的动作，身体的一部分向右倾斜并将右臂伸向右侧，从而使身体和重物两者的总重心向右移，获得一个新的支撑面，得到新的平衡。补偿动作与破坏平衡的动作同时发生，避免总重心向不适宜的方向移动。当补偿动作不足以维持平衡时，则需借助恢复动作维持原有的平衡或获得新的平衡。

③人体具有自我控制、调节和恢复平衡的能力。人体不仅能维持平衡，在有失去平衡的趋势时，通过视觉和本体感觉，在大脑皮质的控制调节下，通过肌肉收缩造成平衡的力学条件，恢复和维持平衡。这种平衡能力，通过训练可以不断加强，能够完成一些单从力学角度来看是非常困难的平衡动作。有训练和无训练的人，保持平衡的能力差别很大。

④人体的平衡受心理因素的影响，所以对患者进行平衡训练时，除了注意适宜技术的使用，还要进行鼓励，解除患者平衡训练时心理上的恐惧感。

⑤人体的平衡动作消耗肌肉的生理能，从力学角度看，静止状态不能发生机械功，然而，人体的平衡离不开肌肉的收缩作用，必然消耗一定的生理能。长时间保持平衡动作，能量消耗增多，肌肉出现疲劳，会使人体控制平衡的能力降低。

⑥物体的重心指的是物体质量的集中点，且质量在各个运动面都均匀分配，其重心是相对静止而且固定的。而人体的重心却是随着人体姿势的静态与动态变化过程而不断变化，因此，从某种意义上来说，人体的重心位置并不是容易固定的一个点。一般来说，人体重心位于第2骶椎，但也会因每个人的体重与形体不同而产生差异，同时重心不仅会随着姿势的空间变化而变化，还取决于人体是否承受了外界的压力与负荷等。

（三）人体平衡的条件

人体平衡的力学条件是合外力为 0，合外力矩为 0。两个基本条件必须同时得到满足。

在运动实践中，人体平衡姿势稳定性的好坏，直接影响各种动作的完成效果。

①支撑面积是由各支撑部位表面及支撑点所围成的面积组成的。当具有多个支撑部位时，它们之间的距离愈大，支撑面积也愈大。总的来讲，支撑面积愈大，稳定性愈好。单臂手倒立比双臂手倒立难度大的道理就在这里。

②重心的高低对稳定性也有影响，一般情况下，重心愈低，稳定性愈好。

③稳定角是重心垂直投影线和重心至支撑面边缘相应点连线间的夹角。稳定角是影响人体平衡稳定性的力学因素。某方向上的稳定角越大，人体在该方向上的稳定程度越高，即在某方位上平衡稳定性的储备能力越大。它综合反映了支撑面积大小、重心高低和重心垂直投影线在支撑面内的相对位置对平衡稳定性的影响。

④平衡角等于某方位平面上稳定角的总和。平衡角在不同方位平面上，可能是不同的。它可以说明物体在某方位上总的稳定程度，通常称为稳度，即物体失去平衡的难易程度。

⑤稳定系数。一个物体是否失去平衡，取决于该物体重心垂直投影线是否落在支撑面内。如落在支撑面内，就保持平衡；落在支撑面外，就失去平衡。

（四）桨板运动平衡能力与训练方法

1. 定义

桨板运动平衡能力指的是人在参与桨板运动时，为了完成运动内容和目的所需具备的平衡能力。

2. 特点

桨板运动的运动环境与许多运动不同，它既是室外的运动，又是在水面上的运动。水的流动性和风的不确定性极大地影响着桨板运动员在桨板上的平衡状态。因此需要有针对性地加强桨板运动员的专项平衡能力。

3. 好处

本体感受中，肌肉与关节对于身体位置的感知等都会对平衡产生影响；反之，平衡的能力又会强化身体的某些运动技能。而在运动员的训练中，髋膝踝三者联动又特别重要，因此可以通过一系列的平衡训练加强对关节肌肉的神经控制募集能力以及在运动中保持正确的关节对位，这些都会对运动表现产生积极影响。同时，利用平衡训练，加强核心的稳定性与力量的传导，不仅会使得力量增加，还会降低运动损伤的产生。而且，在平衡训练的过程中，身体为了平衡以及核心的稳定性，需要大量募集神经肌肉肌纤维，这样，便会改善大脑神经肌肉的协调能力，以及消耗更多的卡路里，从而使得运动训练更加有效率。

4. 训练思路

平衡力动作训练思路包括减少身体的支撑面、支撑面由稳定状态变为不稳定状态、平衡训练中的动作模式由静态变为动态。当然在这个过程中，也可以相互的结合进行动作设计。如最开始以双脚站立于地面进行深蹲动作模式的练习，到减少支撑面变成单腿深蹲，进而到双脚站立于波速球上进行深蹲训练，再进阶就是单腿深蹲在波速球上进行训练，最后再提升难度可以是增加负荷的单腿波速球深蹲练习等内容。任何人的训练进退阶请根据自身情况，循序渐进地来开展。

渐进模式下的平衡训练，分为四个阶段：

(1) 第一阶段：本体感觉 (Proprioception)

第一阶段是从训练本体感觉开始，以静态平衡的动作搭配「开眼」、「闭眼」及「改变手臂方向」来进行，同时地面可以从稳定的表面渐进到不稳定的表面。

其中，不稳定表面的使用有助于发展协同肌的招募及活化。所以，以单脚站立来看，可以是：

①在稳地平面；

②在稳地平面 + 闭眼；

③在不稳定平面 (BOSU 或是平衡垫)；

④在不稳定平面 (BOSU 或是平衡垫) + 闭眼。

每一个难度以持续 30 s 为目标，如果持续维持 30 s 已没有挑战性，可以进行下一个难度来挑战，例如，在稳地平面可以从容地维持 30 s，可以试着以「闭眼」的方式。

若是闭眼几秒就失去平衡了，没办法维持更长时间，这时候可以通过分练习累积到 30 s。

例如，闭眼之后，单脚站立一次只能维持 3 s，可以连续进行 10 次，可以进行 2～3 组，组间休息低于 30 s。需要注意，应以大量小片段的节奏方式来防止大脑出现疲劳。

(2) 第二阶段：静态姿势的动作平衡 (Dynamically Static)

这个阶段同样是单脚静态平衡，但转换为更「动态」的稳定动作，着重在稳定性及身体的排列，让运动员在身体有动作时能稳定下肢。动作有很多，概念是上肢或「非接触地面的脚」产生动作，而接触地面的脚要维持稳定。如单腿罗马尼亚硬拉、单腿药球触达、单腿摇摆等。建议是 2～3 组，每组进行 10～20 次，组间休息低于 30 s。

(3) 第三阶段：动态平衡 (Dynamic)

以「动态」的方式来挑战身体的稳定度，比如，交换脚、侧跳、前跨步到平衡板上或是跳上 BOSU 球上等。建议是 3～5 组 x 5～10 次，组间休息低于 30 s。

(4) 第四阶段：扰动式的动态平衡 (Perturbed Dynamic)

身体以有外在或是自身「扰动」的方式来挑战动态平衡，让身体以一个符合专项运动的动态方式来尝试稳定住自己。

比如说，当运动员单脚站立去接一个药球；或者是手持球进行跳跃的动作等。建议是 3～6 组 x 6～12 次，组间休息低于 30 s。

从第一阶段到第四阶段，我们可以看到这是一个有系统的渐进模式，平衡的难度持续增加，身体会逐步的适应。

第一和第二阶段，建议一周 2～3 次，进行 6～12 周的时间；第三和第四阶段是建议一周进行 1～3 次，进行 5～10 周。

5. 训练方法

(1) 陆上体能训练（以核心力量训练为导向）

①站立提膝。

站立，双手平举，与肩同宽，尽可能地提高左膝，在最高点保持约三秒钟，然后缓慢放下，换右腿，动作相同，提起时呼气，落下吸气。

②侧卧剪刀腿。

左侧卧，左手支头，右手支撑，尽可能高的抬右腿，身体保持在一个立面上，最高点保持 3 s，回落，做到力竭然后换右侧，动作相同。

③俄罗斯回转。

坐姿，手交叉，提膝，脚离地，空中回转，左肘部接触右膝，右肘部接触左膝，做到力竭，注意过程中一直保持脚面离地。

④侧卧提臀。

右侧卧，右肘支地，左手叉腰，躯干与腿在一个平面，左腿叠加在右腿上，提高髋部，保持身体平直，然后缓慢落下，单侧做 10 次，然后换另外一侧。

⑤卷腹。

屈膝，手交叉在胸前，卷腹，让肘部靠近大腿。

⑥仰卧提腿。

仰卧，手放到臀部下方，头稍微离地，（这样可以锻炼颈部肌肉），腿笔直，脚踝伸直，脚跟离地约 15 cm，膝盖不要弯曲，缓慢将腿提高，与地面约 45°，保持 3 s 后，将腿放下。

⑦仰卧摆动提腿。

仰卧起始姿势与上个动作相同，不同之处在于，分开提腿，同时，保持另一只腿在起始位置，这是力量训练不能忽视的事项。

⑧仰卧分腿。

仰卧起始姿势与上个动作相同，不同之处在于，上面的是提腿，这里是分腿，尽可能打开，然后闭合。

⑨仰卧单车。

仰卧，双手抱头，一腿完全屈伸，离地面约 10～15 cm，另一腿膝盖屈伸至胸前，尝试去碰异侧的肘部，然后，开始仰卧单车的动作，收腿，伸直另一腿，去够异侧的肘部。

注意要确保伸展腿在完整伸直后再回收，确保动作缓慢，以达到最大的锻炼效果。

⑩十字交叉。

仰卧，双手打开，掌心向下，双腿伸直朝天，与身体成 90°，头稍微离开地面，然后把腿往右侧地面放，与身体成"L"形，但是在腿触到地面前，抬起，回到起始位置，然后向另一侧做相同动作。

如果觉得难度太大，可以屈膝完成相同动作。

⑪陆地游泳。

俯卧，双手朝前自然平伸，尽可能的抬高右腿和左臂，顶点处保持 3 s，缓慢放下，然后相同姿势，抬左腿和右臂。

要点：整个过程中保持躯干贴着地面，头微微抬起，平衡整个身体。

⑫超人起飞。

俯卧，双手朝前自然平伸，同时向上抬起双臂和双腿，只留躯干和髋关节还贴着地面。

在顶点处停留 3 s，感受下背部的肌肉收缩，然后缓慢放下。还可以在起始位置把双手张开，与身体成 90°。

(2) 路上体能训练（以下肢力量为导向）

①负重深蹲。

杠铃置于颈后肩上，两手握住横杠，全身直立，挺胸收腹，腰背肌肉保持紧张。然后屈膝下蹲至两膝全屈，稍停，以股四头肌的收缩力伸腿起立，两腿伸直，并使股四头肌极力绷紧，稍停。再重新下蹲。此动作的呼吸方法有两种：轻负荷情况下，下蹲时呼气，起立时吸气；重负荷情况下，先吸气，随即下蹲，起立前呼气，然后吸气起立。练习中，做最后几次下蹲动作时，如呼吸急促，也可在起立后连续快速呼吸几次，以便吸入更多的氧气。做动作时意念应集中于股四头肌。

本动作也可两手握哑铃或肩负沙袋、米袋来练习。

②坐姿伸小腿。

坐姿，脚穿铁鞋（将哑铃或沙袋系在脚上亦可），以股四头肌的收缩力使小腿伸直，股四头肌极力绷紧，稍停，再放下重做。小腿伸直时吸气，小腿放下时呼气。意念应集中于股四头肌。两小腿可同时伸直，也可交替伸直。俯卧屈小腿俯卧凳上，脚穿铁鞋（将哑铃或沙袋系在脚上亦可），以股二头肌的收缩力，使两小腿同时屈向大腿，股二头肌极力绷紧，稍停，再放下重做。小腿上屈时吸气，放下时呼气。意念应集中于股二头肌。

③直立负重提踵。

手握杠铃置于颈后肩上，两脚站在 10 cm 厚的木板上，脚后跟露出木板以小腿三头肌的收缩力提起脚跟，使小腿三头肌极力绷紧，稍停，脚跟下落，一直落至低于木板面而不能再低为止。然后重做。提起脚跟时吸气，落下脚跟时呼气。意念应集中于小腿三头肌。脚下垫木板，为的是使小腿三头肌充分伸展，这样，提起脚跟时，就需要花更大的力量，使小腿三头肌得到更彻底的锻炼。动作与负重深蹲相同，只是下蹲和起立时全用脚尖负重。当两腿完全伸直后，再放下脚跟，使小腿三头肌放松，然后再提起脚跟，用脚尖支撑身体做动作。起立时吸气，下蹲时呼气，意念应集中于小腿三头肌。

④坐姿负重提踵。

坐姿，杠铃置于大腿上，靠近膝部，两手握杠，脚掌踏在 10 cm 厚的木板上，脚跟露出木板。提起脚跟，使小腿三头肌极力绷紧，稍停，脚跟下落至低于木板面，直至不能再低为止。然后重做。提起脚跟时吸气，落下脚跟时呼气。

(3) 陆上专项训练（以运动项目特点为导向）

桨板运动是在不稳定状态下进行的。在不稳定的状态下进行平衡力训练，通常用的比较多的小工具是波速球，以下动作难度适中，可以根据学生情况降低或提高难度进行训练。降低难度如波速球单腿屈髋练习，可以降阶为水平地面单腿屈髋练习，如没有波速球，也可以把瑜伽垫卷起后踩在上面进行训练，目标是增加地面的不稳定性。所有训练，根据学生的个人能力，量力而行，要求遵循安全第一、循序渐进的原则。

动作一：波速球单腿平板支撑

技术要领：身体下背部保持中立位，避免塌腰，一条腿抬起增加难度。如果感觉难度比较大，可以双腿置于地面，或者进行水平地面的单腿平板支撑练习。

动作二：波速球侧桥

技术要领：身体的一侧呈斜向水平状态，保持躯干的中立位。除了练习平衡能力外，核心也一并得到了训练。

动作三：波速球单腿箭步蹲

技术要领：一只脚踩于波速球上，慢慢将身体下放到髋关节略低于膝关节即可，整个过程中，保持下背部中立位与身体的稳定。

动作四：波速球深蹲

技术要领：双脚置于波速球上，与肩同宽，屈髋屈膝进行躯干的下落，髋关节略低于膝关节即可动作复位，整个过程中，保持下背部中立位与身体的稳定。

动作五：波速球单腿屈髋

技术要领：一只脚踩于波速球上，以髋关节为轴心进行单腿的屈髋练习。整个过程中保持动作模式正确性与身体的平衡和稳定。

在训练编排时，可以与核心训练一起编排进训练计划中，每周安排2～3次的训练。

(4) 水中专项训练（以实战为导向）

①跪姿体转练习。

(a) 跪姿于桨板上，脚趾踩住板面；

(b) 端平双臂，握住桨杆，核心发力，控制身体稳定；

(c) 上体左转90°；

(d) 还原后右转90°；

(e) 各练习10次，每次结束后目视前方；

(f) 桨杆换方向后再练一组。

注：1. 体转后保持时间可以逐渐增加；

2. 在控制身体稳定的情况下可以加快旋转速度；

3. 在水面稳定、周围无行进中船只的安全环境下进行练习。

②跪姿伸展练习。

(a) 跪姿于桨板上，脚趾踩住板面；

(b) 收紧双臂，握住桨杆，核心发力，控制身体稳定；

(c) 将桨高举，两臂伸直举过头顶；

(d) 两臂向右下侧移动，胳膊保持伸直，使桨杆垂直于水面，平行于自己；

(e) 还原后向左下侧移动，其他要求不变；

(f) 各练习10次，每次结束后目视前方；

(g) 桨杆换方向后再练一组。

注：1. 始终目视前方；

2. 在控制身体稳定的情况下可以加快动作速度，但是动作轨迹不变；

3. 在水面稳定、周围无行进中船只的安全环境下进行练习。

③跪姿螺旋桨练习。

(a) 目视前方，跪姿于桨板上，脚趾踩住板面；

(b) 收紧双臂，握住桨杆，核心发力，控制身体稳定；

(c) 将桨高举，两臂伸直举过头顶；

(d) 运用手部将桨杆像螺旋桨一样转起来；

(e) 每转一圈停 2 s，保证桨杆重心稳定；

(f) 左右各转 10 圈；

(g) 熟练后，可加快旋转速度或降低每圈之间的停留时间。

注：(a) 切莫让桨杆离开手的控制；

(b) 学生之间的间距要大，避免受伤；

(c) 可在岸上先学习转棍方法和完成相应练习后再在桨板上练习该项内容；

(d) 在水面稳定、周围无行进中船只的安全环境下进行练习。

④板面登山走练习。

(a) 跪姿于桨板上，脚趾踩住板面；

(b) 将桨横向放置于板面防滑垫前端，双臂伸直撑在板面上；

(c) 身体呈俯卧姿势；

(d) 左腿弯曲，膝盖向胸部靠近；

(e) 保持 2 s 后还原，右腿按照左腿的方式同样完成一次动作；

(f) 两腿各练习 10 次，目光始终直视桨杆。

注：(a) 控制核心发力，维持身体平衡；

(b) 熟练后可以加快动作速度，减少停留时间，但是动作轨迹不变；

(c) 在水面稳定、周围无行进中船只的安全环境下进行练习。

⑤有支撑板面蹲起练习。

(a) 跪姿于桨板上，脚前端踩住板面；

(b) 将桨垂直放在身体正前方的中线上，双手握住；

(c) 转换成蹲姿；

(d) 缓缓站起至膝盖大于 100°；

(e) 缓缓蹲下；

(f) 练习 10 次。

注：(a) 控制下肢及核心发力，维持身体平衡；

(b) 手臂无需太用力

(c) 熟练后可以加快动作速度，但是动作轨迹不变；

(d) 在水面稳定、周围无行进中船只的安全环境下进行练习。

与有支撑板面蹲起要求基本一致，只是不再用桨做支撑，而是将桨握住，端平于胸前。

注：该动作难度较大，酌情安排。

⑥其他。

在第六章、第八章的站姿划行相关技术练习中，增强平衡能力。

三、岸边上下水

岸边上下水是与运动安全有着密切联系的技术，包含了在码头平台或是在沙滩（海滩、河滩等）浅水中等多种情景下的方法，涵盖了单人或双人上下岸的操作步骤及注意事项，是由岸边转为水上的最后一道环节。在下岸上板环节中，要充分注意提前做好安全检查工作，检查救生衣的可靠性，穿戴是否正确，检查桨板的气压情况，教师和学生的个人物品是否已经存放完毕，脚绳是否按要求佩戴，观察水域安全情况，按顺序依次上板，避免拥挤，提高注意力，应对水中出现的各种状况。在上岸下板的过程中，注意要按技术要领进行操作，防止身体与岸边发生磕碰，或是桨落入水中安全。

（一）上下水

1. 有码头平台时的上下水

（1）单人上板（右侧）

以跪姿下岸，登上桨板：

①观察环境，包括此时在码头下岸上板人数、是否有大型船只经过、波浪大小、天气，检查自身救生衣情况、随身物品、鞋子摆放等；

②将桨板放置在与码头平台平行的水中，使其贴近码头；

③将脚绳系在脚腕上，任意脚均可，但对于初学者而言，系在右脚会更合理一些，因为若是将脚绳系在左脚，可能会因为动作不熟练而导致右脚向桨板移动时被脚绳缠住；

④把桨放置在桨板的甲板上，确保其不会因波浪、重心不稳或其他船只碰撞而落入水中；

⑤呈跪姿上板，身体与桨板平行，头部朝向与桨板船头一致；

⑥将右手撑在桨板的中心（一般的桨板中心会有把手，它是桨板的左右中心也是前后中心）偏前的位置并压住桨，左手撑在码头平台上，此时人体重心依然在码头上，左手和双腿做主要支撑（图4-1）；

图 4-1 上板时人体中心在岸上时

⑦将右腿的膝盖移动到桨板中心位置，此时的人体重心随之移动改变，从码头落到桨板上，由右手和左腿作为主要支撑，随即将左腿的膝盖从码头置于桨板上（图4-2）；

图 4-2 上板时人体中心在桨板上时

⑧将右手置于桨板上，平衡好两个膝盖的位置，使左右两侧膝盖与桨板中心距离保持一致（图4-3）；

图 4-3 左右对称

⑨双手正确握桨，保持平衡，体验在桨板上的感觉，感受水流、波浪带来的晃动；

⑩伴随之后的学习，掌握跪姿划行技术要领，需要驶离码头时，可以通过握住桨把，用桨叶把桨板板体推离码头一段距离，在确定没有安全隐患后，驶离码头（图4-4）。

图 4-4 推离岸边

（2）单人下板（右侧）

以跪姿方式下板，登上码头平台：

①降低船速，观察环境，确保安全，以跪姿划行姿态使桨板平行靠上码头，避免撞击导致跌入水中或受伤；

②将桨放置在码头上，可以由同学协助摆放；

③右手扶好码头边缘，此时身体重心还在桨板上（图 4-5）；

图 4-5 下板时人体重心在桨板上时

④左手撑在桨板中心线上保持平衡，双手保持同时向内用力，避免桨板板体脱离码头（图 4-6）；

图 4-6 保持靠岸

⑤右脚站上码头，踩稳，人体重心随之向码头移动，右手和右脚作为支撑（图

4-7);

图 4-7 下板时人体重心在岸上时

⑥随后在桨板上的左手和左脚相继离开板体，回到岸上，注意此时不要用力蹬桨板，初学者可能因对重心状况误判而导致落水。

（3）以坐上码头的方式下板，登上码头平台（进阶，稍难）

①降低船速，观察环境，确保安全，以跪姿划行姿态使桨板平行靠上码头，避免撞击导致跌入水中或受伤；

②侧身用双手同时撑在码头上，随即将身体重心由桨板快速移至码头上，也就是迅速坐上码头。在此过程中，一定要确保是身体重量先压在两只手臂上，进行重心转移，手臂需要用力撑住，直至坐上码头。而不是重心压在双腿上并用力蹬桨板，这样做会导致落水甚至使身体撞在码头岸边，受到伤害（图4-8）；

图 4-8 重心转移

③坐上码头后，双脚稍微控制桨板板面，防止飘走；

④平衡能力强、长期从事桨板训练的同学可以用以上方法直接半蹲或站立上码头，但在整个教学过程中均不提倡。

（4）双人上下水

双人上下水与单人的技术要点相似，前方或者后方同学都可先进行操作，需要注意的是，上下板时需要注意发力和防护，切莫将搭档带入水中。

2. 沙滩（海滩、河滩等）浅水中的上板和下板

当同学们未来有机会到在沙滩（海滩、河滩等）环境下练习桨板，或者学校的教学场地是在该情景下时，需要运用该状况下的上板和下板技术。

(1) 上板

①首先进行判断，评估周边的环境是否适合桨板的上下，了解风向、水流和水深，并选择安全合适的下水地点，检查自身救生衣情况、随身物品、鞋子摆放等；

②携带桨板往水中行走（图4-9），直到站立时膝盖贴近水面，将桨板放置于水面上。这样做是为了防止尾鳍刮到水底的石头或者没入沙子中；

图4-9 携板水中行走

③双手均衡压住桨和板面保持平衡，依次将两只腿跪在桨板板面中心线两侧，先做靠近桨板的那支腿（图4-10）；

图4-10 水中上板

④采用俯卧姿势趴在板上，随后再进行身体姿势的调整。

(2) 下板

①跪姿划行至沙滩（河滩）；

②运用倒桨进行减速，避免冲击到沙滩（河滩），造成桨板损坏甚至身体受伤；

③对水深进行判断，在水深大于一个半桨叶深度的位置停住（图4-11），双手压住桨和板保持平衡，先外侧脚下板踩在沙滩（河滩），然后再双脚站立；

④扶好桨板，避免来浪时桨板被冲走或者撞到身边的人；

⑤上下板时首要的内容是掌握平衡，弓腰可以降低自己的上板和下板时的重心，便于完成上下板动作（图4-12）；

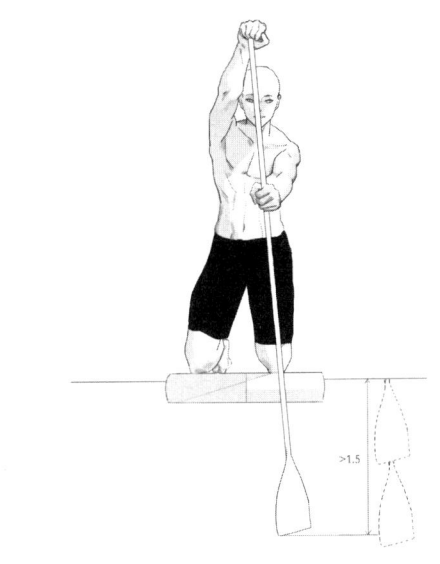

图 4-11 判断水深

图 4-12 水中下板

(3) 双人上下板

①在沙滩（海滩、河滩等）浅水中时双人上板和下板技术的原则与在码头时的双人上下板技术原则一致，要保证上下板顺序以及在板上人员的稳定与安全；

②与在沙滩（海滩、河滩等）浅水中时的单人上板和下板技术类似，双人技术在单人技术的基础上，注意保护好桨，防止被海浪冲走而导致丢失，注意后上板或者先下板的同学要做到为还在板上同学的安全考虑，切忌动作过猛，注意安全，及时观察周围环境。

（二）注意事项与情况处理

岸边上板与下板不仅包含技术要领，还涵盖了上板、下板过程，是由陆地转入水上的过程。在这个过程中存在诸多注意事项和突发情况，这部分内容也是预防危险，保障安全的重要组成部分。

1. 注意事项

①提前观察周围环境，包括气温、水温、此时在码头下岸上板人数、航道是否有大型船只经过、波浪大小、水面漂浮物等；

②检查桨板气压，检查桨；

③检查自身救生衣情况、穿戴情况、随身物品、鞋子摆放等；

④首次上下板必须由老师或资深同学在旁陪护，做好安全保障工作；

⑤脚绳是生命绳，一定要正确佩戴；

⑥尽量不要携带手机上板，水瓶可放在板鼻的绳子中，但要注意环境保护，不可乱扔空瓶；

⑦确保桨在可控范围，上板后一定第一时间控制住桨；

⑧不可采用跳板技术，从码头直接跳上桨板板面，情况严重时会使码头边缘撞到头部，导致严重后果；

⑨教师应指挥学生有序上板，切勿发生码头拥挤；

⑩上板适应后应立即驶离岸边，保持距离，为后续上板同学留出放板空间，下板时亦是如此；

⑪双人上板或者下板时，切忌嬉戏打闹，教师应提前做好安全教育；

⑫准备上岸靠近码头过程中，应减速并采取跪姿靠近，防止桨板撞上岸边，防止因重心不稳导致的人身伤害；

⑬下板时不要忘记桨，导致桨丢失。

2. 情况处理

①如若在下码头上板过程中，遇到突然的大风大浪，立即返回码头；

②发生码头上板拥挤时，教师应立即维护秩序，防止意外发生；

③如若出现学生在上下板过程中落水，教师应立即展开救援工作，同时学生们停止上下板动作；

④教师应做好安全预案，发生问题时严格按要求执行。

四、落水、水上翻板与中位上板

不论是新接触桨板的同学还是玩桨板经验丰富划桨板经验的同学，在划桨板运动过程中，划到某些时刻，都可能发生不慎落水的情况，尤其是在练习难度稍大的动作时，几乎人人都会落水。学习关于落水的注意事项，了解相关知识与技能对于保障自身和他人安全是很重要的。此外，落水后如何回到桨板板面上，对于第一次接触桨板的同学来说至关重要！因为如果没有掌握这里的技巧，很可能反复尝试也无法爬上桨板，从而由内心产生紧张感和恐惧感，甚至发生危险。

在本节内容里，讲述了关于桨板落水时和落水后怎样处理的相关内容，包括落水、水上翻板和上板三个部分。

（一）落水

1. 名词解释

落水是指在划桨板的过程中，人体从板面落入水中，从主体意愿上分为主动落水、被动落水，在技术上分为垂直落水和侧倒落水。

（1）主动落水

主动落水是指在划桨板的过程中，人体主动从板面落入水中。例如，前方有突发情况，经过自身判断取舍，为避免桨板带人撞击前方物体使人身受到危险，主动从板上落入水中(图4-13)。

图 4-13 主动落水

（2）被动落水

被动落水又称为不可控落水，是指在划桨板的过程中，人体由于外界因素无法维持在板面上的平衡，被动从板面落入水中(图4-14)。例如，自身所在的桨板，受到其他船只的撞击，导致自身无论怎样努力都无法继续维持平衡，不得不落入水中。

（3）垂直落水

垂直落水为主动的落水姿态，主要用于落水后快速扶板，上板。一般落水后深度为 1.2～1.5 m(图4-15)。采用垂直落水技术时应尽量穿朔溪鞋，避免落水后脚步踩踏尖锐物品。

图 4-14 被动落水

图 4-15 垂直落水

注意：尽量不要在陌生的水域采用这种方式，垂直跳进水中会有很多潜在的危险，要尽量避免这种可能，这样很容易脚扎在泥巴里，或者被水下异物扎上，或者卡在水下的石头缝中，或者被水下的异物缠住，发生危险。

（4）侧倒落水

相较于垂直落水，侧倒落水是更为安全的一种落水方式（图 4-16）。侧倒落水的情景有主动落水也有被动落水，特点是落水下沉距离较近，一般落水后深度小于 0.8 m，大大降低了触底撞击的可能性，但是落水后离桨板距离相对垂直落水较远，需要调整身体位置才能上板。

注意：这种落水姿势千万不要在靠墙、靠近礁石等地方使用，因为会磕碰到石头上，造成严重致命伤害，因此不要在靠近岸边、靠近石头的地方站起来，否则摔倒后很容易受到严重伤害！

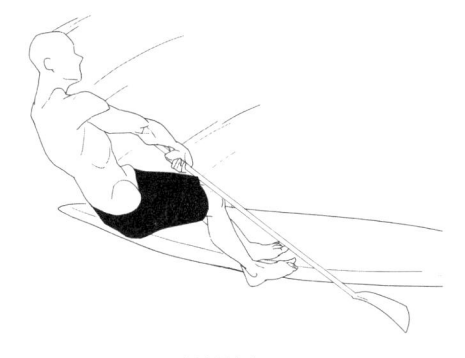

图 4-16 侧倒落水

2. 提示

①落水时手伸出去也是对头的一种保障；

②落水时切忌大呼大叫，容易喝水呛水；

③切莫丢桨（图 4-17）；

④落水时可以尝试吐气，在首次进行桨板运动前应学习游泳中的闷水技术（图 4-18）。

图 4-17 切莫丢桨　　图 4-18 水中吐气

（二）水上翻板

1. 水上翻板技巧

①游到桨板尾部，整理好脚绳，确保身体各部位未被脚绳缠绕（图 4-19、图 4-20）；

②面对板尾轴线，双手握住板尾上下两侧，一手上抬一手下压将板翻转（图 4-21）。

图 4-19 脚绳缠绕 　　　　图 4-20 无缠绕 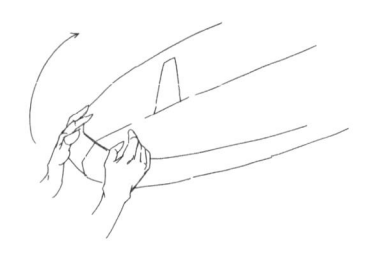　　　　图 4-21 在板尾进行翻转

2. 注意事项

①注意观察周围环境，确保安全，必要时可以发出声音，提醒周围过往船只注意（图 4-22）；

图 4-22 发出声响

②务必掌握基本游泳技术，确保在水中可以有前进的动力以及转方向的技巧，以满足完成翻板动作的需要。

（三）中位上板

1. 动作要领

①游到桨板一侧，将桨放置于桨板上，身体呈俯卧姿势；

②一手抓住把手，将两个肘关节支撑在桨板板面上（图 4-23），尽量向中线伸，双腿下打水；

③肘部发力向下压，双腿向下打，身体向前上方使劲窜；

④随即一手向板的另一侧边缘抱住，肚子搭上桨板板面；

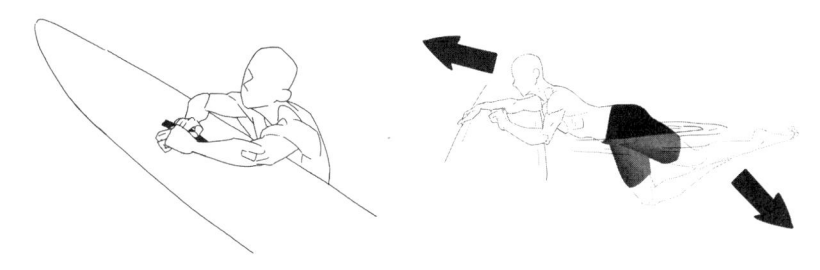

图 4-23 水中上板

⑤依次将两腿抬上板面，完成上板（图 4-24）。

图 4-24 完成上板

2. 注意事项

①若第一次没成功，不要继续上，回到原点调整姿态重新来；

②注意观察周围环境，安全第一。

五、握桨、桨语和鸣哨

在空旷的水域环境中，人声的传播往往会因为种种原因而显得薄弱，无法及时传递信息。而信息的有效传递与安全性是有关联的。接下来讲述桨板运动里的握桨、桨语和口哨。

（一）握桨

桨有很多种类，亦有不同品牌。但桨叶朝向和握桨的方法是基本一致的。

1. 桨叶朝向

①把手与手掌的关系（图 4-25）。

②桨叶前后区分（图 4-25）。

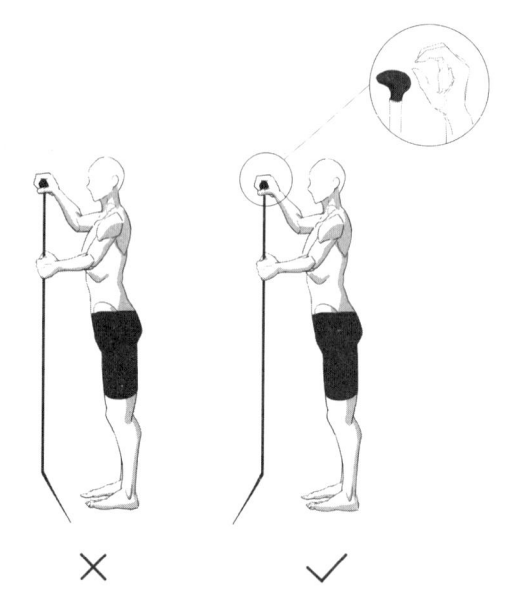

图 4-25 桨叶朝向及前后的区分

2. 握桨方法

握桨技术好坏影响着发力方式，也对动力传导效果产生影响。正确的握桨方式包括握桨手势、握桨间距和握桨力度三个方面。

（1）握桨手势

正确的握桨手势为，以桨叶入水的那侧为锚点，将桨杆按桨叶前后正确朝向垂直放好后，异侧手手掌朝下，以手心为中心手指包裹住桨柄，同侧手顺势握住桨杆，要注意的是该手须将虎口朝上。

（2）握桨间距

两只手握桨间距与身体姿态有关，与划行目的有关，也与单人单板或两人一板有关。例如在基础的跪姿桨板直线划行技术学习中，桨杆长度应调整至较短长度，因速度指标目前阶段不在考虑范围内，握桨间距可以稍小一些，可以低于两手握桨做举重姿态并将桨杆放置于头顶时的握桨距离，以学生舒适为宜，但间距不可低于 50 cm，太近了会影响后续正确动作的形成（图 4-26）。

（二）桨语

桨语是通过身体和桨的动作传递信息的视觉通信方式，它的意义在于在嘈杂环境或者双方距离较远时，完成简洁、高效的信息传播。

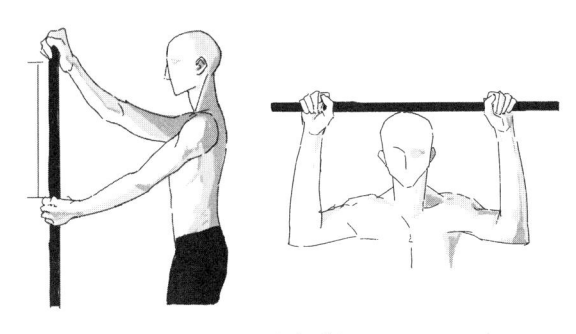

图 4-26 握桨间距

1. 停止信号

单手握桨，握住桨杆中段高举，桨杆和身体形成 T 型，动作示意活动需要在此位置停止（图 4-27）。

2. 帮助信号

单手握桨，握住桨杆中上段高举，将桨叶朝上，在头上方扇形区域挥动，此动作示意自己或身边的人需要帮助（图 4-28）。

3. 集合信号

单手握桨，握住桨杆上段高举，保持桨叶垂直朝上状态，此动作示意所有人在此集中（图 4-29）。

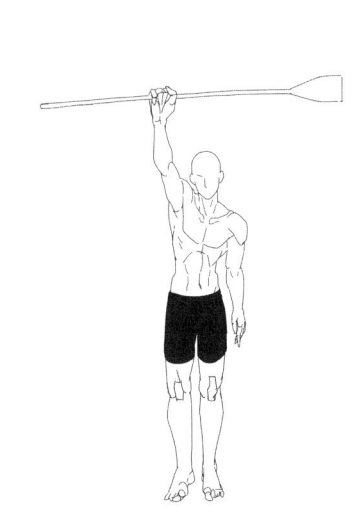

图 4-27 停止信号　　　　图 4-28 帮助信号　　　　图 4-29 集合信号

4. 左（右）侧通行信号

单手握桨，在身体左（右）侧斜举或者平举，此动作示意往左（右）侧通行。

桨板运动

（图 4-30、图 4-31）。

图 4-30　左侧通行信号　　　　图 4-31　右侧通行信号

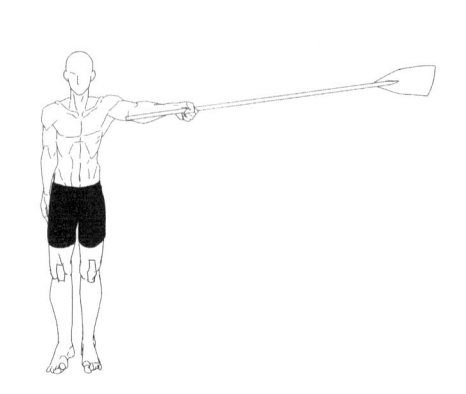

（三）鸣哨

在桨板运动中，鸣哨是一种直接、高效的信息传递方式，也是靠谱的求救方式。部分救生衣自带口哨，若是单独准备口哨则需要考虑口哨防水性能。

鸣哨指令如下：

①长哨：提醒；

②短哨：发令；

③乱哨：求救；

④长哨三声：紧急情况，停止活动。

六、桨板运动与中国海洋文明的联系

翻开中国历史，"桨板运动"与中国海洋文明息息相关，不论是操作原理还是设备构造等，中国古代文明中都有"桨板"的影子。蔚蓝的海洋充满了未知和神秘，几千年来，海洋一直是人类探索和征服的领域，伴随着人类文明的发展演进，中华文明在世界海洋文明的发展史上独树一帜，曾引领世界海洋文明发展。2002 年在杭州跨湖桥遗址一个距今 8000 年的新石器时代文化遗址内出土了一艘残长 5.6 m 的独木舟及配套的船桨。这一事实证明古代中国不仅有独木舟，甚至还是世界上最早使用独木舟的地区之一。起初的独木舟主要用于交通运输，填补人类水上交通工具的空白，在很长一段时间内，独木舟成为人类运输货物的主要交通工具，特别是生活在海洋周边和内河沿岸的人们。随着时间的推移，华夏祖先又将长短、粗细相近的木根捆绑在一起,木筏便被发明出来了,木筏因其平衡性更好、吃水更小、稳定性更好、载货量更大的特点,迅速取代独木舟,成为水上主要的交通工具,木筏的动力源于木划桨,操作木筏前进的原理与桨板运动几乎一样,这也就是桨板运动最初的起源。由于制作木筏对木材的质地要求较高,加之木头长期泡水后易腐烂等特点,人们逐渐将制作木筏的材质从木根换成了竹子,竹子因其耐腐蚀、体重更轻、腔体为空等特点,更适合作为木筏使用,于是竹筏便应运而生,竹筏便成为人们水上运输的主要交通工具之一,竹筏的操作原理与桨板运动更为接近,操作感受也与桨板操作更为接近。随着时间的推移,现代人们用更加特殊的材质如皮筏、桨板等代替竹筏,也使原本作为交通工具的竹筏,成为了一种时尚——桨板运动。

中华民族的智慧的中国古代先人们的发明,是桨板运动诞生的渊源,从史料中可以清晰地看到独木舟、木筏、竹筏和皮筏的发展演进。桨板运动作为时下热门的水上运动,也用这种特殊的方式诉说着它的前世今生。

练习题

1. 如何计算划桨频率?
2. 落水时的注意事项有哪些?如何安全上板?
3. 简述桨语的内容和意义。

第五章 桨板跪姿划行技术

跪姿划行是桨板划行姿态的一种，与站姿划行相比，这种姿态下划桨者重心低、稳定性更好，对于缓解恐惧、提高自信心、降低落水概率、提高学习效率和改善动作质量而言可达到更好的效果，便于初学者较为快速地掌握桨板基础技术，融入桨板运动氛围，感受桨板运动的魅力。此外，跪姿桨板因其条件使然，除一人一板外，还可以两人一板，使同学们感受相互配合、一起运动的氛围感，培养同舟共济的友谊和学习环境与运动过程，增进与人相处的能力和彼此之间的默契。因此，这种姿态是在桨板教学过程中，应是最先安排学习的内容，也是桨板运动中非常能体现其独特价值的部分。

一、跪姿划行姿态与技术特点分析

（一）跪姿划行姿态

桨板划行姿态分为桨板跪姿划行姿态和桨板站姿划行姿态，这些内容是桨板技术动作中的关键。

桨板跪姿划行姿态是指在桨板跪姿划行过程中，划桨者为了完成各种目的采用了相应动作，完成这些动作的一整个过程称为跪姿划行姿态。一般情况下，跪姿划行姿态指的是跪姿直线划行过程中的姿态，但是也可以涵盖其他动作的姿态，如跪姿转向姿态、跪姿倒退姿态等，这些都属于跪姿划行姿态。跪姿划行姿态的好坏取决于学生在学习过程中形成的对跪姿桨板划行的理解以及练习情况的好坏，也决定着划桨的效率和桨板的稳定性，虽然形成一个良好姿态离不开体能的支撑，但是更需要教师在教学过程的最初阶段，把划行姿态的正确理念展现给学生们，引导学生培养良好的动作概念，从而在未来逐步形成愈发完善的动作姿态。

根据人数不同，跪姿划行姿态可分为单人跪姿划行姿态和双人跪姿划行姿态，根据学习阶段不同可分为入门跪姿划行姿态和进阶跪姿划行姿态。

1. 单人跪姿划行姿态与双人跪姿划行姿态

单人跪姿划行姿态是指一人一板，完成划行整个动作的过程。由于跪姿状态下，桨叶入水角度、跪姿桨板直线划行技术及桨杆形状、长度等因素，难以做到仅在一侧的情况下就能维持划行的直线方向，需要按一定频率左右交替完成直线划行动作。值得一提的是，为了追求竞速效率，划行姿态是始终朝着减少左右手交替次数而不断完善的。

双人跪姿划行姿态是指两人一板，同时或分别完成划行整个动作的过程。与单人跪姿划行姿态相比，由于双人跪姿划行姿态人数是两人，在维持直线划行的方面，可以一人左侧、一人右侧的方式进行划桨，转向也可以采用一人跪姿前扫桨，一人在另一侧做跪姿后扫桨转向，从而完成原地转向。相较于单人跪姿桨板的姿态，双人的姿态更丰富，可实践的内容更多，但是由于桨板浮力有限，两人时桨板上的水位可能会更高，需要搭配重量合适的组合，身高臂展也是组队的考量指标之一。

2. 入门跪姿划行姿态与进阶划行姿态

在入门跪姿划行阶段，初学者可以脚背朝下贴近桨板板面跪坐在桨板上，完成各种划行动作，这种情况下做技术动作时，下肢参与的不充分，双腿固定身体，维持身体稳定即可。此外，在这种状态下，学生会感觉更放松、更自然，维持跪姿划行的时间相较进阶跪姿划行姿态会长一些，但是由于发力不如进阶姿态充分，划桨效果会打折扣，利于休闲，不利于竞速。在进阶跪姿阶段，初学者要用脚尖撑在桨板板面，屁股坐在脚后跟上，严格运用核心发力，脚掌前弓脚尖点板面，使得划桨者做各类动作时完成的更加舒展，发力充分、协调，从而获得更高的效率。

（二）技术特点

从桨板技术特征上来看，有协调而又节奏的动作、划到"静水"、加速划桨、适宜的划频和划幅几个方面；从桨板运动的整体上来看，大多数跪姿桨板技术的技术特点与站姿相似，但是存在着难度更小，花样更少和更易掌握的特点；从人数上来看，双人跪姿桨板技术与单人跪姿桨板技术的特点相比，有对协调性要求更高、对节奏要求更快、对抓水的角度要小、对同步性要求更大、对桨位的要求明显的特点。

1. 技术特征

（1）协调而有节奏的动作

动作的协调性是指在完成动作过程中，身体各肌群之间、肌肉活动与人体各运动器官表现出时空配合协调一致的关系，动作的协调性与节奏感是评价运动员技术掌握是否合理的标准之一。较高的动作协调性和良好的动作节奏可以节省体能，动作更有实效。协调与节奏有一定的内在联系，协调性不好，动作也就失去了节奏。而当动作节奏受到破坏时，动作配合也不可能协调一致。

各种情境下的动作，如风速、流速等环境下，起航、绕标等目的下，其动作的协调性和动作的节奏感都是在大脑中枢神经系统兴奋与抑制冲动转换过程中逐渐形成的，划桨者只有通过长期训练才能具备这一要素。

（2）加速划桨

根据阻力与物体运动速度平方成反比的关系，划桨的加速度对划行速度起着极其重要的作用。在划桨过程中，加速划桨是保证推进力增大的基本要素，加速度越快，推进力越大，桨板位移的速度也就越快。

划桨加速度的效果取决于加速度前的动作速度、动作冲量和动作幅度。如果加速前的划桨速度较快、冲量较大和幅度较长，加速划桨效果将会更好。

（3）适宜的划桨频率和划幅

在桨板竞速中，运动员要以最快速度完成一定的比赛距离。比赛中除了起航和绕标外，剩余的均为途中划行距离，这段距离的成绩是由途中直线划行速度决定的，同样环境条件下决定划行快慢的是划距和桨频。桨频和划距与运动员的体能和技术水平及训练方法手段有关。划距和桨频是评定桨板竞速技术的标准之一，两者是统一的，相辅相成，缺一不可。要提高划行速度，就要增大划距和桨频，或保持一个因素，增大另一个因素，使两者能很好地结合。

提高桨频要通过加快划桨速度和减少滑行时间来达到。提高划距是通过加大划桨力量和提高动作质量来实现的。运动员应注意改进技术，加强划距和桨频的训练，并找到适合自己的桨频划距结合点，从而有效地提高成绩。

（4）划桨动作的轨迹

桨板运动是通过划桨者在水环境下位于桨板板面上运用手中的桨来做各种与水产生反作用力的动作从而带来各种方向上位移效果的运动。跪姿状态下划桨者的划桨动作，可以得到两种动作轨迹。一种是相对运动的轨迹（划桨动作循环中从伸桨点到出水点的满动作轨迹），另一种是绝对运动轨迹。分析桨板划桨动作的绝对运动轨迹可以使我们了解到桨相对于身体环节或桨板的位置，可以更清楚地分析出划桨者的技术细节。

（5）动作结构特征和身体各环节的运动顺序

划桨者划桨板时，下肢主要起支撑作用。通过其小幅度运动促进骨盆积极上移或还原，为躯干屈伸核心发力创造有利条件。动作的核心是：躯干通过屈、伸

(核心收缩与舒张)，带动上肢完成各项划行动作。上肢需要保持其各环节正确的姿势和调节桨叶的角度，并充分向前伸展，增加划行距离。

2. 姿态特征

（1）重心低、安全性强

相较于站姿，跪姿桨板技术因为是跪坐在桨板上，划桨者重心很低，不容易跌倒水中。例如，突遇前方船只，碰撞无法避免。此时若是站姿会导致跌落水中或发生其他危险，应立刻转为跪姿，降低落水或其他危险发生的概率，再或者之前讲到上下码头时，应且只采用跪姿来完成。这些要求都反映出跪姿状态下，重心低、安全性强的特点。

（2）花样少

在目前我国某些国家级的桨板竞速或者桨板花样的比赛中，是没有跪姿桨板这个项目的。因为其姿态和技术原因，竞技性有限，难度低，所以目前除了一些小型赛事之外，在比赛中难以见到跪姿桨板比赛的身影。但是对于该项目的普及而言，跪姿桨板是个很好的项目。

（3）易掌握

跪姿桨板技术有易掌握的特点，它对划桨者身体素质的要求不高，对平衡素质、力量素质、协调素质的要求均不高，是十分容易上手的运动。它可以用来作为初学者了解桨板运动的阶梯，是未来学习站姿桨板技术的基础。此外，该项技术还可以伴随着人数的增减来完成学习掌握，双人桨板可以培养学习者的品格和素质，搭建多元化的学习氛围。

3. 人数特征

一般来说，双人跪姿桨板选手不论是体重差距还是性别差异，其桨板技术都和单人跪姿桨板技术相同。但是双人跪姿桨板技术另外要求了两名划桨者有完美的协调、快节奏的技术、同步一致和合理的桨位安排。

（1）完美的协调

完美的协调是指在一块桨板上的两个人，其个人体质、技术和心理上的特点，可以互相弥补、互相取长补短而形成一个完美的整体。在生物特性方面，两个人对规定的运动量几乎有相同的反应，包括心率和回复时间。这可以使教练员采用同一个训练计划而取得同样的提高。另一方面，在一快板上，划桨者最好能在不同的时间出现"极点"导致突然减速。

完美的协调还包括划桨者心理上的协调。划桨者之间应相互了解，团结合作，相互信任，相互宽容。大家都有一个共同的长远目标，真正做到一块板一人心，完美的合作，高度的团结，从而取得集体的胜利。

(2) 快节奏的技术

双人跪姿桨板技术首先强调单人技术动作的要求，除此之外，在划桨动作上要求更快的节奏和速度。划桨者要更快地在流水中找到更大的支撑力，这种支撑力对桨叶产生最大的反作用力以推动桨板前进，这是两人跪姿桨板技术中最重要，也是最困难的。由于流水速度快，拉桨时既要更快地用力，又要防止过早地前移造成的力量转移，同样，出水时对桨叶的要求也更高。由于桨频较高，船速快，桨叶稍在水中拖拽就能引起桨板的制动。

(3) 双人跪姿桨板的划桨者动作同步一致

双人跪姿桨板要求两名划桨者从抓水到出水动作完全同步一致，就像一个人在划一样。但每个划桨者无法丢失个人的风格。也就是说，每个划桨者在双人桨板中的效率应和单人时相仿，而不能为了取得技术上的同步一致而降低个人的划桨效率，例如位于后方的同学桨频超过了前方的同学，这就会有着后方在催促前方划桨者的感觉。

(4) 桨位的安排

若是为了比赛的话，教练员可以通过桨位比赛来选择队员，但运动员的搭配有基本的要求，即领桨手可以矮一些，体重轻一些，节奏感强，战术意识强。尾桨手体重应大一些，桨可以握的长一些，有良好的跟桨能力。两人最好有相似的风格和桨频，如果两人桨频差距大，又没有其他合适的人选，教练员可以让桨频高的队员用更大的桨叶来调节他的桨频。

在起航和加快航速时，靠近尾部的队员如果能增加最大力量，其对航速的影响是最好的。

二、跪姿直线

(一) 技术介绍

1. 背景

跪姿直线划行技术是整个跪姿桨板技术或者说是整个桨板技术的根基，能够在该项技术上理解透彻会有利于后续动作的学习和掌握。该动作是在桨板领域下竞赛和休闲中使用频率最高的动作，作为竞速项目，无论是从专业性的角度来看，还是从实用角度来说，该动作的价值都非常高。

2. 特点

跪姿直线划行技术的特点是易上手，精进较难。该动作对于初学者来说，想要通过短时间内完成它其实并不难，但在自然环境条件下，大多数人做出的该动作是较难在完成长距离划行时使桨板运动轨迹维持直线的。这需要通过大量的长时间的练习以增加划桨者对水的感受，也称"水感"，此外还有其对风向、流速、动作技术的理解和判断。

该动作是周期性的动作，也称为等动运动，经常做该动作练习可以促进人体心血管和呼吸系统的功能，加大肺活量，增强核心及上肢肌肉力量和耐力，是健身锻炼的好内容。

3. 使用场景

跪姿直线划行技术运用场景非常多，例如：单人或两人跪姿划行、跪姿划行竞赛、跪姿划行休闲、桨板救援等。该技术也分为入门版和进阶版，分别适应休闲和竞速两种不同的情景。

（二）练习目标

1. 理论

掌握桨板跪姿直线划行技术的理论知识，能观察出搭档动作的优缺点，了解相应的进步方法，教学相长，共同进步。

2. 技术

掌握正确的桨板跪姿直线划行技术，能完成单人与双人的直线划行。

3. 体能

能进行连续划行 5 min，并保证技术动作的规范性和有效性。

4. 进阶

能通过正确技术使肌肉参与程度逐步增加，同时划桨效率增加，使桨板稳定性增加，使桨频增加。

（三）准备活动

准备活动是任何体育课的重要组成部分，可以调整整体状态，增强氧运输系统的技能，使体温升高，增强皮肤的血流量等。

在基本准备活动的基础上，针对本节提到的技术，可以增加与之有关的动作作为准备活动的一部分，例如：增大肩关节活动度的动作，核心拉伸与预热动作，腕关节、增加踝关节活动度的动作，强度稍大些的跑跳练习等。

（四）技术讲解与示范

1. 姿势与位置

（1）单人

跪姿状态下，以桨板板面中央把手为身体重心点，两腿与把手的距离相等，小腿中心位于把手横向沿线上。注意不要在划行周期中过分将身体向下压，这样会导致桨板板体过度下沉，使桨板板体无法维持位于水面较高的位置，同时保持向前的意志，以减少阻力（图5-1）。

重心点 / 把手

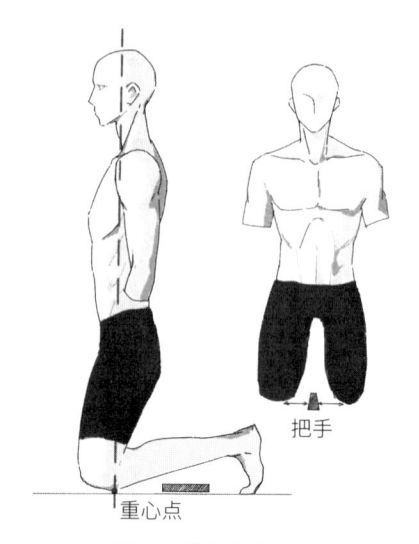

图 5-1 单人跪姿姿态

（2）双人

跪姿状态下，以桨板板面中央把手为界，前后两人分别在把手前与把手后，并保持与把手的距离相同，要留出给后方划桨者上肢运动的空间，各自两腿与把手的之间距离相等。与单人跪姿类似的是，不要在划行周期中过分将身体向下压。两人一板的状态会导致桨板板体本身相对单人单板位于水面位置低一些。若两人同时向下给压力，会增大桨板板体与水接触的面积，增大形状阻力，从而使划行速度降低(图 5-2)。

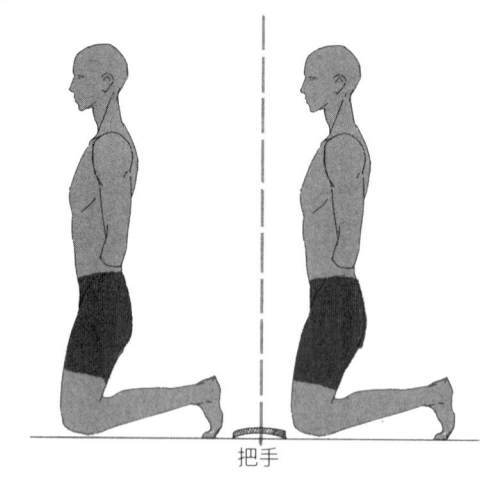

把手

图 5-2 双人跪姿姿态

2. 上肢

上肢动作包括直线划行的动作周期中上肢的动作、手部动作以及左右手换桨的动作，在这里不区分单人和双人技术。

（1）动作周期中的上肢技术动作

上肢动作是将身体发力产生的动能传导至桨的最后环节，在整个跪姿桨板直线划行周期中，上肢会随着呼吸和核心发力而有节奏的做周期性动作，靠近桨叶的那侧肩膀为轴，双臂保持伸直的状态，两手沿该轴伴随核心的收缩上下摆动（图5-3）。

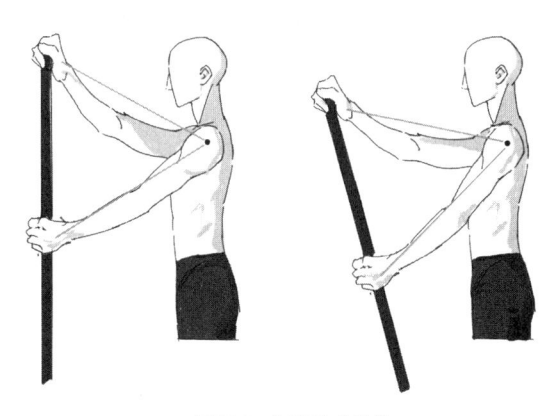

图 5-3 上肢技术动作

（2）手部动作（转拨桨技术）

手部动作是指在遵循握桨技术的基础上，（参考第二章第五部分）在整个跪姿桨板直线划行周期中，通过手转拨桨的技术。转拨桨技术就是每一桨结束的时候，异侧手（握住桨柄的手）手腕外旋（图5-4），桨叶向外旋转一定角度(60°～90°)再出水。

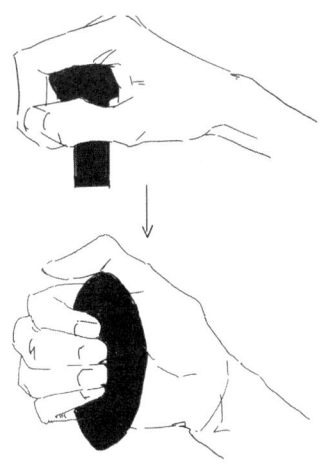

图 5-4 手腕外旋

（3）左右手换桨技术

在跪姿桨板直线划行过程中，由于姿态限制，握桨姿势与入水角度不利于桨板板体在划行过程中保持直线，尤其是初学者在进行单人单板划行时，随着划行次数的增加，船头偏移角度逐渐增大。为了维持直线划行，需要在单人跪姿桨板直线划行过程中，完成左右手换桨的技术（图5-5）。左右手换桨的过程，以左侧划桨转为右侧划桨为例：在出水动作完成后，右手握住桨柄肩部发力使双臂向上抬高，使桨叶离开水面停留在桨板左侧稍前一点的地方，右手松开桨柄后迅速以虎口朝上的姿势握住左手临近的桨杆上（图5-6），紧接着左手以掌心向下、手指向前的姿势来到桨柄上方后迅速握住，双臂保持桨的高度将桨向右前方伸出，完成入水、拉桨等下一个动作周期的动作。

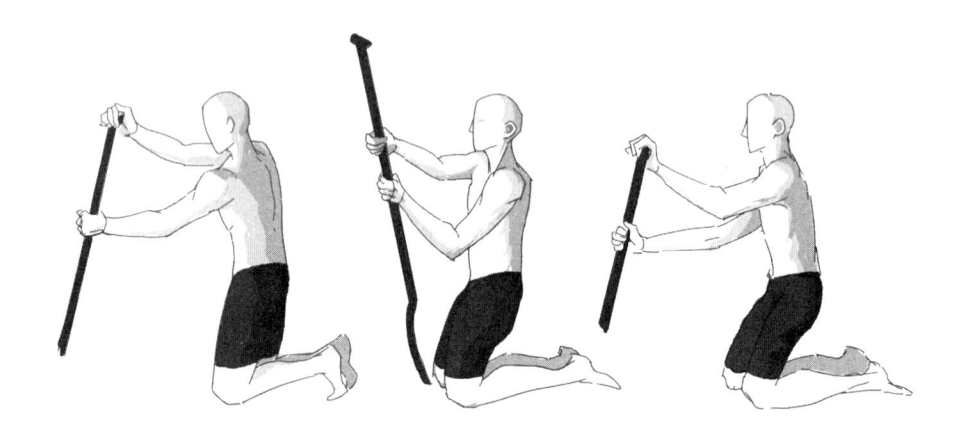

图 5-5 换桨技术

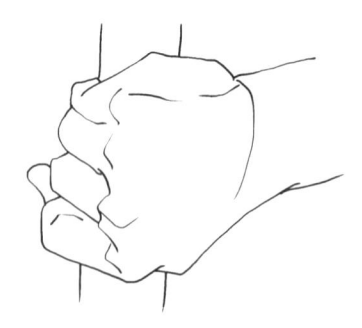

图 5-6 握桨技术要领

该技术的要领是：①保证动作准确有效，在完成该动作的过程中，一次成功，不需要反复调整就可以实现目的；②动作迅速，避免影响整体的节奏；③握桨柄侧手要抬高，使桨叶有充分的高度，离开板面，完成两侧位置的切换；④在恢复(回桨)过程中完成，衔接好上一个动作与下一个动作，保证节奏不受影响；⑤在整个动作中，始终要目视前方，以及保持身体稳定。

在跪姿双人单板划行中，以下几点事项需要注意：① 位于后方的同学应避免在左右手换桨过程中桨叶或桨杆碰到前方的搭档；②前后两人同时换桨时的动作节奏一致，可以通过喊口号来保障节奏的同步；③前后搭档同步换桨时应注意先判断水域环境安全状况，如是否存在大浪、大风、过往船只等落水因素；④避免一人划桨一人换桨的情况出现，防止桨板板体不稳定因素增加。

3. 下肢

下肢动作主要有两种：一种为双脚交叠、脚背贴近桨板板面、脚心朝上的休闲版(入门版)跪姿系列技术动作；另一种为双脚脚趾踩住桨板板面的竞速版(进阶版)跪姿系列技术动作。下肢的主要功能为保持身体稳定，起到支撑的作用。此外，作为休闲用途，将双腿放在身前的端坐坐姿和将双脚放入水中的坐姿，也是可以划桨板的，但是因其适用范围很小以及该姿态对技术动作会产生相当程度的破坏，所以在本章中相关内容中不会出现(图 5-7)。

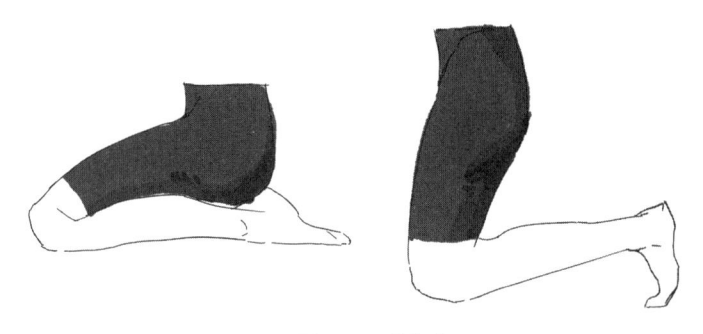

图 5-7 下肢姿态

4. 身体躯干

身体躯干通俗来讲就是我们大家常提到的核心，例如核心发力、核心力量等词汇。在跪姿直线划行过程中，身体躯干就是负责产生动力的发动机。当上肢通过正确的动作将桨叶放入水中完成入水后，腹部核心通过收缩发力，完成拉桨的动作；在出水环节腹部核心舒张，上半身重新恢复直立。需要了解的是，在不同侧进行划桨时，腹部两侧核心肌群参与的程度和数量是不同的，例如左侧跪姿直线划行时，左侧腹部核心参与发力的程度更大，左侧腹外斜肌的收缩远比右侧腹外斜肌积极、产生的力量更大。核心要始终保持着与呼吸的节奏相适应，例如一次收缩伴随着一次呼吸，即在呼气时收缩，吸气时舒张，除了在出发时的高桨频动作外，其余阶段都应按照该方式完成。此外，核心发力不是一撮而就的，也要遵循着启动、加速、最大速的过程，与桨叶在水中完成划行路线的节奏相匹配，产生最佳的匹配效果。

5. 握桨方法与握桨力度

握桨方法同第四章第五部分。握桨力度往往是大众在从事这项运动时难以观察到的一个点，其重要程度类似羽毛球运动中的握拍力度，力度不可太小，太小易导致桨脱手，但也不可过大，太大易导致动作僵硬、灵活性差、力量传导降低、换手慢换手出错等问题的发生。在注重适当的力度的基础上，也呈周期性节奏的特点，入水后加大力度，出水还原时适当放松。

6. 划桨周期中桨的状态及运动轨迹

桨板的划桨动作是单边划行，对桨板板体的平衡和方向的控制有一定难度。属于连贯和有节奏的运动。为了理解动作过程，把一个划桨周期分为入水、拉桨、操向（转拨桨）、出水、恢复（回桨）五个阶段（图5-8），其中拉桨、操向（转拨桨）也可合并为拉桨阶段。

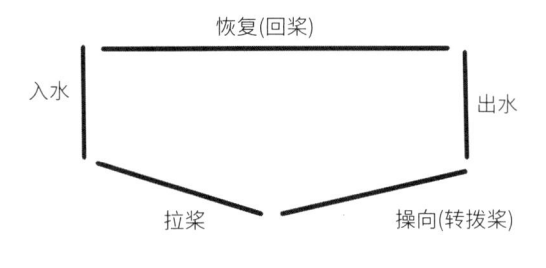

图 5-8 运动轨迹

在这五个阶段中，桨的状态和运动轨迹是在不断变化的，接下来讲述此内容和关于该内容的一些要领。

（1）入水

入水是从桨叶尖端接触水面直到桨叶全部浸入水中的过程。划桨者在前一个恢复阶段有力摆动的基础上，再加速将桨叶靠近桨板板体向前与桨板板体平行地推出，使桨叶与水平面成锐角，入水点在靠近桨板板体的侧前方。这时，进阶版跪姿直线划行情况下，划桨者以膝盖和脚尖为支撑点，身体半直立，目视前方，使头、躯干、大腿成一线垂直于桨板板体（而在入门版情况下，划桨者的身体保持姿态跪姿即可)，微微转体伸肩，扭紧躯干，使背部接近于面向划桨的一侧，两臂伸直，抬高握住桨柄手使其高于头部，并令该侧肩稍稍后移和微微耸起，使握住桨杆的手臂向前伸展。双臂下压，桨杆和水面约为 45～90° 角将桨叶斜插入水中，直至桨叶完全没入水中即可。此时从正上方看，入水阶段中桨与桨板板面是呈平行状态，即两手之间的连线与桨板板面平行，这是很重要的。

（2）拉桨

桨叶入水后，握住桨柄的手迅速前推并撑住，使桨叶牢牢地抓住水。航速越快或者练习时间越久，对抓水的理解和感受越深。握住桨杆侧的肩部后移，同时腹部核心发力收缩产生动力，利用腹部核心和肩部的力量直臂向后拉桨。从桨叶入水后到拉桨，划桨者应将身体重量压在桨上。拉桨时核心收紧，双腿撑住，保持手臂伸直，保持桨叶在水中的运动轨迹为直线且尽量贴近桨板板体。直至桨叶到达脚踝附近结束拉桨阶段。拉桨动作以核心为中心，由一连串动作所组成的，要尽可能地保障力量的有效转移。同时需要注意节奏，做到由慢到快。

（3）操向（转拨桨）

在单人单板中，由于划桨者始终在桨板的一侧划桨，力偶作用会导致桨板板体方向的转动。因此每一桨结束时，划桨者会用这项技术来调整控制桨板的航行方向。握住桨柄手的手腕在此时要外旋，桨叶要向外旋转一定角度 (60°～90°)，使船头角度回到直线航向后桨叶再出水（图 5-9）。操向（转拨桨）属于拉桨环节中的一部分。

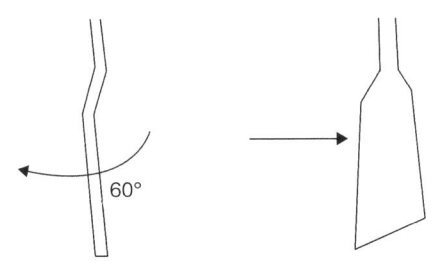

图 5-9 转拨桨

（4）出水

转拨桨动作结束后，两臂继续向前上方提桨，桨叶旋即迅速从水中提出。此时桨叶的运动方向是向前、向上。由于航速正在逐渐下降，出水动作必须做到快且轻柔，桨叶出水要干净利落，不挑拨水花。

（5）恢复（回桨）

将桨叶出水到下一次桨叶入水，视为回桨阶段。在此阶段中，桨叶不在水中划行，尽量不与水面、浪花等接触。桨叶出水后，划桨者呼吸状态为吸气，腹部核心舒张，上身逐步挺直，将桨叶前侧贴近船边以最垂直的角度、最小的风阻伸到板头，随后握住桨柄的手转动桨把使桨叶前侧对着前上方，并将桨继续向前上方推出，握住桨杆的手则随之将肩部向前伸出。在恢复阶段，应强调肌肉的放松与呼吸，这是使划桨动作协调、连贯，使体能更好运用的重要阶段。在恢复阶段的最后一刻，划桨者全身肌肉应再度紧张，准备下一次桨叶入水。

（五）练习方法与步骤

在桨板的教学过程中，要处理好人、水、器材这三者的关系，根据水上运动的特点，教学要注意：上桨板之前要掌握游泳技术和能在风浪中游泳与踩水的能力；教师要强调对器材的爱护和保养，学会对翻船情况的处理；要重视对初学者的教学组织工作，认真备课，考虑各种细节，包括场地的利用、选择器材的分配、划行的方向和距离及安全措施等。

教学分为几个阶段，首先学生要学习基本的原理与理论，观摩示范动作，然后学练正确的技术并得到教师的反馈。

动作练习遵循"由易到难""分解练习"的原则，练习分为陆上模仿练习内容和河道（湖中）水中练习两个环节。初学者的第一个目标是学习协调性，"一步一步地"演练技术。先在陆上或岸边练习直线划桨技术，由于初学者缺乏基本的板上平衡能力和对户外水环境的熟悉性，不适合立即在水中桨板上练习。待各种基础动作基本熟练后可下水进行练习，这些基本动作包括了直线划行、一种转向技术、一种停止技术、上下岸技术与水中上下板技术。

1. 陆上模仿练习

（1）站立状态下手部技术练习

该练习在空旷的陆地上进行即可，两人组成一个小组，互相观察，在老师的指导下分别进行以下内容的练习，需要注意人与人之间需要留有适当距离，避免碰伤。

①正确握桨练习。

(a) 桨杆垂直桨叶朝下，区分好桨叶前后正确朝向，划桨一侧的手握住桨杆并保持虎口朝上；

(b) 另一侧手掌心朝下指尖朝前握住桨柄；

(c) 双手持桨，两臂屈肘上举，将桨举在头顶上，两肘部均呈 90°；

(d) 强调两手握桨的位置要正确，要求在练习中始终保持两手间距，控制握桨力度要适宜；

(e) 换到另一侧进行握如上桨姿势确认；

②左右手换桨练习 (5 组 X10 次)。

(a) 左侧划桨情况下，右手握住桨柄肩部发力使双臂向上抬高；

(b) 右手松开桨柄后迅速以虎口朝上的姿势握住左手临近的桨杆上；

(c) 紧接着左手以掌心向下、手指向前的姿势来到桨柄上方后迅速握住；

(d) 按照以上要领左右交替练习，练习期间眼睛要始终目视前方，直至动作迅速、有效，能一次成功。

③入水和拉桨时上肢动作模仿练习 (2 组 X20 次 X2 侧)。

(a) 双臂始终保持伸直状态，桨杆在身体一侧与身体平行；

(b) 通过肩部的摆动使桨杆以近侧肩为轴上下摆动；

(c) 换到另一侧进行练习。

④转拨桨练习 (2 组 X15 次 X2 侧)。

(a) 正确握桨后，将桨杆垂直桨叶朝下，握住桨柄手的手腕外旋，桨叶要向外旋转一定角度 (60°～ 90°)；

(a) 两侧分别练习至熟练，能基本把控角度，同时桨杆本身不发生晃动，始终保持垂直状态；

(b) 熟练后，结合练习③一起练习；

(c) 每在当桨叶经过腿部时，进行转拨桨；

(d) 两侧分别练习，直至练习者不用眼睛去看依然可以确保转拨桨时机是正确的。

(2) 陆上板上跪姿状态直线划行技术模仿练习

该练习是在陆地上的桨板上进行的，需要注意的是此时的桨板不可以安装主尾舵 (尾鳍)，避免损伤 (图 5-10)；还要确保学生的跪姿和位置是正确的。

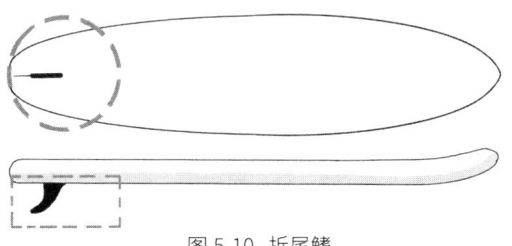

图 5-10 拆尾鳍

①入水和拉桨时上肢动作模仿练习 (2 组 X20 次 X2 侧)

(a) 以膝盖和脚尖为支撑点，身体半直立，目视前方，使头、躯干、大腿成一线垂直于桨板板体 (在入门版情况下，划桨者的身体保持姿态跪姿即可)；

(b) 桨柄长度调节至最短，握桨技术正确，确定划桨位置 (左侧或右侧)，双臂伸直，桨杆与桨板平行（从空中看）；

(c) 微微转体伸出桨杆同侧肩，扭紧躯干，使背部稍稍接近于面向划桨的一侧，抬高握住桨柄手使其高于头部，并令该侧肩稍稍后移和微微耸起，使握住桨杆的手臂向前伸展；

(d) 双臂下压，桨杆和地面约为 45°～90°角将桨叶斜插向地面，但不要碰上；

(e) 握住桨柄的手向前推，同时握住桨杆的手向后拉，通过肩部的摆动使桨杆以近侧肩为轴向下摆动，确保桨在任何时候不会左右摇晃；

(f) 还原至 (b)，进行多次反复练习；

(g) 随后换另一侧进行练习，直至练习中的身体姿态、目光、桨的运动轨迹保持基本正确后为止。

②跪姿直线划行技术模仿练习 (3 组 X20 次 X2 侧)。

(a) 以膝盖和脚尖为支撑点，身体半直立，目视前方，使头、躯干、大腿成一线垂直于桨板板体（在入门版情况下，划桨者的身体保持姿态为跪姿即可）；

(b) 桨柄长度调节至最短，握桨技术正确，确定划桨位置（左侧或右侧），双臂伸直，桨杆与桨板平行；

(c) 微微转体伸出桨杆同侧肩，扭紧躯干，使背部稍稍接近于面向划桨的一侧，抬高握住桨柄手使其高于头部，并令该侧肩稍稍后移和微微耸起，使握住桨杆的手臂向前伸展；

(d) 双臂下压，桨杆和地面约为 45°-90°角将桨叶斜插向地面，但不要碰上，此时入水阶段结束；

(e) 握住桨柄的手迅速前推，握住桨杆侧的肩部后移，同时腹部核心发力收缩产生动力，利用腹部核心和肩部的力量直臂向后拉桨（图 5-11），直至桨叶到达脚踝附近结束拉桨阶段；

(f) 握住桨柄侧的手手腕外旋，桨叶向外旋转一定角度 (60°～90°)，完成转拨桨；

(g) 两臂继续向前上方提桨，要轻柔且干净利落，完成出水阶段；

(h) 吸气，放松，腹部核心舒张，上身逐步挺直，将桨叶前侧贴近船边以最垂直的角度、最小的风阻伸到板头，随后握住桨柄的手转动桨把使桨叶前侧对着前上方，并将桨继续向前上方推出，握住桨杆的手则随之将肩部向前伸出，完成回桨阶段；

(i) 进行多次反复练习后，换另一侧进行练习，直至练习中的身体姿态、目光、桨的运动轨迹保持基本正确后为止。

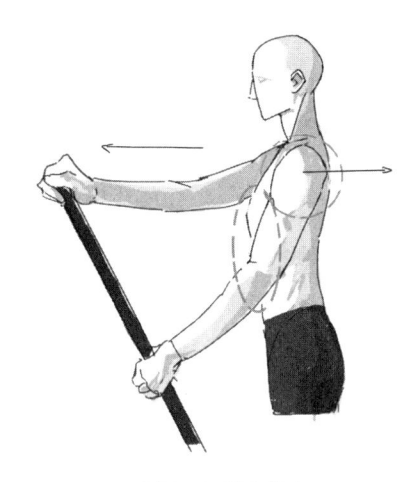

图 5-11 核心发力

③双人跪姿直线划行技术模仿练习 (2 组 X20 次 X2 侧)。

(a) 前后两人调整好在板上的位置，留出后面同学换桨所需的间距，动作练习内容按照②进行；

(b) 练习时节奏要统一，后面的同学喊着拍子，两人同时进行同步的练习；

(c) 注意换桨时两人要更加注重保持平衡。

2. 河道（湖中）水中练习

（1）单人跪姿直线划行练习

①以膝盖和脚尖为支撑点，身体半直立，目视前方，使头、躯干、大腿成一线垂直于桨板板体（在入门版情况下，划桨者的身体保持姿态为跪姿即可）；

②确定划桨位置（左侧或右侧），调节桨杆长度，确保在划行过程中桨叶能刚好完全没入水中；

③正确握桨，双臂伸直，桨杆与桨板平行（从空中看时）；

④微微转体伸肩，扭紧躯干，使背部接近于面向划桨的一侧，两臂伸直，抬高握住桨柄手使其高于头部，并令该侧肩稍稍后移和微微耸起，使握住桨杆的手臂向前伸展，随后双臂下压，桨杆和水面约为 45°～90°角将桨叶斜插入水中，直至桨叶完全没入水中；

⑤握住桨柄的手迅速前推并撑住，使桨叶牢牢地抓住水，握住桨杆侧的肩部后移，同时腹部核心发力收缩产生动力，利用腹部核心和肩部的力量直臂向后拉桨（在这个过程中，将身体重量压到桨上），双腿撑住，保持手臂伸直，保持桨叶在水中的运动轨迹为直线且尽量贴近桨板板体，直至桨叶到达脚踝附近结束拉桨阶段，在该阶段节奏为由慢到快；

⑥握住桨柄手的手腕外旋，桨叶向外旋转一定角度（60°～90°），使船头角度回到直线航向；

⑦两臂继续向前上方提桨，桨叶旋即迅速从水中向前上方提出，做到快且轻柔，干净利落，不挑拨水花；

⑧桨叶出水后，吸气，腹部核心舒张，上身逐步挺直，将桨叶前侧贴近船边以最垂直的角度、最小的风阻伸到板头，尽量不与水面、浪花等接触，随后握住桨柄的手转动桨把使桨叶前侧对着前上方，并将桨继续向前上方推出，握住桨杆的手随之将肩部向前伸出；

⑨进行多次反复练习后，换另一侧进行练习，直至练习中的身体姿态、目光、桨的运动轨迹保持基本正确为止。

（2）双人跪姿直线划行练习

①前后两人调整好在板上的位置，留出后面同学换桨所需的间距，动作练习内容按照上一个练习的要领进行；

②练习时节奏要统一，后面的同学喊着拍子，两人同时进行同步的练习；

③注意换桨时两人要更加注重保持平衡。

（六）技术要点及难点

1. 技术要点

①掌握划桨逻辑，把握入水、拉桨、操向（转拨桨）、出水、恢复（回桨）五个阶段，依据每个阶段的要领完成相应动作；

②理解身体发力过程，树立上肢、核心、下肢这三个部位的概念，明确其分工，并组成整体，上肢负责身体动力的终端传导以及桨上技术的运用，核心是"发动机"，为前进提供动力，下肢为支撑点，同时也是桨杆推动桨板前进的重要连接点；

③两人一板划行时，同步节奏，保持默契。

2. 技术难点

（1）转拨桨技术

在做转拨桨动作时，正确把握转拨桨在整个划行动作过程中的连贯性，掌握好做该动作的时机，将桨板顺利地回正，保持动作节奏，维持航线为直线。双人划行时需通过一定时间的练习，保持调整航向的有效性和动作节奏的一致性。

（2）划桨时的重心转移

桨叶入水后至转拨桨之前为拉桨阶段。在此阶段，划桨者需要将身体重量压在桨上，降低桨板承受的重量，增大桨与水的联系，提升划行效果。此阶段后，重心完全转移回桨板。

（七）常见错误及纠正方法

1. 入水时桨叶没有完全没入水中（图 5-12）

（1）问题介绍

桨叶入水太浅，导致划水效果差，桨板甚至不前进。

（2）纠正方法

等桨叶完全没入水中，再发力向后划。

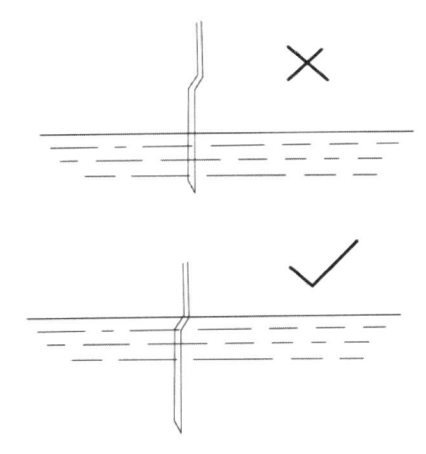

图 5-12 桨叶入水深度

2. 拉桨发力以上肢为主，而非核心发力（图 5-13）

（1）问题介绍

发力向后划桨时，习惯用胳膊发力，曲臂向后拉、拽。

（2）纠正方法

向后划时胳膊伸直，收腹。

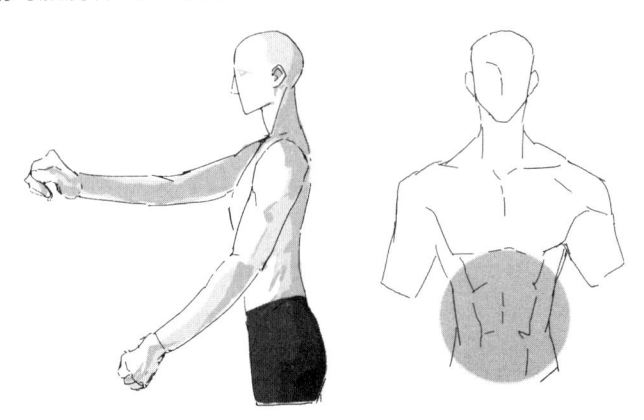

图 5-13 核心发力

3. 拉桨时桨与桨板不平行，桨柄端朝桨板中心倾斜 (图 5-14)

（1）问题介绍

桨柄在板一侧，桨叶在另一侧，每一次划桨船头都是歪的。

（2）纠正方法

从空中观察桨板和桨是否平行。

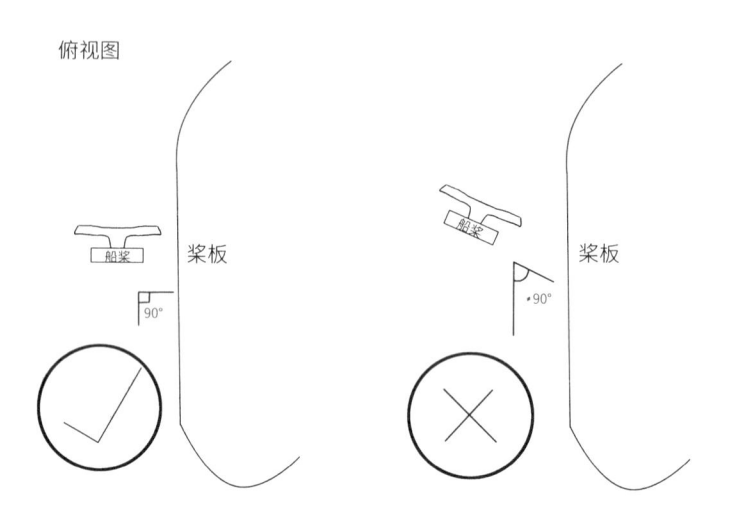

图 5-14 偏航因素

4. 拉桨距离过长 (图 5-15)

（1）问题介绍

出水点在板尾，每次后半段桨板会略微下沉。

（2）纠正方法

桨叶划过脚后跟即可出水。

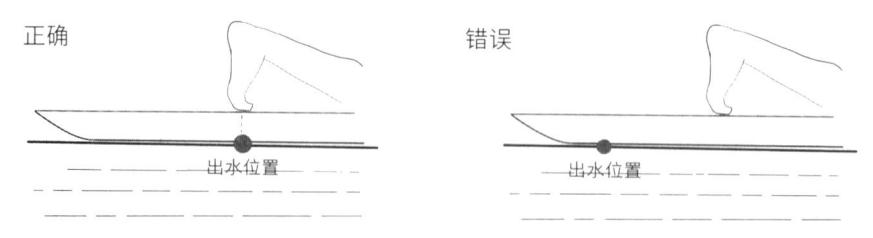

图 5-15 出水点

5. 转拨桨时手腕转动方向有误

（1）问题介绍

转动方向反了或者角度不到位。

（2）纠正方法

开始练习时，手上动作做好后，看一下桨叶是否做到位了，定位成功后要多练习。

6. 回桨时桨叶与水面接触

（1）问题介绍

回桨时桨叶在浪花上拍呀拍呀拍。

（2）纠正方法

桨叶过高不好过低也不好，找到合适的高度，肩膀发力很重要。

7. 身体僵硬，全程处于绷紧的状态，没有动作节奏

（1）问题介绍

没有节奏，动作僵硬。

（2）纠正方法

调整心态，从柔和的慢慢划行开始，不要急于加速，熟悉后找到动作要领，一步步正确地练习动作。

三、跪姿扫桨转向

（一）技术介绍

1. 背景

直线学习后是转向学习。在上一节中，我们了解了跪姿直线划行技术，为保持划行为直线，进行一系列相应知识点的掌握与练习。其实，在上一节学习过程中，我们已经"完成了"部分转向技术，即在跪姿直线划行的动作周期中，拉桨时桨与水面不垂直，桨柄端朝桨板中心倾斜，或改变拉桨时的桨叶角度。但是以上动作转向角度较小，本节学习的跪姿转向划行技术可以获得更大的转向角度。

跪姿转向划行技术是对于初学者而言尤为重要，可以帮助初学者建立更加完善的划行逻辑，加深对桨板运动的理解，还能起到增加信心、消除恐惧和增添乐趣的效果。相较于跪姿直线划行技术而言，在竞技领域中该动作的应用场景似乎仅仅是绕标，但对于初学者而言，在基础学习阶段，不会被安排大量的直线划行体能技术练习，更多的是安排有限场地范围的短距离技术练习，因此在该过程中，转向技术的运用频率将会明显上升。此外，转向技术的学习也会对理解直线划行技术产生良好的补充作用，对划桨时的"水感"起到提升作用，对人与桨板相互配合的感受起到提升作用。

2. 特点

跪姿转向技术的特点在于种类多，应用性强。针对不同情景，可以采用相应的适合的转向技术。跪姿转向技术分为跪姿前扫桨转向技术和跪姿后扫桨转向技术，双人划行时有更多的转向方案。往往在跪姿前扫桨转向和跪姿后扫桨转向时，可以使桨板板头角度发生 180°的转动。

跪姿转向技术可以提升初学者对桨板运动的理解，可以促进初学者更深刻的感受核心发力与桨叶和水之间产生的阻力之间的联系，提高划桨稳定性，提升趣味性，加深同学间的默契和友谊。

3. 使用场景

跪姿转向技术包含跪姿前扫桨转向技术和跪姿后扫桨转向技术。

跪姿前扫桨转向是向左前方或右前方移动，并且调整船头方向时采用的技术，方向调整幅度较大，常为离岸、靠岸或离开后方桨板多的区域时采用的技术。

跪姿后扫桨转向是向左后方或右后方移动，并且调整船头方向时采用的技术，方向调整幅度较大，常为离岸、靠岸或离开前方桨板多的区域时采用的技术。

（二）练习目标

1. 理论

掌握桨板跪姿转向技术里四种技术的理论知识，正确分辨不同技术相应的应用场景，能观察出搭档动作的优缺点，了解相应的进步方法，教学相长，共同进步。

2. 技术

掌握四种正确的桨板跪姿转向技术，能完成单人与双人的有效转向。

3. 体能

能在规定区域运用这两章所学的技术进行连续划行 10 min，并保证技术动作的规范性和有效性。

4. 进阶

通过正确的技术和大量的练习后，在各种场景下能迅速做出准确的合适的转向动作。

（三）准备活动

准备活动围绕着核心肌群激活，特别是腹外斜肌和腹内斜肌激活，搭配着中等强度常见的热身动作来设计，充分发挥准备活动降低运动损伤概率、提高动作表现的作用。需要注意的是，在做专项热身活动时，可以围绕着本节课动作所需参与的主要肌群下功夫，通过口令提醒的方式让同学们提前感受发力过程，找到其发力感觉，为接下来的新知识点做铺垫，同时可以适当讲解生理内容，丰富课程内容，提升课程质量。

（四）技术讲解与示范

1. 姿势与位置

（1）单人

跪姿状态下，以桨板板面中央把手为身体重心点，两腿与把手的距离相等，小腿中心位于把手横向沿线上（图5-16）。在转向过程中，桨板方位在发生变化，需要格外注重身体稳定，通过身体作为纽带连接桨与板，使转向效果得到充分发挥。

图 5-16 两腿对称

（2）双人

跪姿状态下，以桨板板面中央把手为界，前后两人分别在把手前与把手后，并保持与把手的距离相同，要留出给后方划桨者上肢运动的空间，各自两腿与把手的之间距离相等（图5-17）。由于两人身体重量使得桨板位置较单人更低，水位升高，在转向过程中，需要注意默契配合，转动时动作速度慢一些，否则会有小概率发生水漫过桨板板面的情况。

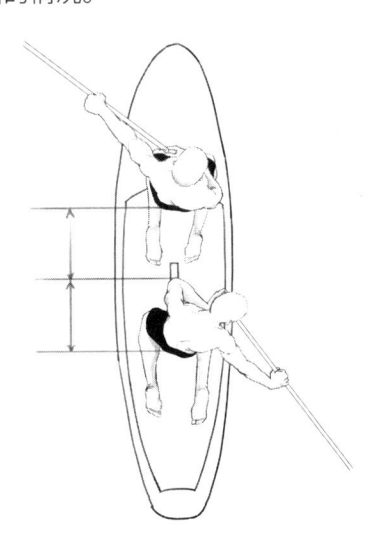

图 5-17 双人位置

2. 上肢

上肢动作包括前扫桨转向动作周期中上肢动作、后扫桨转向动作周期中上肢动作。

（1）前扫桨转向动作周期中上肢动作

与跪姿直线划行相同的是，握桨的手势和朝向是不变的，力度和紧度是一致的，即不要握得太紧；不同的是，在跪姿转向划行过程中，握桨的手是贴在身前固定不动的（图5-18）。上肢会随着呼吸和核心发力做出相应动作，肩膀始终打开，握桨的手掌根贴在胃正前方并保持固定，异侧手手臂保持始终伸直的状态，并随着核心发力完成入水和出水的动作，即上抬和下压，入水点在异侧手板头侧的水中，出水点在异侧手板尾侧的水中。

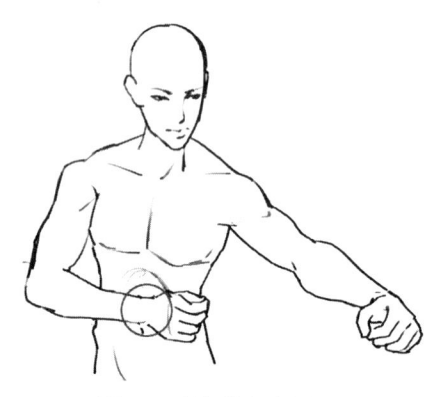

图 5-18 前扫桨上肢姿态

（2）后扫桨转向动作周期中上肢动作

后扫桨转向技术与前扫桨转向技术在上肢部分存在着大量共同点，唯一的不同点为握桨的手这一侧，该侧的小臂内侧中间位置贴在胃的正前方并保持固定，而非掌根（图5-19）。

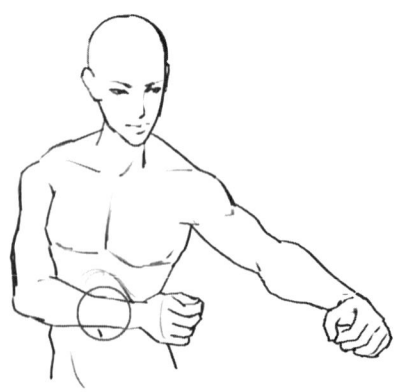

图 5-19 后扫桨上肢姿态

在转向过程中，上肢需要格外注意保持动作固定，以产生好的转向效果。

3. 下肢

内容与上节一致。需要用心体会转向时动力传导过程中，下肢与板之间的感受，加强人体与板之间的联系。

4. 身体躯干

身体躯干的动作在跪姿转向划行技术中至关重要，相较于跪姿直线划行中的躯干动作，难度低很多，类似于体转运动（图 5-20）。以左侧为例，具体动作为，当上肢摆好正确的跪姿前扫桨准备动作后，上半身通过核心发力顺时针旋转 30°-45°，在此过程中吸气，入水后，通过核心发力使上半身逆时针旋转 100°-120°，在此过程中呼气，出水后核心还原；当上肢摆好正确的跪姿后扫桨准备动作后，上半身通过核心发力逆时针旋转 70°左右，在此过程中吸气，入水后，通过核心发力使上半身顺时针旋转 100°～120°，在此过程中呼气，出水后核心还原。

正确的动作会使转向角度与核心拧转角度一致，甚至更大。

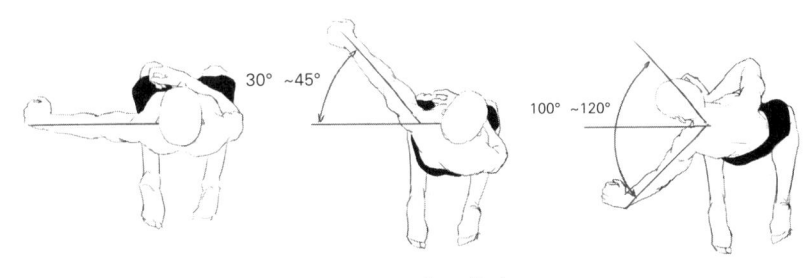

图 5-20 躯干转动

5. 握桨方法

在跪姿桨板技术中，握桨的手势规律是一致的，握桨的间距也基本一致，握桨柄的手和握桨杆的手在不同技术中朝向是一样的，尤其是握桨杆的手的虎口朝向（图 5-21）。因此在同侧不同技术切换时，无需进行手上动作的变化。

在跪姿转向技术中，之前提到的握桨松弛度在这里也得以体现。若握桨杆的手握的太紧，会导致桨叶入水点太近，影响转向效果，也会让划桨者感到握桨别扭。当做转向前的引导动作时，握住桨杆的手应像握住羽毛球拍的手一样，食指拇指扣紧，剩余三指辅助。

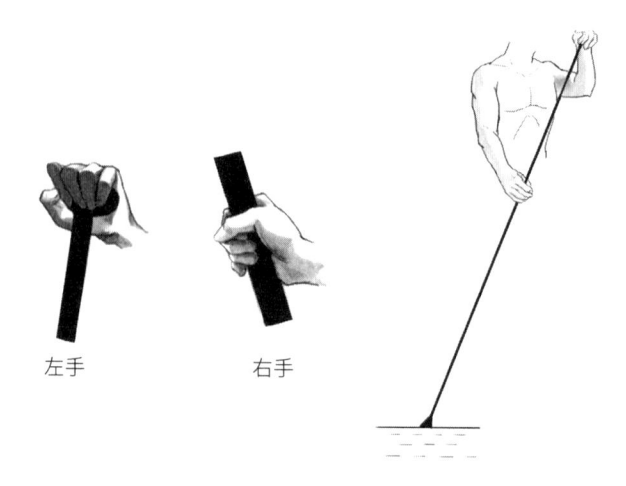

图 5-21 握桨手势

6. 桨的状态及运动轨迹

（1）单人

单人跪姿转向技术都是单边划行，会改变桨板朝向，它的划桨周期分为引导和恢入水、拉桨、出水、恢复（回桨）五个阶段，引导和恢复可合并为一个阶段。在这五个阶段中，桨的状态和运动轨迹是在不断变化的，接下来讲述此内容和关于该内容的一些要领。

①引导。

为得到更大的转向角度，使转向效果增加，在跪姿转向技术中就有了引导阶段（图 5-22）。在此阶段中，桨叶不在水中划行，尽量不与水面、浪花等接触。划桨者将上肢动作正确做好，使桨叶远离桨板并保持离开水面，根据前扫桨转向或后扫桨转向的需求向前或后画弧，大约为 80°，使桨叶靠近板头侧或板尾侧，此时划桨者呼吸状态为吸气。

图 5-22 引导

②入水。

在躯体拧转将桨叶放置于板头（板尾）侧水位上方时，通过握住桨杆侧的手臂向下沉，将桨叶垂直下降，使桨叶尖端接触水面直到桨叶全部浸入水中。保持在此过程中，握住桨柄的手固定不动，躯干挺拔，目视桨叶。

③拉桨。

桨叶入水后，握住桨柄的手（或小臂中段）贴紧身体继续保持固定，使躯干转动动力完美的传导至桨叶，躯干进行100°～120°旋转，握住桨杆侧的手在此过程中顶住桨叶推水带来的压力维持不动，在此过程中划桨者呼吸状态为吐气。桨叶在水中（完全没入水中，离水面很近）按照前扫桨转向或后扫桨转向的需求在离桨板远处向前或后画弧。若是在航行过程中进行前扫桨转向，航速越快转向效果越弱；若是在航行过程中进行后扫桨转向，会起到很强的减速作用，在速度快时不建议使用该技术。拉桨动作是由核心为中心，要尽可能地保障力量的有效转移。同时需要注意节奏，做到由慢到快。

④出水。

拉桨技术后，握住桨柄的手依然保持固定，通过握住桨杆侧的手臂向上抬，将桨叶垂直上升提出水面。出水动作必须做到快且轻柔，桨叶出水要干净利落，不挑拨水花（图5-23）。但桨杆上抬的高度是有限制的，即桨叶上升的范围在桨柄和水面之间，这也是为使握住桨杆的手的高度在握住桨柄的手的高度以下。

图5-23 出水

⑤恢复（回桨）。

跪姿转向的恢复中，以桨杆为半径在空中画弧，尽量做到桨叶不与水面、浪花接触。划桨者在完成出水动作后，腹部核心舒张，使身体朝向还原为向前，在此过程中，划桨者呼吸状态为吸气，上肢保持不动。在恢复阶段，应强调肌肉的放松与呼吸。若多次进行转向技术，则回桨与引导阶段合并为回桨阶段。

（2）双人

双人转向的方式和方法与单人转向不同，因前后两位划桨者的划桨在不同侧，故转向时运用的方式更加丰富，可实现的目标也得到了增加。

①原地转向。

(a) 原地顺时针转向。当前方划桨者在左侧划桨，后方划桨者在右侧划桨时，前方划桨者采用跪姿左前扫桨转向，后方划桨者采用跪姿右后扫桨转向，两人合力完成以桨板中心点为轴的原地顺时针转向。当前方划桨者在右侧划桨，后方划桨者在左侧划桨时，前方划桨者采用跪姿右后扫桨转向，后方划桨者采用跪姿左前扫桨转向（图 5-24）。

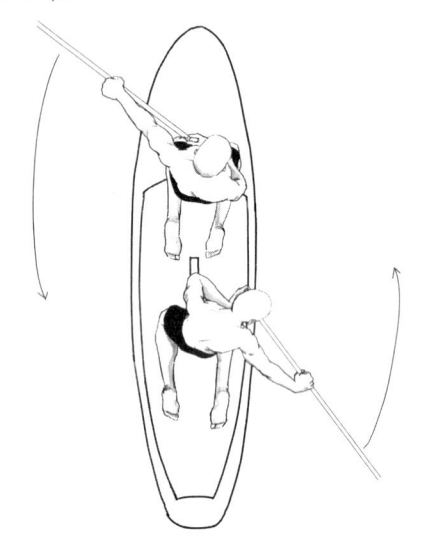

图 5-24 原地顺时针转向

(b) 原地逆时针转向。当前方划桨者在左侧划桨，后方划桨者在右侧划桨时，前方划桨者采用跪姿左后扫桨转向，后方划桨者采用跪姿右前扫桨转向，两人合力完成以桨板中心点为轴的原地逆时针转向。当前方划桨者在右侧划桨，后方划桨者在左侧划桨时，前方划桨者采用跪姿右前扫桨转向，后方划桨者采用跪姿左后扫桨转向，也可以实现原地逆时针转向（图 5-25）。

(c) 运动轨迹。原地转向的两种方向四个方法的运动轨迹，是基于跪姿前扫桨转向和跪姿后扫桨转向的运动轨迹，左右两把桨相结合相配合而来的。同样包含引导、入水、拉桨、出水、恢复（回桨）五个阶段，在左右两只桨的配合下，同时进行这五个阶段。例如当前方划桨者在左侧划桨，后方划桨者在右侧划桨，进行原地顺时针转向，在引导阶段中，左右两个桨叶分别以前方划桨者和后方划桨者的桨杆为半径，远离桨板并保持离开水面，一个逆时针另一个顺时针同时画弧，角度大概为 80°，分别逐渐靠近板头侧、板尾侧。由于上文单人篇中对跪姿前扫桨转向和后扫桨转向的运动轨迹已有详细说明，此处不再重复讲解。

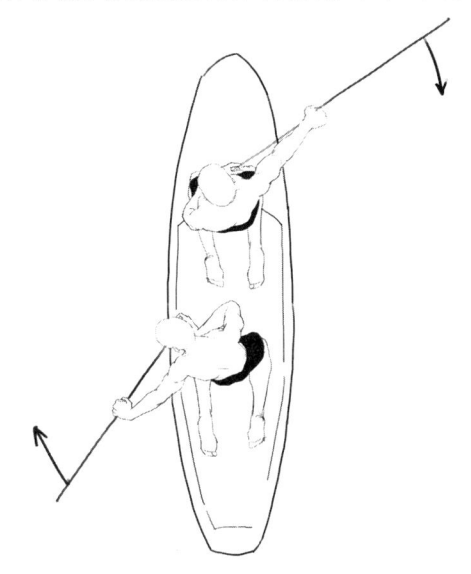

图 5-25 原地逆时针转向

②移动并转向

(a) 同侧划桨。同侧划桨为前后两人通过其中一人变换划桨的左右位置，使两人的划桨位置都在身体同侧的双人划桨模式。在同侧划桨的基础上为完成微调方向并尽可能的保障向前航行速度的目时，可采用跪姿直线划行的技术，运动轨迹在跪姿直线划行章节中有讲述，注意前后两人是在划行过程中的节奏一致阶段相同。在同侧划桨的基础上完成较大幅度的方向调整时，可采用跪姿前扫桨或跪姿后扫桨转向的技术，可根据转向角度的需要，减小引导阶段和拉桨阶段的动作幅度和轨迹，但仍需注意两人的节奏要一致，划桨阶段要相同。

(b) 单侧划桨。单侧划桨是在双人划桨中，两人划桨分别在左右不同侧，一人将桨离开水中不动或放置水中保持固定不动，另一人进行跪姿直线划行、跪姿前扫桨转向或跪姿后扫桨转向，两人动作组合，完成转向目的的双人划桨模式。

组合有以下几种：

(a) 顺时针转向：左侧跪姿直线划行＋桨放置水中；跪姿左侧前扫桨转向＋桨离开水中；跪姿左侧前扫桨转向＋桨放置水中；跪姿右侧后扫桨转向＋桨离开水中。

(b) 逆时针转向：左侧跪姿直线划行＋桨放置水中；跪姿右侧前扫桨转向＋桨离开水中；跪姿右侧前扫桨转向＋桨放置水中；跪姿左侧后扫桨转向＋桨离开水中。

以上组合可根据不同需要进行选择，以顺时针转向为例，按照前进距离从大到小以及转向角度从小到大为标准来排序，"左侧跪姿直线划行＋桨放置水中"＞"跪姿左侧前扫桨转向＋桨离开水中"＞"跪姿左侧前扫桨转向＋桨放置水中"＞"跪姿右侧后扫桨转向＋桨离开水中"。桨离开水中不动的意思为，将桨横向放置于身前，可以是双腿之上，也可以为胸前，甚至是做前扫桨转向时上肢的固定姿势，因此该侧桨的运动轨迹是固定的；桨放置水中保持固定不动的意思为，桨叶在身体侧完全入水，两臂伸直保持固定，因此该侧的运动轨迹也是固定的。

（五）练习方法与步骤

跪姿转向技术内容较为丰富，不仅包含前、后扫桨转向技术，还包含各种组合的双人转向技术，因此对于转向时的各种情况和各式需求，需要合理判断以及及时做出反应，该类技术适合长期练习。动作练习遵循"由易到难""分解练习"的原则，练习分为陆上模仿练习内容和河道（湖中）水中练习两个环节。在最初的转向技术学习中，应以前扫桨转向和后扫桨转向技术为主，后续逐步掌握双人模式下的各种转向动作的组合，并在实践中总结经验，互相磨合，直至熟练掌握，做到灵活运用。

1. 陆上模仿练习

（1）站立状态下上肢技术练习

该练习在空旷的陆地上进行即可，两人组成一个小组，互相观察，在老师的指导下分别进行以下内容的练习，需要注意人与人之间需要留有适当距离，避免碰伤。

①前扫桨转向上肢技术练习。

(a) 依照直线划行技术中的准备姿势做好起始动作，即外侧手握住桨柄，内侧手握住桨杆，两臂伸直，双手间保持适当距离，从前方看，桨与身体平行，注意桨叶朝向；

(b) 外侧手臂向胸前收回、端平，虎口朝上，掌根贴紧胃正前方，内侧手臂始终保持伸直的状态并通过肩部发力向上抬起，向外伸展，内侧手高度不大于外侧手；

(c) 轻微前后摆动内侧手手臂，使桨叶在远处由前向后逆时针画弧（桨在右侧为逆时针画弧，若在左侧即顺时针画弧），5次；

(d) 上下摆动内侧手手臂，使桨叶在远处上下移动，模拟桨叶入水和出水，5次；

(e) 还原至 (a)，按照 (a) 至 (d) 的要领，反复练习，注意动作的准确性，不要求动作速度快，4个循环；

(f) 休息后换另一侧进行 (a) 至 (e) 的练习，组数不变（图5-26）。

图 5-26 前扫桨转向上肢技术练习

②后扫桨转向上肢技术练习

(a) 依照直线划行技术时的准备姿势做好起始动作，即外侧手握住桨柄，内侧手握住桨杆，两臂伸直，双手间保持适当距离，从前方看，桨与身体平行，注意桨叶前后朝向；

(b) 外侧手臂向胸前收回、端平，虎口朝上，小臂中段贴紧胃正前方，内侧手臂始终保持伸直的状态并通过肩部发力向上抬起，向外伸展，内侧手高度不大于外侧手；

(c) 轻微前后摆动内侧手手臂，使桨叶在远处由后向前顺时针画弧（桨在右侧为顺时针画弧，若在左侧即逆时针画弧），5 次；

(d) 上下摆动内侧手手臂，使桨叶在远处上下移动，模拟桨叶入水和出水，5 次；

(e) 还原至 (a)，按照 (a) 至 (d) 的要领，反复练习，注意动作的准确性，不要求动作速度快，4 个循环；

(f) 休息后换另一侧进行 (a) 至 (e) 的练习，组数不变（图 5-27）。

图 5-27 后扫桨转向上肢练习

③转体练习

(a) 放好桨，不拿桨，进行体转运动练习，两臂端平，下肢固定，体会核心发力躯干旋转的感觉，头的朝向与躯干朝向保持一致，转动幅度要大，左右30次；

(b) 拿好桨，外侧手虎口朝上，掌根贴紧剑突，内侧手臂始终保持伸直的状态向外伸展，内侧手高度不大于外侧手，进行转体，先向异侧转体，此时目光随躯干旋转而移动，呼吸状态为吸气，随后向另一侧转体，此时目光随桨叶移动，呼吸状态为吐气，10次；

(c) 随后另一侧，同样方式，练习10次；

(d) 休息后，再练习一遍(a)的内容，然后拿好桨，外侧手虎口朝上，小臂中段贴紧胃正前方，内侧手臂始终保持伸直的状态向外伸展，内侧手高度不大于外侧手，进行转体，先向同侧转体，此时目光随桨叶移动，呼吸状态为吸气，随后向另一侧转体，此时目光随躯干旋转移动，呼吸状态为吐气，10次；

(e) 随后另一侧，同样方式，练习10次(图5-28、图5-29)；

(f) 注重节奏和动作准确性，可配合口令，为接下来的练习打下扎实基础。

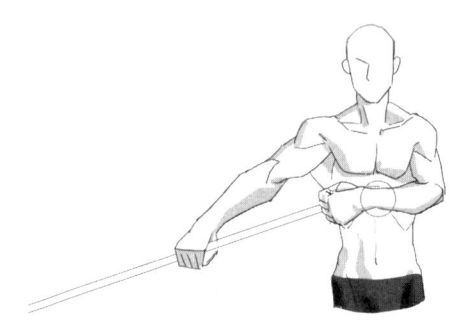

图5-28 转体练习1　　　　图5-29 转体练习2

(2) 陆上板上跪姿前、后扫桨转向技术模仿练习

该练习是在陆地上的桨板上进行的，需要注意的是：此时的桨板不可以安装主尾舵(尾鳍)，避免损伤；还要确保学生的跪姿和位置是正确的。

①陆上板上跪姿前扫桨转向技术模仿练习。

(a) 以膝盖和脚尖为支撑点，身体半直立，目视前方，使头、躯干、大腿成一线垂直于桨板板体(在最初的几次学习中，学生自然跪坐于板中央即可)(图5-30、图5-31)；

(b) 桨柄长度调节至最短，桨叶在身体左侧(左侧划桨练习)并前后朝向正确，外侧手握住桨柄，内侧手握住桨杆，两臂伸直，两手之间的连线与地面垂直；

(c) 外侧手臂向胸前收回、端平，虎口朝上，掌根贴紧胃正前方(图5-32)，内侧手臂始终保持伸直的状态并通过肩部发力向上抬起，向远处伸展，内侧手高度不大于外侧手；

(d) 进入引导阶段，先向右侧转体，此时目光随躯干旋转而逐渐向右移动，呼吸状态为吸气，直至躯体右转至极限，桨叶在较远处从左向前画弧来到桨板左前方 (图 5-33)；

图 5-30　准备姿势 1　　　图 5-31　准备姿势 2

图 5-32　掌根位置　　　　图 5-33　引导

(e) 进入入水阶段，目视桨叶，异侧手固定，同侧手下降，使桨叶垂直下降至离地面较近的高度；

(f) 进入拉桨阶段，目视桨叶，双手固定，不要耸肩，躯干向左进行旋转，呼吸状态为吐气，直至躯体左转至极限，桨叶在左前方向左后方画大弧来到桨板左后方，画弧过程中桨叶高度须一致 (图 5-34)；

(g) 进入出水阶段，目视桨叶，异侧手固定，同侧手上抬，桨叶垂直上升至不高于异侧手的适宜高度；

(h) 进入恢复阶段，双手固定，身体转向正前方，以桨杆为半径在空中画弧，桨叶从左后方来到左侧，呼吸状态为吸气；

(i) 按照阶段的口令反复练习 10 次后，将这些分解练习结合起来，连贯、准确的练习 10 次，然后安排休息，随后按照以上方法进行陆上板上跪姿右侧前扫桨转向技术模仿练习，练习数量与左侧一致。

图 5-34 拉桨

②陆上板上跪姿后扫桨转向技术模仿练习。

(a) 以膝盖和脚尖为支撑点，身体半直立，目视前方，使头、躯干、大腿成一线垂直于桨板板体（在最初的几次学习中，学生自然跪坐于板中央即可）；

(b) 桨柄长度调节至最短，桨叶在身体左侧（左侧划桨练习）并保证前后朝向正确，外侧手握住桨柄，内侧手握住桨杆，两臂伸直，两手之间的连线与地面垂直；

(c) 外侧手臂向胸前收回、端平，虎口朝上，小臂中段贴紧胃正前方（图5-35），内侧手臂始终保持伸直的状态并通过肩部发力向上抬起，向远处伸展，内侧手高度不大于外侧手；

图 5-35 小臂中端位置

(d) 进入引导阶段，先向左侧转体，此时目光随桨叶而逐渐向左移动，呼吸

状态为吸气,直至躯体左转至极限,桨叶在较远处从左向后画弧来到桨板左后方;

(e) 进入入水阶段,目视桨叶,异侧手固定,同侧手下降,使桨叶垂直下降至离地面较近的高度;

(f) 进入拉桨阶段,双手固定,不要耸肩,躯干向左进行旋转,视线伴随躯干旋转而移动,呼吸状态为吐气,直至躯体右转至极限,桨叶在左后方向左前方画大弧来到桨板左前方,画弧过程中桨叶高度须一致;

(g) 进入出水阶段,目视桨叶,异侧手固定,同侧手上抬,桨叶垂直上升至不高于异侧手的适宜高度;

(h) 进入恢复阶段,双手固定,身体转向正前方,以桨杆为半径在空中画弧,桨叶从左前方回到左侧,呼吸状态为吸气;

(i) 按照阶段的口令反复练习 10 次后,将这些分解练习结合起来,连贯、准确的练习 10 次,然后安排休息,随后按照以上方法进行陆上板上跪姿右侧后扫桨转向技术模仿练习,练习数量与左侧一致。

③单人左右模拟转向伴口令练习。

(a) 练习内容一:不换手的转向练习。

在桨左右位置不变的情况下(即不换手),以跪姿直线划行为常规动作持续划行着,伴随口令"向左转向""向右转向"来完成相应的转向动作,以掌握转向逻辑,为水中练习打下扎实基础。比如:在左侧划桨时,口令为"向左转向",在该练习中,此时应采用左侧后扫桨转向;若口令为"向右转向",则应采用左侧前扫桨转向。

(b) 练习内容二:换手的转向练习。

在桨左右位置一定要换的情况下(即,换手),以跪姿直线划行为常规动作持续划行着,伴随口令"向左转向""向右转向"来完成相应的转向动作,以巩固转向逻辑,为水中练习打下扎实基础。比如:在左侧划桨时,口令为"向左转向",在该练习中,此时应采用右侧前扫桨转向;若口令为"向右转向",则应采用右侧后扫桨转向。

(c) 练习内容三:向前的转向练习。

在只采用前扫桨转向的情况下,以跪姿直线划行为常规动作持续划行着,伴随口令"向左转向""向右转向"来完成相应的转向动作,以深入学习转向逻辑,为水中练习打下扎实基础。比如:在左侧划桨时,口令为"向左转向",在该练习中,此时应采用右侧前扫桨转向;若口令为"向右转向",则应采用左侧前扫桨转向。

(d) 练习内容四:向后的转向练习。

在只采用后扫桨转向的情况下,以跪姿直线划行为常规动作持续划行着,伴随口令"向左转向""向右转向"来完成相应的转向动作，以充分学习转向逻辑，为水中练习打下扎实基础。比如，在左侧划桨时，口令为"向左转向"，在该练习中，此时应采用左侧后扫桨转向；若口令为"向右转向"，则应采用右侧后扫桨转向。

学到这里，关于在河道（湖中）转向的问题也基本都了解了，接下来要进行的是河道（湖中）练习。

2. 河道（湖中）练习

（1）单人跪姿转向技术练习（左侧）

该练习为左侧前扫桨和后扫桨相结合的练习。

①以膝盖和脚尖为支撑点，身体半直立，目视前方，使头、躯干、大腿成一线垂直于桨板板体（在最初的几次学习中，学生自然跪坐于板中央即可）；

②桨柄长度调节至合适范围，桨叶在身体左侧并前后朝向正确，右侧手握住桨柄，左侧手握住桨杆，两臂伸直，两手之间的连线与水面垂直；

③进行一次左侧前扫桨转向练习，外侧手臂向胸前收回、端平，虎口朝上，掌根贴紧胃正前方，内侧手臂始终保持伸直的状态并通过肩部发力向上抬起，向远处伸展，内侧手高度不大于外侧手；

④进入引导阶段，先向右侧转体，此时目光随躯干旋转而逐渐向右移动，观察周围环境，呼吸状态为吸气，直至躯体右转至极限，桨叶在较远处从左向前画弧来到桨板左前方，在此过程中桨叶要避免碰到水面和浪花；

⑤进入入水阶段，目视桨叶，左侧手固定，右手上抬，使桨叶垂直下降直至完全没入水中；

⑥进入拉桨阶段，目视桨叶，双手固定，不要耸肩，躯干向左进行旋转，呼吸状态为吐气，直至躯体左转至极限，桨叶在左前方向左后方画大弧来到桨板左后方，画弧过程中桨叶高度须一致，须始终没入水中；

⑦进入出水阶段，目视桨叶，左手固定，右手下压，桨叶垂直上升至完全离开水面，出水要柔和，不要带水花；

⑧进入恢复阶段，双手固定，身体转向正前方，以桨杆为半径在空中画弧，桨叶从左后方来到左侧，桨叶避免碰到水面和浪花，呼吸状态为吸气；

⑨随后进行左侧后扫桨转向练习，外侧手，小臂中段贴紧剑突前方，依次完成引导、入水、拉桨、出水、恢复五个阶段；

⑩按照阶(3)至(9)的要求反复练习5次后，将这些分解练习结合起来，连贯、准确的练习10次，然后安排休息，随后按照以上方法进行右侧的练习，练习数量与左侧一致。

(2) 单人口令转向练习

按照陆上练习"③单人左右模拟转向伴口令练习"的内容，进行该环节的练习。需要注意的是，将其中的常规动作跪姿直线划行内容取消掉，直接原地等待口令和完成相应动作即可。

(3) 单人划行练习

按照场地范围和航线规划，运用直线划行技术和转向技术完成距离目标任务，进行相应练习。值得一提的是，当转向目的达到而转向动作（拉桨阶段）未结束时，可以提前结束该阶段；当转向目的未达到而转向动作已结束时，可以再进行一次转向动作；当超过转向目的的角度时，可以做一次同侧反向的转向动作。

3. 双人陆地和水域转向技术练习

本小节主要学习内容为转向过程中中板上两人采用的分工和配合，包括"原地转向技术"、"同侧划桨转向技术"和"单侧划桨转向技术"，同时，两人分别采用的技术基本上都是之前所学的转向技术。双人转向需要注意的有两点：其一是动作的一致性，在水域环境中，遇到的情况是多样的，也是需要及时做出反应的，因此两人之间的默契以及对情况处理的速度显得尤为重要；其二是平衡性，因为两人一板，水位会比单人一板情况下要高，因此在转向过程中，一定不要急，配合也尽量不要出错，否则水位会满出到板面上，甚至导致翻船的情况发生。

(1) 原地转向技术模仿练习

①前后两人调整好在板上的位置，均在板面防滑垫上，留出后面同学换桨所需的间距，两人身体均在中轴线上，双腿在中轴线两侧并且分别距离中轴线的距离相等，身体姿态参照单人技术中的要领；

②桨柄长度调节至合适范围，前后两人桨叶分别在身体左侧（左侧划桨练习）和右侧（右侧划桨练习）并确保前后朝向正确，右/左手握住桨柄，左/右手握住桨杆，两臂伸直，两手之间的连线与水面垂直；

③首先，按照口令进行，"准备"，前方同学做左侧后扫桨转向技术的准备姿势，后方同学做右侧前扫桨转向技术的准备姿势；"引导阶段""入水阶段""拉桨阶段""出水阶段""恢复阶段"，按照以上口令，两位同学同时进行并完成各自的动作；练习5次；

④随后，按照同样的口令，两人继续进行相应动作的练习，前方同学完成左侧前扫桨转向的动作，后方同学完成右侧后扫桨转向技术的动作；

⑤接下来，按照"原地向左转"或"原地向右转"的口令，两人配合连贯、同步、准确的完成相应的动作，10次；

⑥休息后，两人分别换划桨位置，即左侧换右侧，右侧换左侧，进行⑤的练习；

⑦最后或者未来的练习中，前后两人互换位置，按照⑤和⑥进行练习。

(2) 同侧划桨转向技术模仿练习

①前后两人调整好在板上的位置，均在板面防滑垫上，留出后面同学换桨所需的间距，两人身体均在中轴线上，双腿在中轴线两侧并且分别距离中轴线的距离相等，身体姿态参照单人技术中的要领。

②桨柄长度调节至合适范围，前后两人桨叶分别在身体左侧（左侧划桨练习）和右侧（右侧划桨练习）并确保前后朝向正确，右／左手握住桨柄，左／右手握住桨杆，两臂伸直，两手之间的连线与水面垂直。

③首先，按照口令进行，"换桨"，前方或后方同学将桨叶从左（右）侧换到另一侧，"准备"，两位同学同时做左侧前扫桨转向技术的准备姿势；"引导阶段""入水阶段""拉桨阶段""出水阶段""恢复阶段"，按照以上口令，两位同学同时完成相应的动作；练习5次；随后根据数字"1""2""3"，一个数一个完整的动作，完成10次。

④根据②和③，继续完成右侧前扫桨转向技术、左侧后扫桨转向技术、右侧后扫桨转向技术的练习。

⑤最后，每次做完回到②，按照"向左前转""向右前转""向左后转""向右后转"的口令，两人配合连贯、同步、准确的完成相应的动作，10次。

⑥注意动作的一致性和稳定性。

(3) 单侧划桨转向技术模仿练习

①前后两人调整好在板上的位置，均在板面防滑垫上，留出后面同学换桨所需的间距，两人身体均在中轴线上，双腿在中轴线两侧并且分别距离中轴线的距离相等，身体姿态参照单人技术中的要领；

②桨柄长度调节至合适范围，前后两人桨叶分别在身体左侧（左侧划桨练习）和右侧（右侧划桨练习）并确保前后朝向正确，右／左手握住桨柄，左／右手握住桨杆，两臂伸直，两手之间的连线与水面垂直；

③进行放置水中的练习，将桨叶垂直下降至地面上，两臂保持伸直，保持5秒后向上抬起，反复练习3次；

④进行离开水中练习，双手握桨将桨杆放在大腿上即可；

⑤练习顺时针转向的全部动作，包括左侧跪姿直线划行＋桨放置水中，跪姿左侧前扫桨转向＋桨离开水中，跪姿左侧前扫桨转向＋桨放置水中，跪姿右侧后扫桨转向＋桨离开水中，各练习3次；

⑥休息后练习逆时针转向的全部动作，包括桨左侧跪姿直线划行＋桨放置水中，跪姿右侧前扫桨转向＋桨离开水中，跪姿右侧前扫桨转向＋桨放置水中，跪姿左侧后扫桨转向＋桨离开水中；

⑦两人分别扮演不同角色(划桨侧)练习后，根据需求再进行相应练习，例如此时需要略微向左转向但对直线航行速度有着要求，则采用"右侧跪姿直线划行＋桨放置水中"。

⑧需要了解的是，以顺时针转向为例，按照前进距离从大到小以及转向角度从小到大为标准来排序，"左侧跪姿直线划行＋放桨置水中"＞"跪姿左侧前扫桨转向＋桨离开水中"＞"跪姿左侧前扫桨转向＋桨放置水中"＞"跪姿右侧后扫桨转向＋桨离开水中"。

(4) 水域双人转向技术练习

根据之前所学的单人转向技术、双人直线划行技术以及双人转向技术模仿，设置转向需求进行相应动作的练习，并能顺利地完成转向任务。这些任务包括了"原地顺时针旋转""原地逆时针旋转""同侧左前方转向""直线划行方向微调"等。在双人划行过程中，最重要的是安全，以板的稳定、板所在的环境为确保安全的参数，因此，两人之间的默契，配合的有效性就显得尤为关键，这也是本小节需要着重练习的原因所在。

在练习过程中，可以进行来回往返式的航线练习，此时采用的技术更多为"原地转向"或者"前扫桨转向＋桨放置水中"，也可以进行三点或四点的绕标练习，此时采用的技术因水流、风向、风速等原因就更加丰富了。

(六) 技术要点及难点

1. 技术要点

①掌握前扫桨转向和后扫桨转向的动作要领，把握引导、入水、拉桨、出水、恢复(回桨)五个阶段，依据每个阶段的要领完成相应动作；

②掌握转向逻辑，分辨不同转向技术将会带来的结果；

③转向前要观察周围环境，转向过程中要掌控视线；

④感受身体发力过程，找到核心发力带动身体转动的感觉，找到桨和水的作用力带来的感觉。

2. 技术难点

①精准预判转向结果，采用合适的转向技术以及控制拉桨阶段划桨的范围；

②控制转向过程中桨板的稳定性；

③双人转向技术的运用是否准确合适。

(七) 常见错误及纠正方法

1. 引导时动作幅度不够（图 5-36、图 5-37）

(1) 问题介绍

引导时角度不够幅度不够，导致转弯效果不理想。

(2)纠正方法

岸上练习时以桨板为参照物，搭档协助完成。

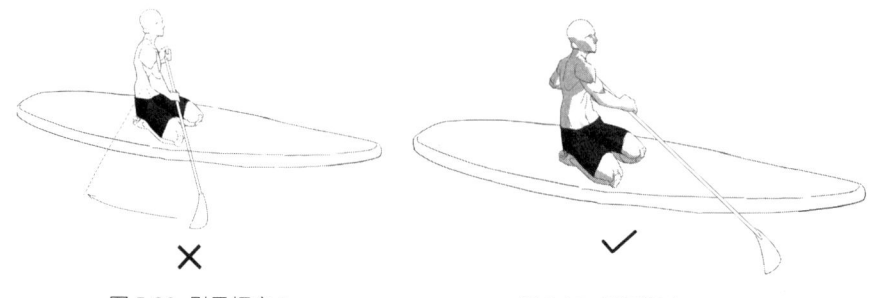

图 5-36 引导幅度 1

图 5-37 引导幅度 2

2. 入水时桨叶没有完全没入水中

（1）问题介绍

桨叶没有完全没入水中导致转弯效果不理想。

（2）纠正方法

用眼睛看到桨叶完全没入水中后再进行划桨。

3. 拉桨发力以上肢为主，或伴有耸肩情况，而非核心发力（图 5-38）

（1）问题介绍

紧张或着急导致下意识耸肩、拉拽桨。

（2）纠正方法

斜方肌放松，像体转运动一样，进行核心发力转体。

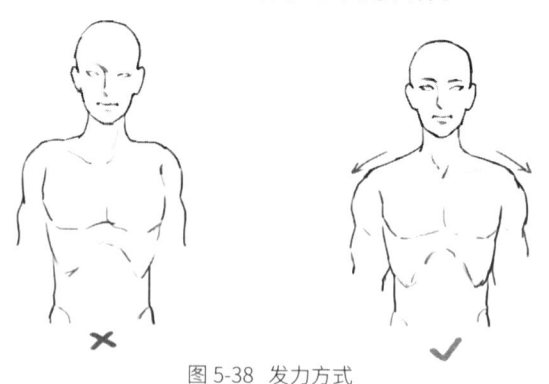

图 5-38 发力方式

4. 桨叶朝向不对或在水中时未保持垂直（图 5-39）

（1）问题介绍

桨叶反了或者划桨时没保持住有效推水面积。

(2) 纠正方法

保持手腕稳定。

5. 手贴合位置不对或在动作期间没有保持固定（图 5-40）

(1) 问题介绍

同侧手贴合位置不对或在动作期间没有保持固定导致转弯效果差。

(2) 纠正方法

保持固定，多加练习。

图 5-39 桨叶姿态　　图 5-40 手无固定

四、跪姿停止、倒退

（一）技术介绍

1. 背景

跪姿停止技术和跪姿倒退技术是本章中的最后两块技术。跪姿停止技术包含两种技术：一种名为跪姿直线停止技术；另一种名为跪姿锚点停止技术。跪姿倒退技术顾名思义，就是向后划，但并不是将身体完全转过来面向后方，两腿仍然是保持不动的，在单人划行中，需要在左右两侧各划一次，但不需要也不允许换手，即手握住桨是不会松开的。通过跪姿停止技术可以使桨板在高速行驶中快速或者较为快速的停下来，通过跪姿倒退技术可以较为稳定的向后方缓慢倒退。

熟练掌握这两项技术，再加上之前所学的技术，同学们就可以在水域中按照有关注意事项自由地划行了，在锻炼身体、提升技能、增进友谊的同时，感受桨板运动所带来的魅力。

2. 特点

跪姿停止技术有两种技术，无论是双人的还是单人的，其特点均为简单、有效、易上手，独特的口令模式可以增加学生学习的趣味性和成就感。

跪姿倒退技术：在单人模式下，因为需要左右两侧依次划桨，还需要掌控方向，再加上视线、波浪、风向等因素，因此属于较难的技术，需要大量练习和经验积累；在双人模式下，因技术之前已掌握，加之不需要频繁换侧，只需要两人控制好节奏和力度，所以该技术较为容易。

3. 使用场景

跪姿停止技术含有两种技术，视情况可采用不同的技术。在单人模式下，高速航行中，想要稳定的停止可采用跪姿直线停止技术，运用该技术后，航向发生变化的角度很小，但速度降低的幅度一般；想要更快速的停止，可采用跪姿锚点停止技术，运用该技术后，航速会骤然下降，但航向会向下桨的那一侧发生一定偏移。在低速航行中，两种方式均可，一般此时采用跪姿锚点支撑。

跪姿倒退技术一般运用在离岸靠岸，或比赛的准备阶段，或在合影的布置环节等情境中。

（二）练习目标

1. 理论

掌握桨板跪姿停止技术和跪姿倒退技术的理论知识，正确分辨不同技术相应的应用场景，能观察出搭档动作的优缺点，了解相应的进步方法，教学相长，共同进步。

2. 技术

掌握桨板跪姿停止技术和跪姿倒退技术，能完成单人与双人的有效停止和有效倒退。

3. 体能

能在规定区域运用这几章所学的技术进行连续划行 15 min，并保证技术动作的规范性和有效性。

4. 进阶

通过正确的技术和大量的练习后，在各种场景下能迅速做出准确且合适的停止动作或倒退动作。

（三）准备活动

准备活动围绕着核心肌群激活，以及腕关节、肩关节的相关热身动作，搭配中等强度常见的热身动作来设计，充分发挥准备活动降低运动损伤概率、提高动作表现的作用。需要注意的是，在做专项热身活动时，可以围绕本节课学习动作所需参与的主要肌群下功夫，通过口令提醒的方式让同学们提前感受发力过程，找到其发力感觉，为接下来的新知识点做铺垫，同时可以适当讲解生理内容，丰富课程内容，提升课程质量。

（四）技术讲解与示范

1. **姿势与位置**

（1）单人

跪姿状态下，以桨板板面中央把手为身体重心点，两腿与把手的距离相等，小腿中心位于把手横向沿线上。在转向过程中，桨板方位在发生变化，需要格外注重身体稳定，通过身体作为纽带连接桨与板，使停止效果和倒退效果得到充分发挥。

（2）双人

跪姿状态下，以桨板板面中央把手为界，前后两人分别在把手前与把手后，并保持与把手的距离相同，要留出给后方划桨者上肢运动的空间，各自两腿与中轴线的之间距离相等（图5-41）。

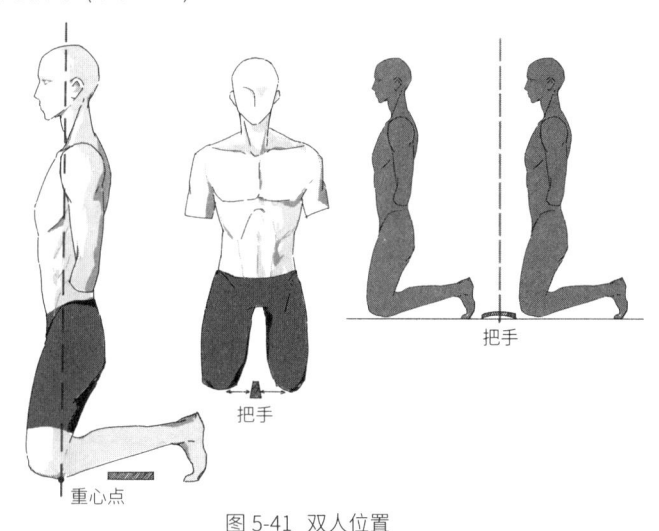

图 5-41 双人位置

2. **上肢**

跪姿停止技术的两种技术里，完成动作主要依靠上肢，腹部核心和下肢只是辅助作用。

跪姿倒退技术中的上肢动作，单人和双人是不同的。单人技术里，上肢动作占比较大；双人技术里，核心动作占比较大。

（1）跪姿停止技术动作周期中上肢动作

与跪姿直线划行和跪姿转向技术相同的是，握桨的手势和朝向是不变的，力度和紧度是不同的，在桨叶入水后，力度和进度要适当加大。右（左）手虎口朝向桨柄；不同的是，在跪姿直线停止过程中，两只手要伴随每一次回桨进行换桨（图

5-42），将桨从左(右)侧换至另一侧，共换两次；在跪姿锚点急停过程中，左（右）手会抵在髋关节正前方以保持固定，保证挡水效果，避免上肢支撑不住水流从而影响停止效果的情况出现。上肢会随着呼吸做出相应动作，肩膀始终处于打开状态，在跪姿直线停止中，握住桨杆的手除换桨过程外，始终保持伸直的状态，在吸气时肩部发力上抬手臂使桨叶升高离开水面，在呼气时下压手臂使桨叶入水，此时，握住桨杆的手臂伸直保持固定，握住桨柄侧的手臂微微向后发力，使桨柄向后方移动；在跪姿锚点停止动作中，无需进行换桨，左（右）手掌根抵住髋关节，右（左）手握住桨柄向上抬起（图 5-43）。

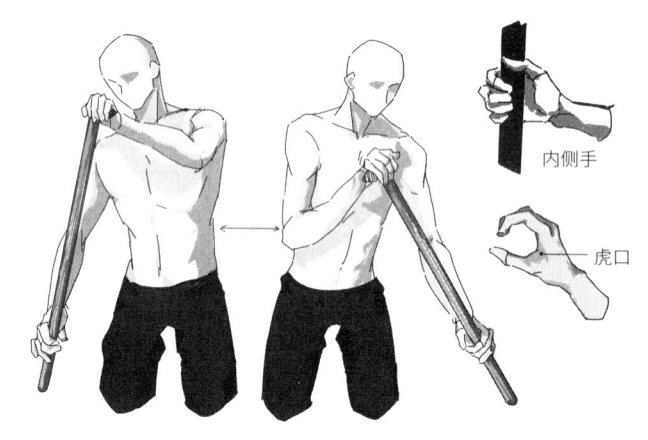

图 5-42 换桨

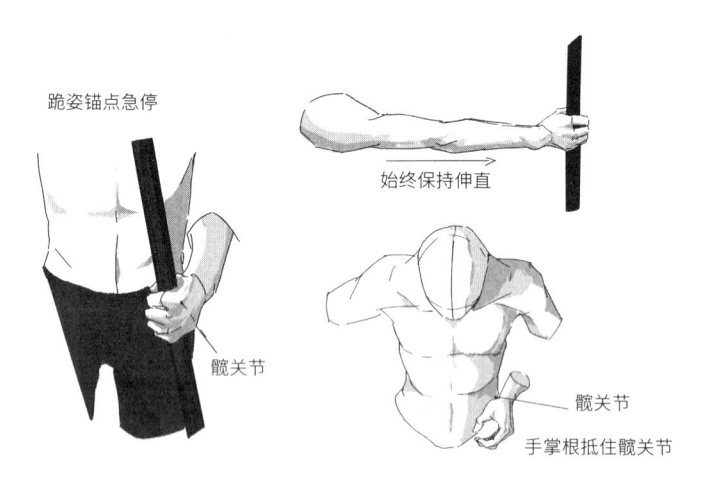

图 5-43 动作细节

（2）跪姿倒退技术动作周期中上肢动作

握桨的手势、朝向、力度、紧度与跪姿直线划行和跪姿转向技术是一致的。在单人跪姿倒退技术中，需要通过上肢做主要工作，并随着每一次划桨要进行一次换桨，上肢会随着呼吸做出相应动作，在呼气时，握住桨柄侧的手臂发力向回拉桨，握住桨杆侧的手臂向前推桨；在双人跪姿倒退技术中，同时采用不同侧跪姿后扫桨转向即可，单人的相关技术在上一节有讲过，在本节中进行该方式的练习即可，需注意节奏和幅度的一致性。

3. 下肢

在本节中，下肢动作在跪姿停止技术中，应尽量采用跪姿半直立的方式，即大腿、躯干成一条直线垂直于桨板；需要用心体会停止技术和倒退技术的动力传导过程中，下肢与板之间的感受，加强人体与板之间的联系。

4. 身体躯干

身体躯干动作在跪姿桨板技术中是至关重要的组成部分。但在跪姿停止技术里，不论是跪姿直线停止技术还是跪姿锚点停止技术，身体躯干都不需要发生前旋或侧旋，保持挺拔、固定即可。在跪姿倒退技术中，单人情况下，身体躯干需要随着桨的每一次引导，要向该侧旋转，头部会随之朝向该侧进行视野观察，伴随拉桨动作，身体躯干随之回正；在双人情况下，因采用跪姿后扫桨技术，身体躯干的重要性又将得到体现。

5. 握桨方法

在跪姿桨板技术中，握桨的手势规律是一致的，握桨的间距也基本一致，握桨柄的手和握桨杆的手在不同技术中朝向是一样的，尤其是握桨杆的手的虎口朝向。因此在同侧不同技术切换时，无需进行手上动作的变化。但在跪姿直线停止和单人跪姿倒退技术中，握桨间距可以适当增大，以保证动作效果。

在跪姿直线停止和单人跪姿倒退技术中，需要用到换桨技术，需要注意换桨的准确性，在水域环境中，换桨时是最可能发生丢桨的情况，丢桨可能会导致危险情况的发生，一定要细心换桨，避免出现这种情况。

6. 桨的状态及运动轨迹

（1）跪姿直线停止技术

跪姿直线停止技术在单人和双人情况中是不同的，单人情况下一共需要做三次入水，第一次入水位置在之前划桨同侧，三次之间需要换桨，后续每一次在另一侧入水；双人情况下一共需要做两次至三次入水，视情况而定，航速越快次数越多，并且可以选择每次下桨在同侧，不进行换桨。它的划桨周期分为引导、入水、拉桨、出水、四个阶段（图5-44），视情况再加上换桨这个阶段。换桨阶段后，下一个周期从入水阶段开始。在这五个阶段中，桨的状态和运动轨迹是不断变化的，接下来讲述此内容和关于该内容的一些要领。

图 5-44 直线停止

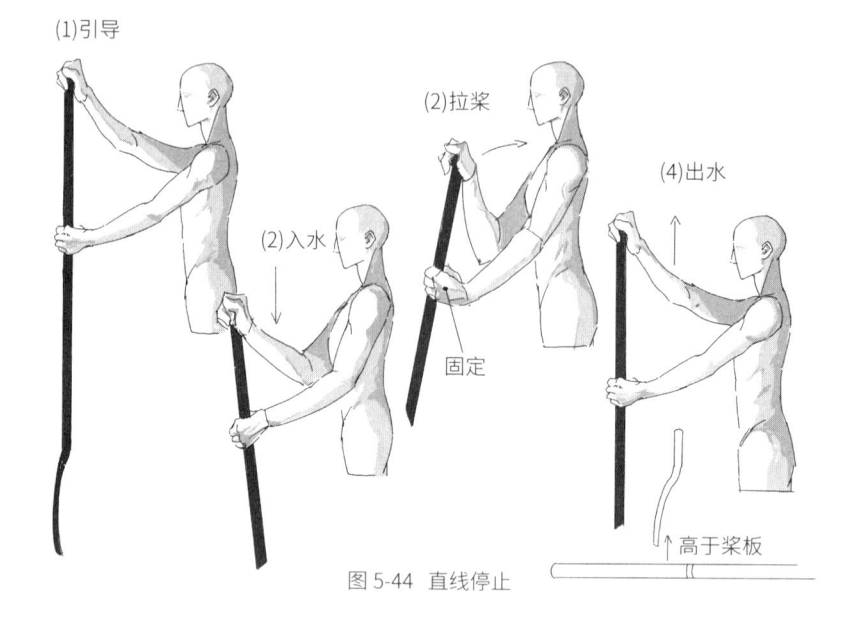

①引导。

为了更有效地完成后续动作，使减速效果提升，在跪姿直线停止中就有了引导阶段。在此阶段中，通过上肢动作使桨杆在桨板左（右）侧并垂直于水面，桨叶背面朝向正前方，此时划桨者呼吸状态为吸气。

②入水。

两臂下压，使桨杆垂直下降，桨叶尖端接触水面直到桨叶完全浸入水中。在此过程中，躯干挺拔，目视前方。

③拉桨。

桨叶入水后，握住桨杆的手保持固定，握住桨柄的手通过该侧手臂发力使桨柄向后移动，桨叶在水中背面朝前以桨板为参照物向前移动 5～10 cm，起到与水流对抗从而更好减速的作用，航速越快，阻力越大，桨叶移动幅度越小，在此过程中划桨者呼吸状态为呼气。

④出水。

拉桨完成后，两只手臂上抬，将桨杆垂直提出水面。出水动作必须做到快且轻柔，桨叶出水要干净利落，不挑拨水花。桨杆上升的高度以桨叶高于桨板板面高度为指标，无需过高。

⑤换桨。

通过两只手互换位置并转换桨杆的位置，完成换桨动作，桨杆从左（右）侧换至另一侧并垂直于水面，桨叶背面朝前。

(2) 跪姿锚点停止技术

跪姿锚点停止技术在单人和双人情况中是相同的,三个阶段与口号相对应,分别为引导、固定、下桨 (图 5-45)。

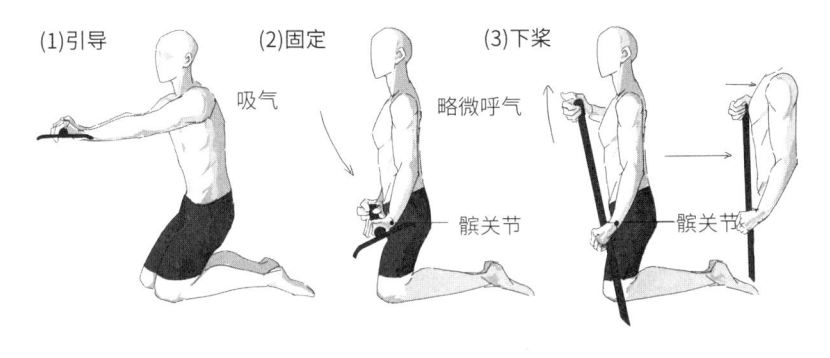

图 5-45 锚点停止

① 引导。

双手平举,两臂伸直,将桨杆横向置于身前。双人中的后方同学的两臂可不完全伸直。

② 固定。

两臂收回,使握住桨杆的手腕根部抵住髋关节,另一侧手可高于握住桨杆的手,但不可高于肚脐。此时桨叶仍然在空中。

③ 下桨。

握住桨杆的手固定,另一侧手向上抬起,使桨叶沿着该轴入水,并贴近桨板;随之握住桨柄的手贴向胸部,使桨叶微微向里移动,产生更强的减速效果。

(3) 跪姿倒退技术

单人跪姿倒退技术分为引导、入水、拉桨、出水、换手五个阶段 (图 5-46),换手与引导可合并为一个阶段。双人跪姿倒退技术分为引导、入水、拉桨、出水、恢复五个阶段,恢复与引导可合并为一个阶段。但由于双人跪姿倒退技术采用的其实是跪姿后扫桨技术,在上一节有讲述,因此接下来只讲述单人跪姿倒退技术的五个阶段。

① 引导。

身体向左 (右) 侧拧转,视线随之向左 (右) 后方移动,握住桨柄的手伸直向前伸出,握住桨杆的手弯曲向后伸出,桨杆在桨板一侧呈倾斜状态,桨柄向前,桨叶向后,桨柄高,桨叶低。

② 入水。

握住桨杆的手伸直,另一侧手弯曲,使桨叶斜插入水中。

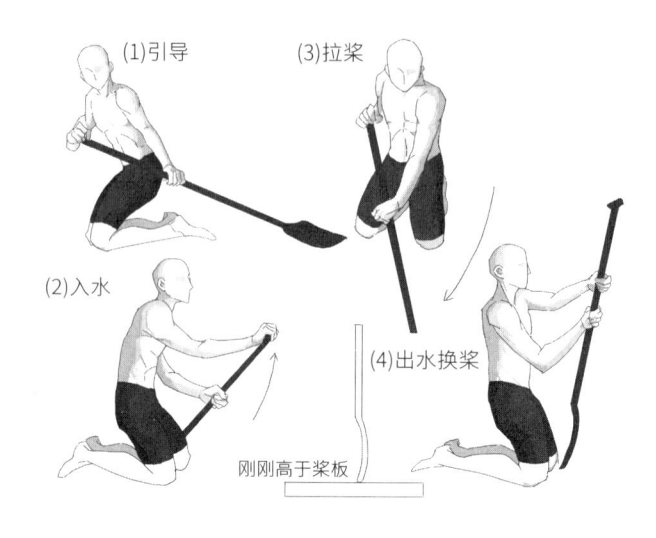

(1) 引导
(2) 入水
(3) 拉桨
(4) 出水换桨
刚刚高于桨板

图 5-46　单人倒退

③ 拉桨。

身体还原，视线还原，握住桨杆的手向前推，另一侧手向后推，使桨杆由桨柄在前桨叶在后变为桨柄在后桨叶在前，桨叶在水中高度基本不变的情况下向前移动。

④ 出水。

拉桨技术后，两臂向前上方抬起，将桨叶提出水面。出水动作必须做到快且轻柔，桨叶出水要干净利落，不挑拨水花。但桨杆上抬的高度是有限制的，以桨叶刚刚高于桨板板面为宜。

⑤ 换桨。

通过两只手互换位置并转换桨杆的位置，完成换桨动作，桨杆从左(右)侧换至另一侧并垂直于水面，桨叶背面朝前。

（五）练习方法与步骤

本节练习包括了单双人跪姿直线停止技术、跪姿锚点停止技术，单双人跪姿倒退技术。动作练习遵循"由易到难""分解练习"的原则，练习分为陆上模仿练习内容和河道(湖中)水中练习两个环节。其中单人跪姿倒退技术在实际运用中，控制方向是一大难点。学生应在实践中不断思考，总结经验，互相磨合，直至熟练掌握，做到灵活运用。

1. 陆上模仿练习

（1）站立状态下上肢技术模仿练习

该练习在空旷的陆地上进行即可，两人组成一个小组，互相观察，在老师的指导下分别进行以下内容的练习，需要注意人与人之间需要留有适当距离，避免碰伤。

①单人跪姿直线停止上肢技术练习。

(a) 双腿与肩同宽站好，依照直线划行技术时的准备姿势做好起始动作，即外侧手握住桨柄，内侧手握住桨杆，两臂伸直，双手间保持适当距离，从前方看，桨与身体平行，注意桨叶朝向；

(b) 进行直线停止上肢动作，两臂下压，桨杆垂直下降；

(c) 随后握住桨柄的手臂向后收，向身体略微靠近，使桨叶向前移动；

(d) 接着两臂发力将桨杆向上抬起同时伸直手臂；

(e) 两手位置互换，桨叶来到身体另一侧，桨杆垂直于地面；

(f) 该技术共需要下桨三遍，按照 (b) 至 (e) 的要求再进行一遍，按照 (b) 至 (c) 的要求再进行一遍，完成该项动作，该项动作需要练习 5 次 (图 5-47)。

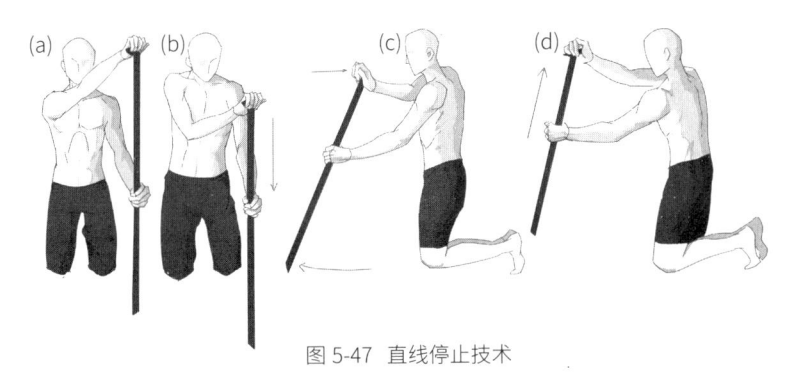

图 5-47 直线停止技术

②跪姿锚点停止上肢技术模仿练习。

(a) 依照直线划行技术时的准备姿势做好起始动作，例如桨叶在左侧，则右手握住桨柄，左手握住桨杆，两臂伸直，双手间保持适当距离，从前方看，桨与身体平行，注意桨叶前后朝向；

(b) 接下来按照口令进行，口令为"1""2""3"。口令"1"，两臂伸直平举，将桨杆横向置于身前，握桨手势不变，桨叶朝向划桨侧，此时呼吸状态为吸气；口令"2"，两臂收回，握住桨杆的手手腕根部抵住髋关节，桨柄可以高于髋关节，但不可高于肚脐，此时呼吸状态为略微呼气；口令"3"，握住桨杆的手固定为轴，握住桨柄的手沿着该轴向上抬起，使桨叶也沿着该轴向下入水，并贴近桨板；随之将桨柄贴向胸部，使桨叶微微向移动，产生更强的减速效果；此时呼吸状态为呼气；

(c) 按照口令反复练习 5 次 (图 5-48)。

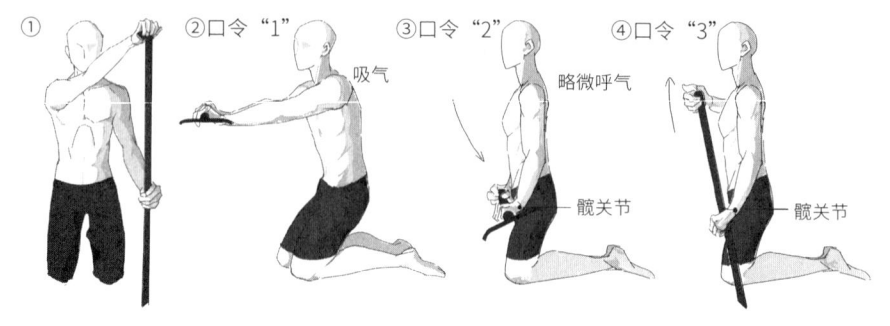

图 5-48 锚点停止技术

③单人跪姿倒退上半身技术模仿练习。

(a) 双腿与肩同宽站好，依照直线划行技术时的准备姿势做好起始动作，例如桨叶在右侧，则左手握住桨柄，右手握住桨杆，两臂伸直，双手间保持适当距离，从前方看，桨与身体平行，注意桨叶朝向；

(b) 引导阶段，上半身沿着纵轴向右侧旋转，髋关节及以下不动，视线随之向右后方移动，观察周围环境，左手伸直向前伸出，右手弯曲向后伸出，桨杆在身体一侧呈桨柄高桨叶低、桨柄在前桨叶在后的倾斜状态，此时呼吸状态为吸气；

(c) 入水阶段，右手伸直，左手弯曲，两臂高度降低，使桨叶向后下方斜插，此时呼吸状态为呼气；

(d) 拉桨阶段，身体向前还原，视线还原，右手向前推，左手向后推，从桨柄在前桨叶在后变为桨柄在后桨叶在前，桨叶在空中高度基本不变的情况下向前移动，此时呼吸状态为呼气；

(e) 出水阶段，两臂向前上方抬起，将桨杆抬高，此时呼吸状态为吸气；

(f) 运用换桨动作，将桨叶换到左侧，按照 (b) 至 (e) 的内容再进行一遍；

(g) 反复练习 5 次，注意转身时做好观察工作。

（2）陆上板上跪姿停止、倒退技术模仿练习

该练习是在陆地上的桨板上进行的，需要注意的是，此时的桨板不可以安装主尾舵（尾鳍），避免损伤，还要确保学生的跪姿和位置是正确的。

①陆上板上跪姿直线停止技术模仿练习。

(a) 以膝盖和脚尖为支撑点，身体半直立，目视前方，使头、躯干、大腿成一线垂直于桨板板体；

(b) 桨柄长度调节至最短，桨叶在身体左侧（左侧划桨练习）并前后朝向正确，右手握住桨柄，左手握住桨杆，进行连续的跪姿直线划行模仿，等待老师口令；

(c) 口令，"直线停止"；

(d) 两臂下压，桨杆垂直下降，桨叶靠近地面但保有距离；握住桨柄的手臂向后收，向身体略微靠近，使桨叶向前移动；两臂发力将桨杆向上抬起同时伸直手臂；

(e) 依次进行两次换桨和两次 (d) 中的内容，完成一个完整的跪姿直线停止模仿动作；

(f) 完成后继续进行跪姿直线划行的模仿动作，等待老师口令；

(g) 练习 3 min；

(h) 休息后，进行双人练习，该练习的模式与单人练习相仿，依然是以跪姿直线划行模仿为常规动作，伴随着口令进行相应的停止动作，与单人不同的是，双人直线停止无需换桨，分别在左右两侧完成 (d) 的内容即可，练习 3 min。

②陆上板上跪姿倒退技术模仿练习。

(a) 以膝盖和脚尖为支撑点，身体半直立，目视前方，使头、躯干、大腿成一线垂直于桨板板体；

(b) 桨柄长度调节至最短，桨叶在身体左侧 (左侧划桨练习) 并保证前后朝向正确，右手握住桨柄，左手握住桨杆，两臂伸直，两手之间的连线与地面垂直；

(c) 引导阶段，上半身沿着纵轴向左侧旋转，视线随之向左后方移动，观察周围环境，右手伸直向前伸出，左手弯曲向后伸出，桨杆在身体一侧呈桨柄高桨叶低、桨柄在前桨叶在后的倾斜状态，此时呼吸状态为吸气；

(d) 入水阶段，左手伸直，右手弯曲，两臂高度降低，使桨叶向后下方斜插，此时呼吸状态为呼气；

(e) 拉桨阶段，身体向前还原，视线还原，左手向前推，右手向后推，从桨柄在前桨叶在后变为桨柄在后桨叶在前，桨叶在空中高度基本不变的情况下向前移动，此时呼吸状态为呼气；

(f) 出水阶段，两臂向前上方抬起，将桨杆抬高，此时呼吸状态为吸气；

(g) 运用换桨动作，将桨叶换到右侧，按照 (c) 至 (f) 的内容再进行一遍；

(h) 反复练习 5 次，注意转身时做好观察工作；

(i) 休息后，练习两人的倒退技术，运用跪姿后扫桨转向的技术，一左一右同时进行即可，反复练习 5 次 (图 5-49)。

图 5-49 倒退技术

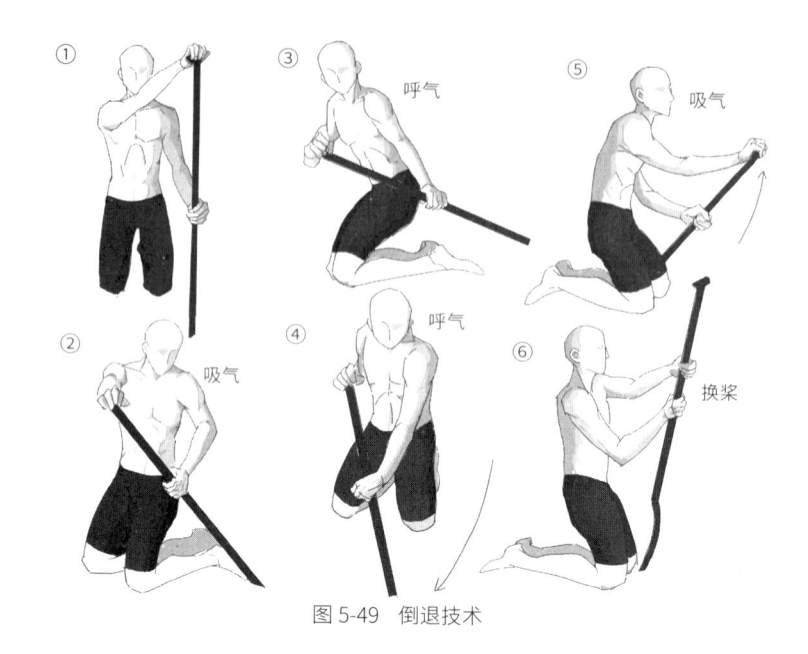

③组合练习。

(a) 单人练习内容。

跪姿直线划行模仿(左)10次+跪姿直线停止模仿1次+跪姿后扫桨转向模仿(左)1次+跪姿直线划行模仿10次+跪姿锚点停止模仿1次。

(b) 单人练习内容二。

跪姿直线划行模仿(右)10次+跪姿锚点停止模仿1次+跪姿前扫桨转向模仿(右)1次+跪姿直线划行模仿10次+跪姿直线停止模仿1次+跪姿直线倒退模仿1次。

(c) 双人练习内容。

跪姿直线模仿10次+跪姿直线停止1次+跪姿直线模仿10次+跪姿原地转向1次+跪姿直线倒退一次+跪姿锚点停止一次。

学到这里,关于在河道(湖中)大多数的问题也基本都了解了,接下来要进行的是河道(湖中)练习。

2. 河道(湖中)练习

停止技术按照先模拟再实战的思路进行,即先原地将动作练习几遍,再在行进过程中进行停止技术的实践;倒退技术按照先做会再做对的思路进行,因为完成直线倒退需要大量练习和经验积累,所以在最初的练习中,要以技术动作是否准确为主要参照指标,以倒退路线是否是直线为次要参考指标。

在单人模式下,将陆上板上的练习内容(跪姿直线停止模仿、跪姿锚点停止模仿和跪姿直线倒退模仿），按照分解练习的形式在水中进行练习，练习时间为 3 min，随后将各个阶段结合起来，分别完整地进行相应动作的练习，练习时间为 3 min；在双人模式下，将陆上板上的练习内容（跪姿直线停止模仿、跪姿锚点停止模仿和跪姿直线倒退模仿），按照先分解练习再完整练习的形式在水中进行练习，时间与单人模式相仿。

随后进行实战练习，无论是单人模式还是双人模式，都采用由易到难的方式进行，速度和距离一开始不要太快和太远，具体操作为，先通过直线划行提升速度，随后运用直线停止或锚点停止进行减速，最后运用直线倒退回到原点，待成功进行完一个循环后，可增加航速和航行距离，继续进行练习。在该项练习中，考验同学对跪姿桨板技术运用的掌握情况，对水感、方向感、默契程度等的提升情况。

上个练习完成后，可以进行来回往返式的航线练习，也可以进行三点或四点的绕标练习，运用桨板运动进行体能训练，感受乐趣，巩固技术，增强体魄。

（六）技术要点及难点

1. 技术要点

①掌握跪姿直线停止技术和跪姿直线倒退技术的动作要领，把握相应的动作阶段，依据每个阶段的要领完成相应动作；

②锚点停止时握住桨柄的手抵住髋关节并保持固定；

③掌握停止逻辑，分辨不同停止技术将会带来的结果；

④倒退时观察周围环境，停止时目视前方；

⑤感受身体发力过程，找到核心发力带动身体转动的感觉，找到桨和水的作用力带来的感觉。

2. 技术难点

①单人跪姿直线倒退时控制桨板方向，确保每两桨后桨板板头为正；

②控制倒退过程中桨板的稳定性；

③双人倒退时划桨幅度保持一致。

（七）常见错误及纠正方法

1. 直线停止时下桨深度不够

（1）问题介绍

下桨深度不够导致停止效果不理想。

（2）纠正方法

每次下桨都要果断地将桨叶完全没入水中。

2. 直线停止时拉桨方向错误（图 5-50）

（1）问题介绍

入水后向前拉桨导致速度降低的不理想。

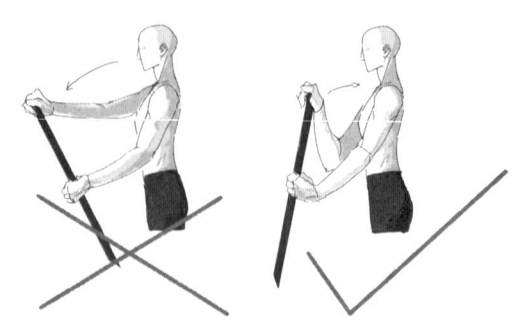

图 5-50 拉桨方向

（2）纠正方法

入水后向后拉桨，使桨叶向前移动，从而更好地产生减速效果。

3. 直线停止时节奏太慢

（1）问题介绍

三次下桨之间间隔时间太长。

（2）纠正方法

喊着口令，缩短间隔时间。

4. 锚点停止时没有抵住髋关节（图 5-51）

（1）问题介绍

锚点停止时没有抵住髋关节导致桨杆跑偏了。

（2）纠正方法

锚点停止时先抵住髋关节，再下桨。

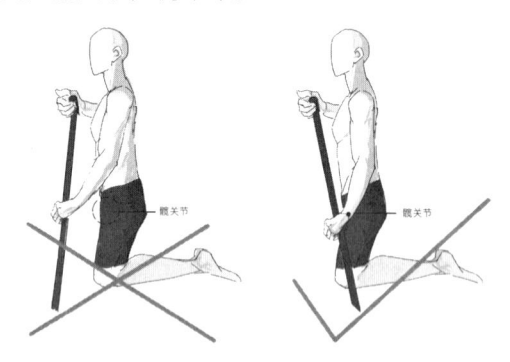

图 5-51 手腕抵住髋关节

5. 直线倒退时板尾摆动幅度过大，失去控制（图 5-52）

（1）问题介绍

直线倒退时板尾摆动幅度过大，方向失去控制，无法完成直线倒退。

(2) 纠正方法

每两次划桨的第一次，划桨距离（范围）小一些，第二次要及时下桨调整方向。

6. 直线倒退时没有观察周围环境（图 5-53）

(1) 问题介绍

直线倒退时没有观察周围环境，导致存在一定的风险。

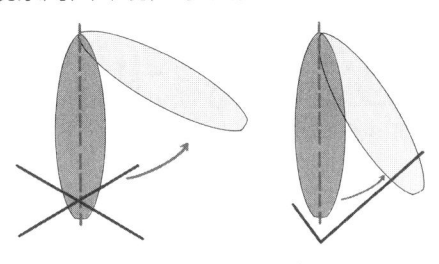

图 5-52 控制幅度

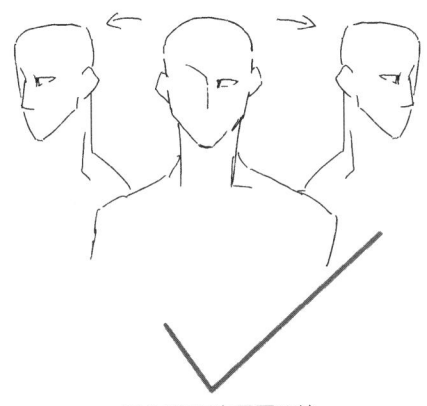

图 5-53 观察周围环境

(2) 纠正方法

每次换桨要顺势观察周围环境，是否有物体移动到自己所在的航线上，及时反应，远离危险。

练习题

1. 桨板跪姿划行技术有哪些？你最喜欢的技术是哪个？请简述其技术动作内涵。
2. 桨板转向技术有哪些？请举以两个应用场景来介绍动作。
3. 影响桨板直线划行速度的因素有哪些？

第六章 站立划行技术

跪姿划行能降低身体重心，帮助桨板初学者克服板上练习时的心理恐惧、有助于掌握板上平衡，同时也是帮助初学者熟悉桨板特性、体验划行水感、掌握基本划行技巧的有效学习方式，是大多数桨板初学者常用的学习手段。但跪姿划行毕竟是桨板练习的一个过渡性手段，并不是桨板运动的标准划行动作，很多桨板赛事是不允许跪姿划行者参赛的。

桨板运动的英文是 Stand Up Paddle（站立式划桨），从英语字面意思就可以看出，真正的桨板是应该站立式划行的。当我们站在桨板上划行的时候，双脚的移动能够更加灵活，便于及时调整我们站板的位置，能让我们能更加轻松自如地驾驭桨板，有利于我们完成各种高难度的技巧动作，同时，站立式划桨还能增加我们的划桨幅度，借助整个身体的协调用力来达到最佳的划行效率。所以，初学者在掌握了跪姿划行技术后，就可以尝试学习站立划行技术，让自己真正享受桨板运动的无穷魅力。

一、站立划行的技术要领与特点分析

（一）技术介绍

站立划行一般可以采用双脚平行站立和双脚前后站立两种站姿，我们通常采用的是双脚平行站立划行的姿势，这种姿势有助于保持划桨者左右的平衡，也有利中长距离的左右换手划行，但在划行时容易偏移重心而致使板面倾斜，不利于直线划行，同时也没有前后站立更容易全身协调发力，所以部分高水平运动员在不需要换手划行的短距离竞速划行中会使用到双脚前后站立的姿势，在一些较高难度的转向技术中也经常会使用前后站立式的划行姿势。

（二）练习目标

熟练掌握双脚平行站立的正确位置和站姿，尝试由平行站立与前后站立两种划姿的相互转换。

（三）技术讲解与示范

1. 站立过程（图6-1）

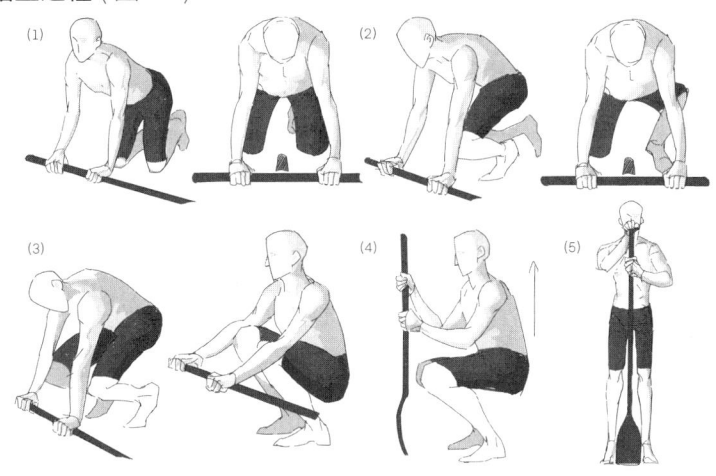

图6-1 站立过程

①双腿平行跪在桨板中央把手后20 cm处（以保证站立后双脚的位置在中央把手处为准），双手握住划桨中段把划桨水平放在中央把手前（划桨与桨板保持垂直），在开始站立前要明确自己需要先站立的那只脚。

②身体前倾，双手支撑在桨板上，移动身体重心到双手和跪撑脚上，先慢慢抬起先站起的那只脚（左右脚都可以，根据自己的习惯）站在中央把手一侧的中间位置。

③把身体重心移到之前站立的那只脚上，慢慢抬起另外一只脚站在另一侧对称位置，下肢成半蹲状态。

④双手握好划桨离开桨板，把划桨竖起，将桨叶一端垂直放在中央把手正前面（当做安全支撑用），双手握着桨柄交替上移，直立起身。

⑤收腹挺胸，双眼注视前方（或眼前的桨柄），调整双脚的位置，保证双脚与肩同宽均衡地站立在中央把手的两侧。

2. 平行站立

（1）正确的站立位置

现在我们常用的桨板长度都在3.5～4.2 m，为了保持平衡，我们一般都站立在桨板中部、靠近桨板中央把手（也是站立位标识）的位置，这个位置也是桨板自身的重心位置，是最容易掌握平衡的位置（图6-2）。当熟练掌握板上平衡以后，划板者可以根据自身的平衡能力和完成技术动作的要求，在桨板上前后移动，找到最适合完成动作的位置。

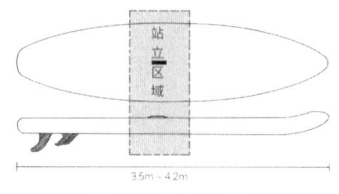

图 6-2 站立区域

(2) 正确的站立姿势 (图 6-3)

双腿分开，与肩同宽，双脚站立在桨板中央把手的两侧，不要偏向任何一边；双腿膝关节略微弯曲，身体重心落在前脚掌之间的中心位置；收腹挺胸，上体基本垂直于板面并正对前方，保持头部正直，下颚略向内收，双眼注视远方的划行目标，保证划行时桨均匀地在身体两侧划行。

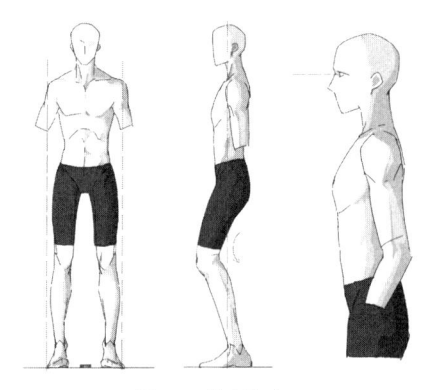

图 6-3 站立姿态

3. 前后站立

(1) 正确的站立位置

正常直线划行时，双脚前后站立在桨板中央把手的延伸线上，两脚之间大约间隔 40 cm 左右 (根据身高和划桨习惯调整)。

(2) 正确的站立姿势

前后站立的稳定性相比平行站立要差，为了保持身体的平衡，两脚尖应向内扣，膝关节微曲适当降低身体重心，身体重心落在两脚中间，上体向后脚一侧侧转45°，收腹挺胸，两眼注视划行方向，如图 6-4 所示。

图 6-4 前后站立

（四）练习方法与步骤

1. 陆上模拟练习

①先把未安装尾鳍的桨板放置在平整的陆地上，保持整个板面都与地面平稳地接触。

②练习者尽量赤脚练习，避免穿硬底鞋或沾满污垢的鞋上板练习。

练习1：练习从跪姿转换成平行站立，完成后注意平行站立的位置和站立姿势，反复练习，直至能熟练找准站立位置、掌握正确的站立姿势。

练习2：练习从平行站立转换成前后站立，同样注意完成每次动作后的站立位置和站立姿势，当能熟练掌握两种站立姿势后，可以进行两种站姿的交替转换练习。

2. 水中板上练习

务必在做好自身安全保障措施、检查水域安全后上板进行练习，练习时桨板必须远离岸边，板与板之间的距离保持在 10 m 以上。

练习1：在体会水中板上平衡的前提下重复陆上模拟练习1的动作，直至能稳定、熟练掌握。

练习2：重复陆上模拟练习2的动作，直至能稳定、熟练掌握。

练习3：分别以平行站立和前后站立的姿势进行板上平衡训练，提高身体平衡能力。

（五）常见错误及纠正方法

1. 常见错误

①起身站立时，没有利用好双手的支撑，或重心没有合理移动，或双脚站立位置侧偏，都可能造成桨板摇晃或侧翻。

②很多初学者，刚在板上站立时，还无法找到板上平衡的感觉，再加上心理

恐惧，一般都会出现"直膝撅臀"、身体前倾的姿势。

③低头，眼睛盯着双脚或桨板，无法注视划行路线。

④两脚之间间隔距离过大或过小，都会影响身体平衡或不利于划行用力。

2. 纠正方法

①加强陆上模拟训练，在基本达到"动力定型"后再进行水上练习。

②教练要重点提醒容易出错的环节，对同学们的错误动作及时进行纠正。

③两人一组进行练习，一人完成动作，另一人帮助提醒或纠正动作要领，在纠错别人的同时，也能加深自己对动作规范的理解。

二、站立划行

（一）技术介绍

站立划行是最常用的划行技术，也是保持平衡的最好方式之一。完成站立后，可以尝试在桨板两侧轻轻地划动几下，体验一下自由划行的美妙感受。在穿越水面的过程中，慢慢从关注自己的身体平衡中解脱出来，开始体会每一个划桨的动作和每一次划桨的效果。

每一个划桨动作都是由入水、拉桨、出水和回桨复位4个阶段组合而成的，这称为一个划行周期，整个划行又是由无数个划行周期组成的，一个运动员划行技术的好坏，不仅体现在一次划行动作的好坏和划行效果，还要看整个划行过程中，他的动作的稳定性、连贯性。

完美的划行是依靠手臂、躯干、腿部协调用力来完成的。发力点应当来自身体弯曲后臀部、躯体以及肩部的用力，在划行中，运用身体核心发力带动手臂来获得划行的动力。回桨时，则是利用核心肌群和下肢的力量顺势挺直身体，尽可能保持垂直回桨，这样有助于保持直线划行。

（二）练习目标

学习、掌握正确的前进划桨技术，确保桨板能稳定前行，同时体验、学习单侧直线划行技巧，提高桨板的直线划行效率。

（三）技术讲解与示范

1. 调整划桨长度和握桨

划好桨板的第一步是要学会调整划桨达到最适合自己的长度。通常使用的划桨分为固定桨和可调式桨，都可以通过以下操作来确保合适的长度：

①把桨垂直放在地上使桨叶垂直于地面。

②将手臂伸直，调整T字形握把的位置置于腕关节与肘关节之间（固定桨需

要根据合适的桨柄长度来进行切割)。

提示：初学者可以让桨柄长一点，划行时可以控制一下身体发力的幅度，更好地保持稳定性，随着板上平衡能力的提高，可以逐步缩短桨柄长度，这样更有利于发力，也便于完成动作细节。

③ T字形握把要握在手掌的中心，用手掌包裹住握把。正确的双手握距及握桨方向请参照第四章第五部分。

2. 站立划行（右侧）

（1）入水

左手握住T字形握把在上，右手在下，两臂肘关节伸直划向右前方，桨锋从右脚趾前方大约60 cm的位置入水（图6-5)，同时利用核心力量下腰、屈膝，借助身体重心下移的惯性将桨叶向下、向后全部插入水中，以便获得最佳的抓水效果。在可控范围以内，落桨位置尽可能靠前。

图6-5 站姿入水

（2）拉桨

拉桨是推进桨板最主要的动力阶段。在整个划行过程中，桨叶必须完全浸没在垂直于划桨轨迹的水中，延续落桨时的下腰、屈膝动作，运用腰腹核心作为划桨的主要力量，同时双手用力完成桨的后拉划行动作，在划行期间，左手肘部尽量靠近头部，来减轻肩部的负重。要做到竖直拉桨，左手需要伸到靠近右侧桨板外沿处，上身侧转向外倾斜，左肩好像"叠"在右肩之上，同时臀部向后倾，保持重心平衡点依然在板的中线。桨板越宽，叠肩的幅度就需要越高，方可做到桨杆垂直。拉桨的桨叶划过脚后30 cm处即可结束（图6-6)，过度向后延伸会降低划桨效率。

图 6-6 站姿出水

（3）出水

出水是在拉桨之后，桨叶离开水的阶段，也是下一次划桨的连接动作。整个动作包含提桨和转桨两个技术，提拉上臂并直立膝关节和上身完成出水复位，在复位的同时双手手腕灵活转动（右手手腕内旋、左手手腕外翻）桨柄至桨叶与桨板外沿平行，让桨锋贴着板边平滑地回桨靠近桨板，准备进行下一次划桨。出水的过程虽然不会产生前行动力，但它对快速、准确地连接下一次划桨动作至关重要，能保证划桨动作顺畅、高效。

特别提醒：为了能更好地完成提桨和转桨动作，可以适当缩短桨柄长度，建议比身高高出 10 cm 左右即可。

（4）回桨复位与放松回桨

复位是两个划桨动作间的过渡，也是一个让肌肉得以休息的机会。入水时发力，出水后放松，学会放松不仅能节省体力，也能帮助保持板上平衡。

3. 换边划行

初学者在划行过程中，为了修正划行方向都会左右交替换边划行，必须掌握以下要领：

①换边划行时应在保持身体平衡的前提下进行，必须在桨叶完全出水后完成换边；

②换边时左右手的握桨位置必须互换，牢记：在哪一侧划桨，哪一侧的手就在下握桨，异侧手在上握住 T 字形握把。

4. 单侧直线划行技巧

初步掌握了前进划行技术后，绝大多数的初学者都会碰到一个头痛的问题：在一侧划桨时，没划几桨就发觉桨板偏离了目标方向，桨板不能"走直线"。要掌握单侧直线划行应注意以下几个问题：

①划行时眼睛要时刻注视划行方向，防止偏离目标。

②在每一桨的划行过程中，身体重心很容易偏向划桨一侧，这会让桨板向对侧倾斜，也会使桨板偏离前进的方向，所以始终保持划行过程中的身体平衡是单侧直线划行的基础。

③在整个划行过程中必须保持桨叶垂直入水且桨叶始终正对划行方向，桨叶"吃水"要深（整个桨叶都要没入水中），如果桨叶发生偏转就有可能影响划行方向。

④保持划桨路线是一条直线，并且尽量贴近桨板边沿，不能因为水的阻力而使桨叶在水中曲线运行，从回桨到下一个落桨过程中，桨的运行轨迹尽量保持与划桨路线反向运行（一个完整的圆形轨迹）。

⑤风向和水流也是影响直线划行的重要因素，一般逆风向（或水流）划行容易"走直线"，这要通过长期划行的经验积累，找到直线划行的技巧。

⑥可以适当调整划行动作来修正桨板的前行方向，在入水时桨叶外翻，桨峰远离桨板入水，然后桨叶向桨板内划再转成正常划行，形成一个倒"7"型划桨路线；或者划桨时桨叶的运行路线偏向桨板板底，也可以逐步修正划桨线路。

单侧划行走直线是一个难度较高的划行技术，只有通过长期的划行练习，不断积累划行经验才能熟练掌握这一技术。

（四）练习方法与步骤

1. 陆上模拟练习

陆上模拟训练可以让初学者不用分心去保持身体的平衡，从而专注在体会动作要领和划桨感受上。

练习1：找一处20 cm高的台阶，台阶下的地面最好为草地或沙地，调整桨的长度至正好落桨时桨叶全部浸没水中的握桨高度，找准落桨时桨叶入水的位置，把桨垂直在这个位置上，双脚平行站立在台阶上，双手握好桨直臂前伸，进行"叠肩"练习，左右交替进行。

练习2：找一游泳池（或有垂直岸岩的水域），水面离岸上沿的高度小于30 cm。（把岸模拟成桨板）双脚平行站立侧对水面，在岸边模拟划桨练习，刚开始可以在教练的口令下进行动作分解练习；基本掌握动作要领后，可以进行连贯动作练习，划桨幅度可以由小到大，划桨频率可以由慢变快。一侧划桨练习后可以转身180°，换另一侧练习。在整个划桨过程中尽量保持正确的划桨动作，并体会连续划桨的动作节奏，必须做到左右手均衡练习。

练习3：在大家基本掌握了划桨动作后，可以进行30 s、60 s的陆上划桨比赛，提升大家连续划桨的能力。

2. 水中板上练习

水中的桨板是会随着划行而前移的，划桨的感觉会比泳池边划桨轻松许多。

练习1：按照陆上泳池边模拟练习的动作要求和动作节奏练习划桨动作，划桨幅度可以由小到大，划桨频率可以由慢变快。

练习2：进行左右换边划桨练习，左边划3桨后换到右边划3桨，交替划行5次，每人完成5组。

练习3：按照单侧划直线的基本要求，每个人体会、调整单边划桨动作要领。

练习4：可以先通过跪姿练习出水时的提桨、转桨动作，等到动力定型后再进行站姿练习进而加快划桨频率。

（五）常见错误及纠正方法

1. 常见错误

①很多初学者会把桨拿反，桨板的划桨是有8°～10°的前倾角度的，这个角度可以帮助划手获得更好的划水效果。

②很多初学者由于在板上的平衡力较差，或者桨长调整不合理，再加上缺少划桨技巧，他们只会用手臂的力量划桨，没有利用好重心的起伏和借助好身体的协调发力，这很容易加剧手臂肌肉的酸痛和疲劳。

③入水时重心太高，桨叶只有部分浸没水中，造成桨叶"吃水"过浅，影响划桨的效果。

④很多初学者划桨时双手肘关节过度弯曲，而且没有"叠肩"动作，桨叶是斜插入水的，既不利于发力，也容易划偏方向。

⑤划桨时向后撩水的情况也比较严重，表面上看这个撩水动作好像加长的划桨距离，但撩水动作基本是无效划水动作，还会影响划桨的频率。

⑥划桨时重心偏向划桨一侧，容易偏离划行方向，甚至造成桨板侧翻。

2. 纠正方法

①进行动作分解练习，按照教练的口令一步一步完成整个划桨动作练习，以保证正确的动作要领为前提。

②陆上训练时，在岸边脚尖前正确的入水处做一个标记，在保持正确的划桨姿势前提下保证桨叶每次都从这个标注的位置处入水。

③适当放慢划桨动作频率，先体会正确的划桨动作感觉和划水感觉，形成正确的肌肉记忆。

④调整划桨的长度，一般情况下可以尝试适当缩短5～10 cm划桨长度，体会正确的划桨动作要领。

三、站立锚点急停和转向

（一）技术介绍

直线划行技术只是桨板划行技术中最基本的技术，但桨板在向前划行的过程中难免会遇到水中障碍、弯道、水流、风向等影响直线划行的因素，只有熟练地掌握刹停和转向技术才能更自如地操控桨板避让这些障碍，修正前进方向。与皮划艇、龙舟、赛艇、帆船等水上项目不同，桨板上没有舵和帆这些可以用来修正船艇前进方向的装置，在划行中桨板划手只能通过改变划桨的方向，调整双脚的站位和身体重心，利用桨和水产生的阻力，由身体躯干和腿的联动带动板往一侧转弯，所以刹停和转向技术对划手的即时判断能力、身体的平衡能力和灵活性都提出了更高的要求。

一名优秀的桨板划手必须具备对桨板良好的操控能力，做到"身板合一"，在任何环境和水域条件下都能随心所欲地掌控桨板。为了比拼划手对桨板的操控技巧，现在许多桨板比赛除了竞速划行项目外，还会专门设置桨板技巧比赛项目，在直线划行的基础上，增加各种转向、绕标、跳跃等高难度的划行技术让运动员比试对桨板的操控能力。由此可见，锚点急停和转向技术是桨板运动中不可或缺的重要技术之一，能熟练、灵活地掌握好这些技术是每位桨板爱好者划好桨板的必备技能。

（二）学习目标

学习、掌握桨板刹停技术和多种转向技术，学会在遇到不同的障碍和不利因素影响下运用合理的转向技术进行避让或转向，提升对桨板的操控能力。

（三）技术讲解与示范

1. 站立锚点急停

其实是前进划行的一个配套技术，当遇到障碍、靠近岸边或想停止前行时都会用到站立锚点急停。由于站立锚点急停与倒划桨转向技术的动作要领比较类似，所以，我们就把这个技术放到转向技术里一起学习。

①在正常前进划行时，如想刹停桨板，可以在完成一次前行划桨动作后，顺势把整个桨叶从桨板外侧靠近脚跟后 30 cm 左右处插入水中，然后从后往前沿着桨板边沿划桨，桨板就会借着水的助力放缓前行速度，直至停下来（图6-7）。

②如果连续在一侧倒划桨板，可能会使桨板板头向划桨一侧偏转，可以两侧交替换边倒划（双手握桨的位置也要互换）帮助刹停桨板并修正方向。

③在整个站立锚点急停过程中保持自然站姿，膝关节微曲以帮助降低重心，控制好身体核心，上体正对板头，两眼平视前方。

图 6-7　站立锚点急停

2. 倒划桨转向

倒划桨转向是在站立锚点急停的基础上，适当增加桨叶"吃水"深度、加大划桨力量来实现的，是最容易掌握的一种转向技术，这一转向技术会使桨板减速、停止并向倒划桨一侧快速转向，转向效果明显，适合我们休闲划行时使用，但这种转向技术无法在大多数竞争激烈的比赛中使用。

①参照"站立锚点急停 1"，转向时要求在保持身体平衡的前提下将桨叶的入水点更加靠后侧一点，桨叶"吃水"更深一点。

②转向时下方握桨手臂伸直并且借助身体下压由后往前下方发力，如果转弯效果不明显时可以连续在一侧按照上述动作划桨 2～3 次。

③在转向过程中，双脚应借助于桨板的贴合力往桨板转向方向顺势转动桨板，实现更好的转向效果。

3. 站立扫桨转向（前扫桨、后扫桨）

站立扫桨转向技术动作简单，不必挪动身体位置，转动缓慢，易掌握平衡，它是前进划行过程中最简单、常用的一种转向技术，特别适合在一些宽阔的水域可以用较大的转弯半径，或者在一些弯度不是很大的弯道划行中比较常用。转向过程中保持在桨板的一侧划桨，桨板就会自动往另一侧偏转，如想往右转，就保持左边划桨，想往左转，就保持右边划桨。站立扫桨转向是所有转向技术的基础，在许多高难度的转向技术中也会结合使用到这一技术动作。

①当准备转向时，先弯曲膝盖尽量降低身体重心，使桨杆和桨板形成 45°左右的夹角，然后将桨叶内旋 90°与水面垂直，以扫桨的方式从板头至板尾划动桨面，桨叶在水中的划行路径像一个英文的"C"字 (图 6-8)。

图 6-8　站立扫桨转向

②在扫桨转向过程中挺胸抬头，两眼注视前方，为了达到良好的转向效果，应保持桨叶全部没入水中，在保持身体平衡的前提下，所划出的"C"字越大、扫桨的速度越快，转向效果越好。

③一般情况下需要连续扫桨 3～4 次才能完成转向。

4. 跨板头转向

当桨板保持一定的划行速度时，站立扫桨转向不能达到良好的转向效果，跨板头转向就成为这一转向技术的加强版，跨板头转向是在一项悠久的皮划艇的技术上被延伸用至桨板上来的，它可以利用扩大划桨的范围，拉长整个"C"字的划行距离未改善转向的效果（图 6-9）。

图 6-9　跨板头转向

①以右侧划行，向左转向的办法为例：双手保持右侧划桨的握桨姿势，不用换手，尽量屈膝降低身体重心。向左侧扭动身体，同时把划桨提升出水面从桨板的右侧移至桨板左前端，保持左手在右手上方。

②让你的整个桨叶都沉入左侧的水中，把桨叶从外侧拉到桨板左侧边缘，然后顺势抬起桨，让划桨越过板的前端到桨板右侧入水，再在桨板右侧完成"C"字扫桨至尾部。

③完成一个 180°的转向需要重复 2～3 次以上的动作。

5. 板尾外轴转

桨板转向最有效的办法是绕尾外轴转，这是桨板比赛中最常用的方式，由于完成这种转向技术时需要快速改变正常的划行姿势和移动双脚的站立位置，大大增加了技术难度，对板上平衡性的要求比较高。如果能熟练掌握这一技术，不仅能大大提升竞速比赛中的转向能力，而且潇洒、刺激的转向动作也能让划手享受划桨带来的成就感和乐趣。

①划动桨，让桨板保持着向前的动力。

②以向左侧转向为例（右脚是支撑脚，左脚是辅助脚）：双脚交替向板尾移动，以右脚作为支撑脚尽量落在板尾脚垫处，屈膝脚尖内扣，把重心放到右脚上用力下压，这样会使桨板的头部翘起来，桨板尾部浸入水中，左脚脚尖内扣踩在桨板上帮助稳定身体重心，在桨板右侧自前向后完成"C"字划桨，这样桨板就会以板尾为轴心快速地转弯（图 6-10）。

③完成转弯动作后需尽快移动双脚回到中央划桨的位置。

图 6-10　板尾外轴转

（四）练习方法与步骤

1. 在桨板静止的状态下反复进行站立扫桨转向

练习中特别要注意以下几个问题：

①扫桨时要通过屈膝降低身体重心来努力保持平衡，学习在扫桨过程中保持身体平衡的能力。

②掌握正确的扫桨动作，在扫桨过程中始终保持桨叶全部浸没在水中且与水面垂直。

③体会扫桨路线，可以感受一下不同"C"字半径对转弯效果的影响，为了提升转弯效果，在扫桨过程中尽量把手臂伸展出去扩大"C"的半径。

2. 桨板行进间进行扫桨练习

当能熟练掌握站立扫桨转向要领后,可以练习在桨板行进中通过站立扫桨转向来改变划行方向和向左右转弯,动作要领与上一练习相同,只是由于桨板在行进过程中,站立扫桨转向的效果会变差,需要通过连续多次扫桨才能完成转向,而且在桨板行进中对身体的平衡提出了更高的要求,需要我们反复练习,在各种条件下都能熟练运用这一最基本的转向技术。

3. 通过连续左右扫桨转弯练习来巩固扫桨技术的熟练性

桨板快速直线划行 30 m 左右,利用右侧站立扫桨转向完成 180°向后转向,然后继续向前划行 30 m 左右,再利用左侧站立扫桨转向完成 180°向后转向,连续 10 次为一组,多组反复练习。

4. 后撤步的练习

这是学习绕轴转向技术的基础练习,根据每个人的腿长和桨板的长度来设计好后撤步的动作,可以分"2 步后撤"和"垫步 + 跳步后撤"两种。可以先把桨板放在岸上进行陆上训练,然后再到水面上进行练习。

① 2 步后撤:适合腿长、桨板较短时使用。双脚先站在正常的划桨位置上准好后撤步准备,先把辅助脚往后移动一步作为支点,紧接着把支撑脚往后移动直接踩到板尾脚垫处,完成动作后双脚应为前后站立(图 6-11)。

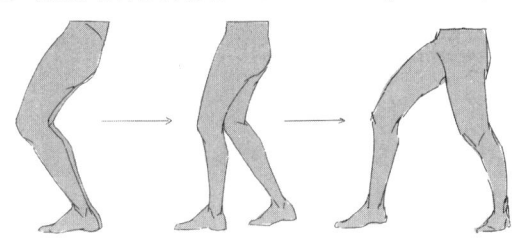

图 6-11　2 步后撤

② 垫步 + 跳步后撤:当桨板较长,用 2 步后撤无法直接到达脚垫位置时要用这种后撤方式。双脚先站在正常的划桨位置上做好后撤步准备,先把支撑脚往后垫移一小步作为支点,紧接着双脚同时跳离桨板往后依次落板,先辅助脚再支撑脚,支撑脚直接落在板尾脚垫处,完成动作后双脚应为前后站立(图 6-12)。

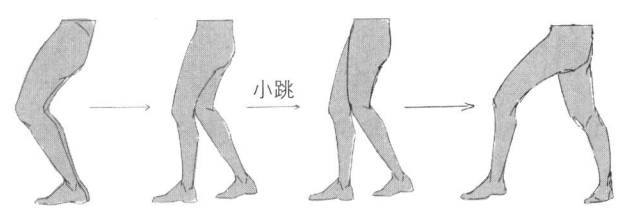

图 6-12　垫步 + 跳点后撤

5. 返回原位的练习

绕轴转弯后，运动员还是要返回正常的划桨位置，具体方法就是后撤步练习的反向操作，这可以和后撤步练习连在一起做，直至熟练掌握为止。

6. 板尾平衡练习

保持后撤步完成后的姿势，在板尾进行下压踩板和前后摇板练习以进行平衡力的训练，为练习绕轴转弯技术打好基础。

（五）常见错误与纠正方法

1. 常见错误

①扫桨时重心太高，致使扫桨时的桨叶吃水很浅，严重影响扫桨效果。很多人是在直膝的状态下通过撅臀前倾上体的错误动作来"降低"重心，这不仅不能有效降低重心，还会影响平衡的掌握。

②很多人害怕因做动作而失去平衡落水，在扫桨时手臂和身体都没有完全伸展开，会减小扫桨的半径，影响桨叶的触水角度。

③扫桨时桨叶的角度无法固定，没有始终垂直于水面，会降低转弯的效率。

④绕轴转向时没有规划好后侧步的步点，仓促中容易把支撑脚和辅助脚搞错或无法准确站在脚垫位置上，影响身体平衡和完成转向技术。

⑤绕轴转向技术中完成后侧步后，身体重心没有落在后方的支撑脚上（还在两腿之间或在前脚上），从而影响转向效果。

2. 纠正方法

①必须经过反复练习，养成通过屈膝来降低身体重心的习惯，臀部有向后下方坐的感觉，完成扫桨动作时要保持挺胸抬头。

②扫桨时要重视两个练习：在整个扫桨过程中在控制好身体重心的前提下尽量前倾上体和伸展手臂，以获得最大的扫桨半径；扫桨技术是一个连续的动态过程，练习在整个过程中要不断调整身体的姿势和两手间的握距，并靠调整双手腕关节和肘关节的角度始终保持桨叶与水面垂直。

③必须重视脚步的移动练习（包括后侧步和回位练习），要根据自己的身高和桨板的长度，提前规划好脚步移动的步点，通过练习熟能生巧。

④绕轴转向是一个难度较大的技术动作，在整个动作过程中要多次改变身体状态和脚步站位，在这个动作的练习过程中发生落水是无法避免的，练习者要做好充分的思想准备，坚持不懈地进行练习，无数次的失败一定会练就完美的技术。

⑤加强平衡性训练、上肢的力量训练，以便能更轻松、更有效地完成转向技术。

四、靠岸平移

（一）技术介绍

水上运动项目的器材都比较大且长，还经常会受到水流的影响，如何在每次训练结束后让自己驾驭的器材平稳、安全地靠岸是诸多水上运动项目参与者必须掌握的一项基本技术，桨板项目也不例外。完成平移靠岸技术不需太大的力量，而要根据现场的实际状况利用巧劲来完成。

（二）学习目标

学习桨板平移的技术要领，至少掌握一项靠岸平移技术，确保划行结束后能顺利、安全靠岸并上岸。

（三）技术讲解与示范

1. 压桨平移

这是最常用、最简易的靠岸平移技术，是在我们正常前行划桨动作的基础上，适当改变划桨的位置和方向就可以完成（图6-13）。

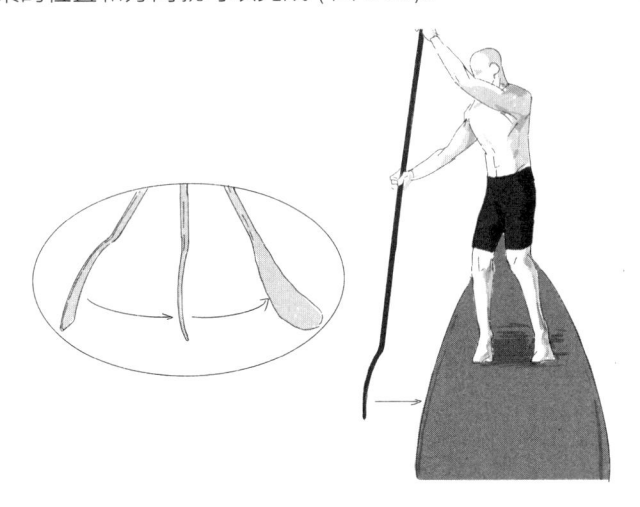

图6-13 压桨平移

①当桨板临近岸边时，双脚保持平行站立不动，上体侧转90°面对岸边，同时把划桨移到桨板靠近岸边一侧，按照正常划桨动作握桨，桨叶的方向不要搞错，前面要正对着岸边。

②划桨垂直于水面，桨叶平行于桨板边沿，从双脚站立处的水面垂直入水，拉桨直线划向桨板边沿（划行路线与桨板边沿成"T"字形）。

③当划桨划至桨板边沿时，迅速将划桨内旋90°提桨出水面，再重复之前的划桨动作，反复几次后桨板就能平行移向岸边了。

④一般情况下，板尾的尾鳍会影响板尾的平移效果，所以平移划行的入水点可以适当靠近脚后跟的位置。如果桨板临近岸边时不是平行于岸边的，只要适当调整划桨的入水位置；如果板头离岸边更远，那划桨入水的位置可以适当靠近板头，反之板尾也是如此。

2. 切水平移

在"出水平移"的基础上，适当改进提桨出水的动作就可以完成。动作要领参照"出水平移"。

当划桨划至桨板边沿时，通过转动腕关节迅速内旋桨柄将桨叶垂直于桨板，在水中将桨叶推向远端，再外转桨柄使桨叶与桨板边沿平行，连接下一次划行动作。

3. 摇橹平移

摇橹平移技术是在上两种靠岸平移技术的基础上更加进阶的技术，这要求划手能更好地控制桨叶的划行角度和抓水的效果(图 6-14)。

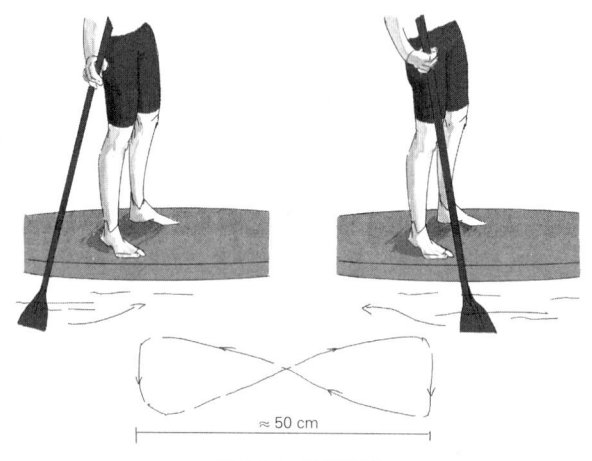

图 6-14 摇橹平移

①准备动作同前两种平移技术，充分转体转肩，保持划桨与水面垂直。
②将划桨垂直插入桨板与岸边之间的水域，保持桨叶完全浸没在水中。
③靠双手腕关节的内旋和外转改变桨叶与水的受力角度，并来回推拉划桨，向前推桨时受力面要向前(桨叶与桨板边沿的向上夹角为 45°左右)，拉桨时受力面应向后(桨叶与桨板边沿的向下夹角为 45°左右)，推拉距离控制在 50 cm 左右。
④要利用转体和核心的力量带动推拉划桨，不能只靠两只手臂的力量划桨。

(四)练习方法与步骤

①陆上模拟训练:找一处平滑的岸边,(把岸边当做桨板)按照桨板上平行站立的正确姿势侧对水面站立,在教练(老师)的指导下,按照上述靠岸平移技术的技术要领进行练习。

②在岸上熟练掌握技术要领后可转移至桨板上进行练习。靠岸平移技术的练习都是在临近岸边的状况下进行的,为了保证学生的安全,可以先缩短划桨的长度,让学生用跪姿来练习,掌握正确的技术要领,体会划行的效果。

③待学生正确掌握跪姿技术要领后可以进行站姿的练习,练习前不要忘了调整好划桨的长度。

(五)常见错误与纠正方法

1. 常见错误

①身体侧转角度不够,影响了划行方向。

②出水平移和切水平移时划桨最后用力划行的方向没有垂直桨板,桨板无法平行岸边靠岸。

③摇橹平移时,划桨没有垂直水面,影响了划桨效果。

④当桨板的板头或板尾明显偏离岸边时,不会及时调整划桨的位置。

2. 纠正方法

①在教练(或老师)的指导下,掌握正确的技术动作。

②通过岸上和水上的反复练习,熟练掌握技术要领。

练习题

1. 请简述站立过程和注意事项。
2. 站立桨板转向技术有哪些?请举两个应用场景来介绍动作。
3. 假如此时你的面前突然出现了一条船,正在快速航行的你会怎么做?

第七章 桨板救生

一、桨板救生介绍、原则及情况判断

（一）桨板救生介绍

桨板作为一个新兴的水上运动项目，现在已是风靡全球，从个体到团队，从内河到海洋，从休闲娱乐到健身、比赛，各类活动人群成几何倍数增长。

由于国外桨板运动比较发达，很多国家的桨板运动起步较早，发展较快，面对不断增长的桨板活动人群，桨板救生也应运而生，并在不断地发展成熟。

近年来桨板救生已经在水上活动中逐渐地运用。在一般的桨板活动时发生过多起桨板爱好者对在水中游泳或意外溺水者的成功救生案例；在国内很多城市举办的大型水上活动中也采用了桨板救生的方式。桨板救生与其他救生方式配合，为水上活动起到了很好的安全保障作用。

桨板不仅是一项运动，还可以利用桨板来进行抢险救灾、物资运送、救护救援、环境保护。

水上救生是一项拯救生命的崇高事业，桨板救生作为新型的水上救生项目，使用水域较为广泛，操作便捷灵活，这项技能的灵魂在于可实施精准施救，使溺水者较为快速地脱离险境。桨板救生是非常适合用于水上救援的，桨板对人数限制小，可单人、两人甚至多人同时乘坐；对姿态没有要求，站着、坐着、趴着、躺着都是可以的；划行速度快，救援响应迅速；因其限制少，操作便捷，使得人们可以快速地完成施救工作，桨板器材的诞生对于水上安全领域有着重要意义。近年来，随着桨板运动的推广与普及，越来越多的爱好者加入到桨板救生的行列中来，出现了很多桨板救生的优秀案例，我国许多城市陆续开展了桨板救生比赛。目前我国现行救生员体系以静水和泳池为主，河流、海洋等环境下的救援体系仍属空白，桨板救生的诞生可以有效地填补，成为今后水域安全体系建设重要的一环。

桨板救生对施救者的能力有着多方面要求，包括水性、速度、力量、判断及救援技术。救援是与时间赛跑，在离海滩很近海洋的救援条件下，桨板救援的速度成绩是很有优势的。

溺水者有三种情况，第一种是完全昏迷状态，第二种是半昏迷状态，第三种是还处在挣扎的状态。对于已昏迷者可以直接采用桨板翻板技术将他救到板上，对于其他两种情况则需要先与溺水者进行交流。

为了更好更快地开展桨板救生工作，相关团体已经在进行桨板救生的系统技能培训，并且组织大型的桨板救生专业比赛，从而使广大参与桨板救生的救生员从理论到实操得到全方位的提高。

1. 桨板救生的定义

桨板救生是指利用桨板参与水上活动中发生意外事故时所采取的救生措施，它是保障水上活动安全的一项重要措施。

2. 桨板救生的分类

目前桨板救生的形式可分为：定点水域桨板救生和大型水上活动中以桨板巡游的方式进行救生活动。

3. 桨板救生工作的意义

桨板救生是一项救死扶伤的高尚行为，是人道主义和精神文明建设的具体体现。广大参与桨板救生的个人和团体通过不断的努力，在开展水域救生的过程中，向世人展示了舍己救人的风采和积极向上的精神，成为水域救生行业的一道亮丽的风景线。

随着人民生活水平的不断提高，人们对水上运动的需求在快速增长，各类水上活动蓬勃开展。为确保参与水上运动的人民的安全，确保大型水上活动有序安全地开展，水域救生越来越得到我国各级体育主管部门和水域相关单位的重视和关注，在大力支持水上救生工作的前提下，为确保全民健身活动的有序开展，确保人民的身体健康和生命财产的安全，制定了水域安全规范，建立相关的水上安全制度，从而为水上运动的健康发展提供了有力的保障。

4. 桨板救生安全常识

（1）树立"安全第一"的思想意识

桨板救生是在水中这个特殊环境中进行的，除了桨板器材等必须符合要求外，安全意识一定要放在首位，水上活动会千变万化，执行救生时必须注意力集中，不能麻痹大意，必须牢记"安全第一"这个原则。

（2）做好活动前的准备

首先要准备好适合自己运动能力的器材，了解活动场地的水域环境、天气，在自身身体状况良好的前提下进行活动。下水前做好热身运动。

（3）做好自身的安全防范，下水必须穿好救生衣或戴上脚绳。根据季节的不同，夏天要做好防暑降温，冬季做好失温的防范。

（4）了解活动的整体方案，掌握活动水域的情况，严格按照所分配的岗位职责、要求完成工作任务。

5. 桨板救生活动的准备及计划

桨板救生活动前必须做好相应的准备工作和制定详细的救生计划，这有助于提高活动的质量。计划的制定和实施是实现活动目标和避免事故发生的基础。

（1）做好救生器材及辅助设备的准备。根据规模大孝时间长短、活动强度配备合理的救生器材和设备。

（2）安排合理比例的救生人员，做好救生人员位置的编排，活动区域分片包干到人。

（3）设立活动总指挥，协调各区域、各部位人员。

（4）做好水上、陆上的安全救生接应工作，做好陆上医疗急救准备。

（5）制定好救生活动的应急预案。

6. 桨板救生应具备的条件

（1）救生员的救生能力

救生员除了具备良好的桨板技术，还必须受过专业的桨板救生培训，掌握专业的救生技能，能完成不同情况下的救生任务。

（2）救生装备

使用适合桨板救生的专用桨板，具体为：桨板板体窄、板体厚、浮力大，桨板两侧有多个对称拉手。轻便的桨，轻便的符合浮力要求的救生衣。

（3）活动环境评估

任何救生行为和救生活动作业前应先评估环境，包括：水流方向、水速、水域深浅、风浪等，做出合理的活动方案，确保活动顺利完成。

（4）气候因素

评估气候与水情状况，关注执行现场天气的突发变化，如有打雷、风浪过大等情况，考虑到活动安全性和救生执行力，必须及时停止活动，执行活动前制定的紧急预案。

（5）做好救生方案和紧急预案。

（6）配备水面大型船只，用于活动指挥和水面协助救生。

（7）建立陆上医疗急救站。

7. 桨板救生中桨语、口哨的运用

桨板活动过程中在没有更便捷的通信设备时，通常可以利用手中的桨，利用救生衣上佩戴的口哨作为通信交流工具，如在桨板活动中出现紧急安全情况会起到很大的作用。

（1）桨语的运用

桨板运动，包括团队旅行活动和长途探险活动都会遇到通讯和救生的情况，通常使用手机、对讲机、无线电信号发射器等，但在特殊情况下使用简单、方便的桨语会更实用。因此，熟练掌握桨语的应用，对顺利、安全完成桨板活动起到很好的保障（图7-1）。

图 7-1 桨语的运用

常见的桨板桨语传达的信号意思：

①向我的方向前进、集合。

双手握桨杆，桨叶向上，竖立在人体中间。

②紧急求救。

双手握桨杆，竖立在人体中间，桨叶向上，以下手为轴心，上手左右连续做摆动动作。

③停止，不要再前进。

双手握桨杆，横在头顶连续做屈臂动作。

④直线、向左、向右。

⑤我很好。

(2) 口哨的运用

在户外运动、水上运动中，口哨也可叫"求生哨"，它可以作为联络使用，也可以在遇险的时候使用。在联络方面作为简单通信和方向定位工具，在发生紧急情况或有安全隐患时作为救生呼叫的工具。在桨板活动中，配备一个求生哨，遇到紧急情况是非常有作用的。

常见的口哨传达的信号意思：

①符号说明：● 短音（一秒内）；

■■■ 长音（3 s 以上）；指令内哨音间隔 2～3 s，指令间的间隔 30 s 以上（比如重复发送指令需要间隔 30 s 以上）

②求生哨使用规范：

(a) 通信 (T)：■■■（一长音）用于队伍的声音通讯联系，以确定相互之间的哨音方位，在收到哨音指令后发出代表收到指令（同喊话喂~~~~~ 相似）

(b) 集合 (U)：●●■■（两短一长）向哨音的方向集合（同喊话集合啦~~~~ 相似）

(c) 前进 (V)：●●●■（一短一长）休息时发出代表全队出发、行进中发出代表加速前进（同喊话冲啊~~~~ 相似）

(d) 前队等待 (W)：●■■■ ■■■（一短两长）用于队伍行进距离过长时，要求前队等待后队（同喊话请等~~~ 等~~~~ 相似）

(e) 要求支援 (S)：●●●（三短）当遇到困难需要寻求帮助时发出，收到信号者以通讯音 (T) 回复表示将前往支援（同喊话急！急！急！相似）

(f) 求救 (SOS)：●●● ■■■ ■■■ ●●●（三短三长三短）这是国际通用的 SOS 代码，请大家熟记。

（二）桨板救生原则

桨板救生工作的指导思想就是做到自始至终"防患于未然"，消除一切可能发生的事故隐患，这是任何水上活动成功与否的基础和保障。在处理水上意外事故过程中，实施救生方式要正确，时间要快，始终坚持防和救相结合，只有这样才能在各类水上活动中顺利完成安全救生任务。

1. 安全教育先行

任何水上活动必须遵守"安全第一"的原则，对任何参加水上运动的人要加强水上安全教育，使其牢牢树立这个安全意识，不麻痹大意，做到不安全的事不做，有危险的地方不去。

在确保自身安全的前提下，救生能力、救生器材达到救生的要求，才能进行施救。在救生过程中坚持"以防为主，防救结合"的思想，做到有备无患。

2．团队救生优于个人救生

在水上复杂的救生行动中，团队救生能更好地发挥集体的力量和智慧，在救生时间上会更快；实施操作上更灵活、有效，使救生更有保障。

3．先救有意识后救无意识

救生活动中，如果同时发生多人的危险事故，救生员要先救近的后救远的，先救有意识的后救无意识的。

4．水上与岸上救生相结合

水上救生与岸上救生相互配合，发生事故立即报告相关部门。

（三）桨板救生情况判断

1．判断方法

桨板救生救生员在执行任务中，必须集中精力观察负责区域的活动人群，采取：

扫视法：对自己责任区的左、右、远、近进行直线、不间断的观察。

环视法：对自己责任区以某一点为起点，进行圆周、不间断的观察。

跟踪法：对自己责任区内水平不佳、有异常者应进行重点跟踪观察。

在观察的同时，还要进一步进行判断，做出正确的反应，如：被救者是否有意识、被救者是否受伤、被救者是否需要立即施救。判断后根据不同情况，采取及时、规范的桨板救生技术。

2．桨板救生的不同情况处理

发生需要救生的情况，救生员迅速划到出事处，查看实际情况，与需要救生者交流，有必要时进行心理辅导，稳定其情绪，以便采取相应的救生方法。

（1）翻板救援（主动上板）

被救对象状况：神志清醒，身体未受伤，尚有体力。

救生员靠近被救者，引导被救者抓住桨板边的救生把手，救生员坐在桨板中心偏后的位置，引导被救者双手拉住把手，利用双脚打腿抬起下半身于水面，用一个比较大的力度打一下水，随着用力打水的这一下双手同时把桨板往肚子下面推，把身体窜到桨板上，然后手臂往前伸过桨板。当肚子在桨板上之后，腿继续拍打水面，先让一条腿挂上来，再将另一条腿挪上板然后趴在桨板上，听从救生员指挥。整个上板救生过程，救生员除了引导外，要保持住桨板的平衡。完成上板后，救生员跪着划桨将被救者运送到就近安全的地方（图 7-2）。

图 7-2 主动上板（有意识）

(2) 翻板救援（被动上板（有意识））

被救对象状况：神志清醒，身体状况不太好，没有力气、没有能力主动上板。

救生员靠近被救者并跳入水中，将桨板翻过来底面朝上，再爬上桨板，双脚跪（或屈膝站）在板面，让被救者双手趴在板上，救生员双手扳住板沿（或一只手扳住板沿另一只手抓住被救者的救生衣），身体向后把桨板扳正，把被救者翻上板面，此时救生员在水中爬上桨板的后部稳住扳体，让被救者下半身挪上板，救生员双膝分开跪在被救者的腰两侧作为保护，将被救者运送到就近安全的地方（图 7-3）。

(3) 翻板救援（被动上板（无意识））

被救对象状况：神志不清或昏迷，已没有能力上板。

救生员靠近被救者并跳入水中，将桨板翻过来底面朝上，再爬上桨板，双脚跪（或屈膝站）在板面一侧，救生员双手拉住被救者的腋下，身体向后把桨板扳正，把被救者翻上板面，此时救生员在水中爬上桨板的后部稳住扳体，把被救者下半身挪上板并放正，救生员双膝分开跪在被救者的腰两侧作为保护，将被救者运送到就近安全的地方（图 7-4）。

图 7-3 被动上板（有意识）

(4) 多人协助上板

被救生对象状况：神志清醒，身体未受伤，但没有能力主动上板。

多人救生桨板（四人）靠近被救者，救生板上的一号、四号位救生员负责保持桨板的平衡，二号、三号位救生员拉着被救者的胳膊拖拽到救生板上，将其安顿好并将被救者运送到就近安全的地方。

(5) 水中拖带运送

被救对象状况：神志清醒，身体未受伤，没有力气、没有能力主动上板。

救生员让被救者双手拉住桨板尾部的把手，利用双脚打腿使身体浮在水面，救生员在桨板上或跪姿或卧姿划，将被救者运送到就近安全的地方（图 7-5）。

图 7-4 被动上板（无意识）

图 7-5 水中拖带运送

（四）翻板救援的注意事项

1. 判断水流速度和方向，判断周围环境

河水的中心水流较急，岸边水流较缓。桨板救援时，最好要将被救者堵在上游，这样才能确保被救者不会被水流冲走，特别是水流比较急的时候，更要保持这个

方向救援。

野外救助的环境比较复杂，在救人的同时也要密切注意：旋涡、断层、礁石、水草、渔网、鱼线，这些对水上运动和救援都有很大的危害。

2. 判断被救者的意识和受伤情况

如果被救者有意识，但是比较紧张慌乱，一定要把桨板挡在被救者中间，救生员不能被抱住或者抓住，可以让被救者抓住桨杆，并大声呼喊"不要紧张，我是救生员，听我指挥"，然后进行翻板救援 (图 7-6)。

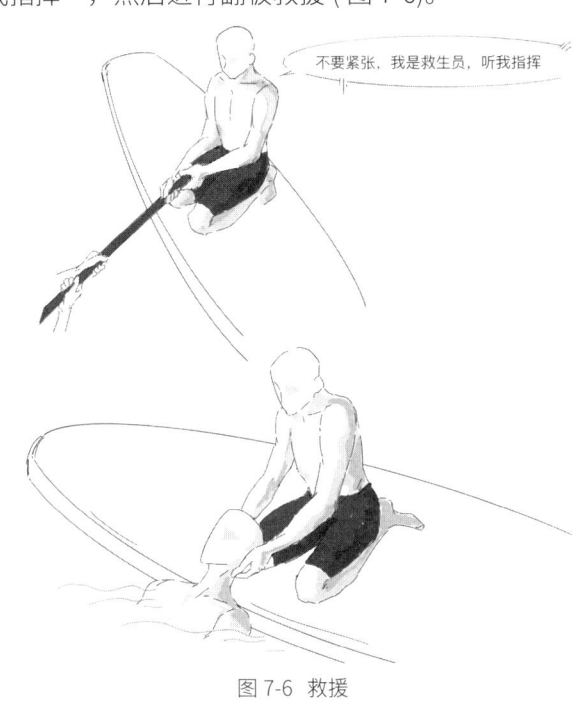

图 7-6 救援

如果不慎被溺水者抓住，那可以采用反擒拿手来摆脱，具体方法在救生环节里有阐述。

如果溺水者受伤，要询问或者观察受伤的部位和程度，不要造成二次伤害。如果颈椎或腰椎受伤，则不适合采用翻板来上板，一个人没法处理的情况下，只能把溺水者的头部放到板上，腿压住溺水者手臂，划桨把溺水者带回岸边再做保护搬运。如果手臂受伤也不适合用翻板来上板，可以根据询问的情况来决定返程的方式，灵活机动，不拘翻板这种形式。

在时间允许的情况下，一定要跟被救者充分沟通，了解清楚身体状况再施救。

3. 时刻保持与被救者的连接

特别是在被救者体力不支时，更应该让被救者抓住"救命稻草"，可以是你的桨杆，也可以是桨板的绳子等各种有利于被救者保持呼吸的东西。被救者呼吸轻松了，紧张的情况缓解，更有利于救援。

如果水流较急，就更应该与被救者保持连接。

4. 保持桨板的稳定，避免再次落水

上板的时候判断好被救者的体重，寻找桨板的重心，如图 7-7 所示，如果被救者体重较大，上板的地点靠近板的中心，如果体重较轻，则上板点稍靠近板的前端，因为后半段要留给自己上板划桨。

在摆正被救者体位时，救生员可以不用上板，浸在水里帮助施救者上板，抓着板拉或推被救者上板。被救者上板后，自己从桨板后半段上板，注意用好蛙泳腿，尽量减少板的摇晃。救生员坐在板上也是一种很好的平衡方式。

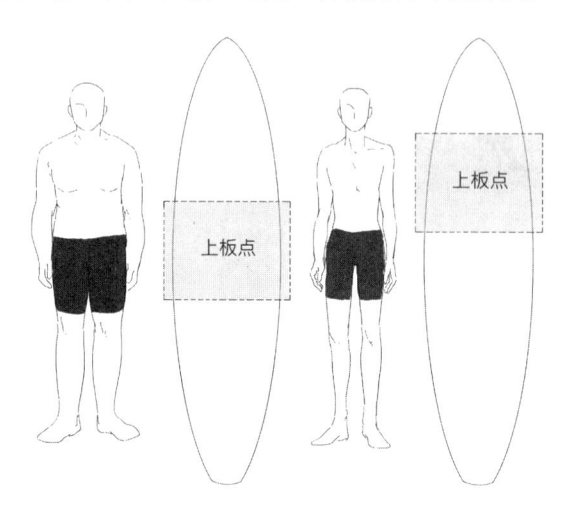

图 7-7 上板点

5. 返航时注意有效划水。

在施救的时候，桨尽量不要脱手，因为桨的划水效果强于单纯用手，可以用绳子把桨固定在小臂上，也可以固定在桨板上，随时取用。

如果桨不慎丢失，则可用卧姿，双手蝶泳划水是效果最好的，也可上身趴在桨板末端，腿在水里蹬蛙泳腿或自由泳打腿。

（五）翻板救援所需运动技能和训练方式

1. 蛙泳腿

在上板的时候，需要蛙泳腿辅助抬高体位，提高蛙泳腿的踩水效果可以让上板更轻松（图 7-8），除了常规的双脚同时踩水外，还有两脚交替踩水、单脚踩水。双脚同时踩水可以一跃而上，交替踩水可以使身体平稳，单脚踩水是为了最后一步爬上板。

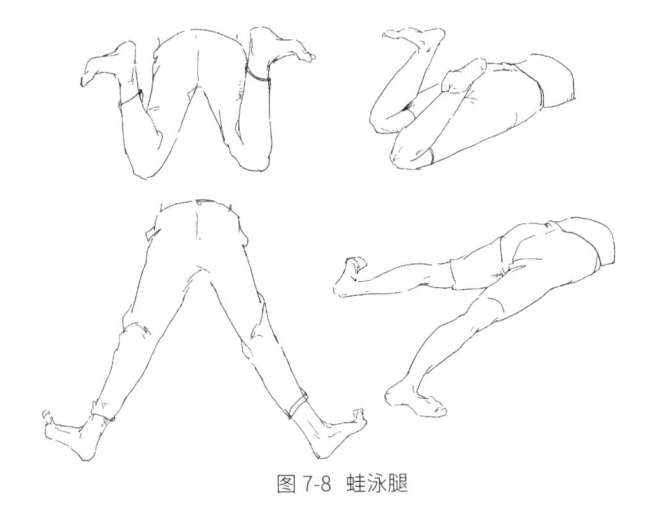

图 7-8 蛙泳腿

2. 俯卧撑、双臂屈伸、引体向上

由坐姿转向站立的时候，需要手臂、腰腹强有力的支持，才能把大腿收到板面，这个环节的力量可以用俯卧撑和双杠上做双臂屈伸来训练。以爆发力训练为主，比如拍手俯卧撑和快速的双臂屈伸，每组 15-20 次即可。

引体向上是水上运动的必备力量，在划桨和游泳的时候，背阔肌起到了主要肌群的作用；在拉被救者上板时，如果没有一定的拉伸力量，很难将板翻过来。

3. 平衡能力

陆上训练平衡能力：

一般采用半圆平衡球来训练，可以将半圆平衡球凸面朝上练习单脚或双脚跳跃；还可以凸面朝下，双脚或者单脚站立在平面上左右摇摆球体，但是保持上身平衡；还可以借助器械增加外力作用的情况下保持平衡，如站在半球上拉拉力绳、站在半球上前后左右挥舞哑铃。

水上平衡能力训练，站立在桨板上左右摇晃或前后摇晃（翘头）训练。左右摇晃训练可以两个人一组，一个人专门给另一个人制造不确定晃动的因素。

二、趴板直行

（一）技术介绍

1. 背景

桨板的各种技术里，存在着一些有趣的技术，趴板直行就是其中之一。趴板直行就像字面意思一样，是趴在板上，运用双臂交替做类似自由泳划手动作，进行前行的动作。

2. 特点

和其他桨板技术不同的是，该技术运用时，桨是放在板上，不用桨进行划行，而是运用双臂划水来前进；身体呈俯卧姿势趴在板上，头部向上扬起，目视前方。若是会游爬泳则掌握起来速度会很快（图7-9）。

图 7-9 趴板姿态

3. 使用场景

一般运用在桨板救援中，或是趣味比赛中。在桨板救援中的趴板技术，一般是在将溺水者带到板上后，返回岸边时采用该技术。趣味比赛或者上课中的趣味练习甚至游戏时，均可采用该技术作为内容。

4. 上肢

上肢做类似自由泳划手的动作，五指基本并拢，两臂交替从前向后划水，手掌完全没入水中，但因板的宽度限制，肩膀转动幅度较小甚至没有（图7-10）。

图 7-10 上肢划行

5. 身体躯干

身体呈俯卧姿势趴在板上，注意保持稳定，不要随着两臂动作而左右摇摆。

6. 运动轨迹

在趴板划水时，两臂交替地向后划水是前进的主要动力。分为入水、划水、出水和空中移臂 4 个部分。在动作周期中，划水会对桨板产生推进，而入水、出水和空中移臂是不产生推进力的，但每一个动作环节都是紧密相连、不可分割的。

（1）入水

手自然并拢伸直，掌心朝向外下方，肘关节略屈并高于手，斜插入水。如水点尽量向前，入水时要轻柔，尽量减小阻力（图 7-11）。

图 7-11 入水

（2）划水

划水是获得推进力的主要动作，手在水中沿着桨板一侧从前向后划水。应注意让手掌与水产生充分的对抗，尽量增大手臂对水的截面。在整个划水过程中不能有停顿，动作应该连贯并加速完成（图 7-12）。

图 7-12 划水

（3）出水

将手臂抬出水面，动作要轻柔，减少水花（图7-13）。

图7-13 出水

（4）空中移臂

空中移臂是出水的后续动作，没有停顿。保持离开水面的状态从后向前移动（图7-14）。

图7-14 空中移臂

（二）练习方法与步骤

练习主要围绕着手掌动作、动作路线以及动作节奏进行。

1. 陆上模仿练习

该练习在空旷的陆地上进行即可，两人组成一个小组，互相观察，在老师的指导下分别进行以下内容的练习。

（1）手掌动作练习

①教师随机喊口令，"五指并拢""五指放松""五指张开"，学生跟做；

②学生做五指并拢，保持掌心始终朝向身体后方，教师随机喊口令，"前""后"、"左""右""上""下"，学生跟做并保持掌心朝向和五指状态；

③两人搭档进行练习，一人喊口令，一人做动作（图7-15）。

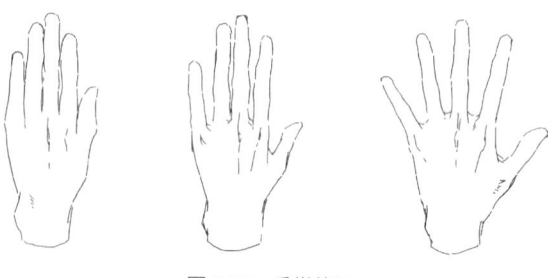

图7-15 手掌练习

（2）动作路线练习

①保持五指并拢；

②进行左侧动作练习，左手向前伸直，随后手掌以手腕为轴向下压，使手心朝后；

③保持手心朝后，手臂以肩膀为轴沿着身体左侧从前向后划，需要经过并使左手碰到左腿，直至手臂与地面平行；

④手臂从空中移到身体前方；

⑤按(2)-(4)反复练习20次后，换右手练习。

（3）动作节奏练习

①按照上一个练习，首先进行左手动作的节奏练习；

②在手从前向下划的过程中保持速度为"1"，在手从下向后划的过程中保持速度为"2"；

③练习20次后，换右手练习；

④随后进行两手节奏配合练习，左手在前时右手在后，左手划水时右手在空中移臂，练习50次；

⑤按照(2)再练50次。

2. 河道（湖中）练习

该练习首先采用单人的方式，按照俯卧姿势，在水中按照手掌朝后、入水出水避免水花、两手交替等要领进行练习，转弯方式与划桨时类似，只是由桨变为了手。

为模拟实际运用的需要，后续采用双人的方式进行练习，一人趴在后面模拟被救援者，一人在前面模拟施救者，进行趴板技术的训练。

（三）技术要点及难点

1. 技术要点

①保持身体稳定；

②减少因划水导致的浪花的出现；

③注意观察环境，掌握好呼吸节奏；

④手掌在水中的朝向；

⑤找到手掌划水的水感。

2. 技术难点

①双手相配合的节奏；

②手臂划水的节奏；

③入水时手掌的变化。

三、心肺复苏

溺水者被救上岸后，如已经昏迷、呼吸停止、心跳停止，则应立即进行现场急救。现场急救主要是指采用心肺复苏术。其操作的基本顺序为：畅通呼吸道 - 人工呼吸 - 胸外心脏按摩。

当人体失去意识时，下颌、颈部及舌部均消失控制力，易出现舌根陷入喉底部，或因呕吐物堵塞呼吸道的情况，使其无法呼吸。因此，对于无意识的溺水者，应立即进行畅通呼吸道的操作。如果呼吸道未畅通，那么无论怎样做人工呼吸均无济于事。一般采用呼吸道内异物排除法以及头部后屈（图7-16）和颌尖上抬法（图7-17）。如果怀疑溺水者颈椎有损伤时，则不可做头部后驱动作。

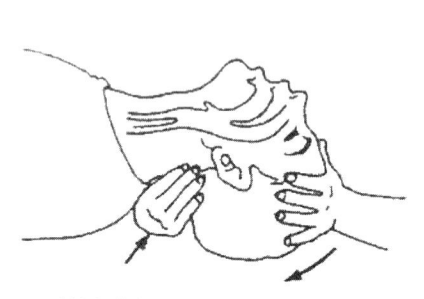

（图片摘自《游泳运动》人民体育出版社）

图7-16 头部后屈　　　　图7-17 颌尖上抬

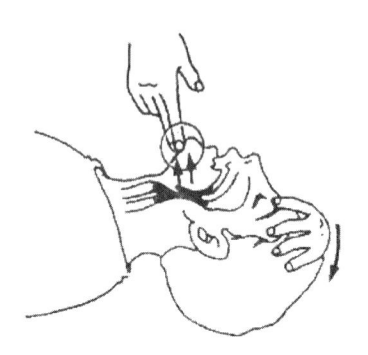

当溺水者处于无意识，但是有呼吸状态时，就没有必要对其做人工呼吸了，应立即送往医院。

当溺水者处于无意识、无呼吸、有心跳的情况，说明血液循环还在进行，应立即进行人工呼吸。做人工呼吸可以给予氧气的补充。做人工呼吸时，应当深而有力地、静静地连续吹两大口气。可以采用口对口，也可以采用口对鼻的方式吹气。

当溺水者是无意识、无呼吸、无心跳（或者心跳不规律）时，那么在做人工呼吸的同时，还需做胸外心脏按摩术。施救者需跪站于溺水者的胸旁，用一只手的掌根压迫溺水者两侧肋骨边结合点上方两指的部位（图7-18），另一手重叠其上，伸直肘关节，向脊柱方向垂直做压迫动作。按每分钟80～100次的速度，将胸骨往下按压3.5～5.0 cm（图7-19）。

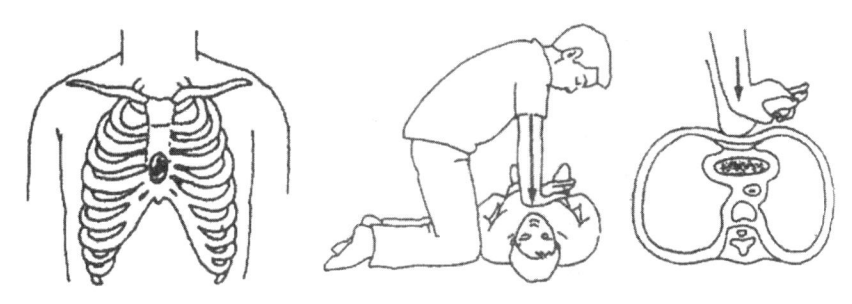

（图片摘自游泳运动 人民体育出版社）

图 7-18 压迫点　　　　　　　　　　图 7-19 胸外心脏按摩

通常运用心肺复苏术施救溺水者 1 min 后，必须检查其效果。之后再以几分钟一次的比例检查心肺复苏术的效果。在 1 min 内确认有 50 次以上脉搏时，心脏按摩可以中止。

通常即使测到脉搏，人工呼吸也应当继续进行，除非溺水者已能充分的呼吸。所谓充分的呼吸是指没有冷汗、皮肤没有青紫色，呼吸看上去轻松而深沉。当心脏按摩和人工呼吸中止后，溺水者的脉搏和呼吸再次停止时，应再次进行心肺复苏术。直至救护车到来，然后送往医院。

四、自我救护

（一）加强运动员的损伤自我急救教育

桨板运动需要，经常开展运动损伤教育和运动损伤预防教育。运动员和教练员均应该了解相应的运动损伤，包括在水上运动训练中出现的损伤和路上训练中出现的意外受伤，总结如何预防和自我救护。

（二）制定防护和自救的应急预案

在运动中受伤时制定应急预案是一项非常重要的措施。应急预案包括训练中可能发生的紧急情况以及个人的相关职责。如在路上训练时发生轻伤则自我检查并在边上进行简单的处理，而重伤时则呼救边上的医护人员固定包扎后送往医院治疗。如在水上训练时发生轻伤和皮肤刮伤自己在桨板上进行简单的处理，消毒包扎。若严重时呼救旁边的队友和岸上的医护人员进行固定或包扎后送医救治。应急预案还应定期地进行急救设备和器材的检查补充。应定期地进行应急演练，使每个人都了解遇到紧急情况时如何按照标准程序进行操作，避免惊慌失措，而且要告诉运动员尽早获得周边的医疗资源，才能增加重伤者的生存机会，保障运动员的生命安全。

（三）救生器材的急救运用

在桨板运动训练时应充分准备好自救的器材。为预防骨折，自我急救应准备几套固定用加板、弹力绷带；为预防出血，自我急救应准备几根普通绷带、几根止血带、医用棉球、一瓶酒精、一盒创可贴及一盒医用乳胶防护手套等一些外用急救用品。为预防颈部损伤，自我急救应准备颈部固定用颈圈，在发生意外受伤转运时可固定颈部防止头部转动，防止发生二次损伤。

（四）桨板运动员受伤后的急救方法

1. 水中肌肉痉挛的自救办法

桨板运动员在水中出现肌肉痉挛时，应立即放松身体漂浮在水中呼救，或者抓住桨板，不要挣扎。被救上岸后，马上对痉挛的肌肉进行静力拉伸和舒展，解除痉挛。训练时尽量补充含电解质的运动饮料，避免因缺钙和缺镁导致肌肉痉挛。常见的肌肉痉挛是小腿肌肉痉挛，可以躺下或者坐着自己抓住足尖向上用力精力拉伸缓解痉挛，之后进行局部保暖，避免因低温再次出现肌肉痉挛。

2. 骨折等受伤的自救方法

桨板运动员在训练时若发生意外的骨折、关节脱臼错位、肌肉和韧带断裂等严重损伤时，立即坐下来对骨折的部位进行简单的固定、包扎并及时由医护人员转运至医院救治，自己和教练员不得进行骨折复位和脱臼复位等工作。

3. 出血和止血的自救办法

桨板运动员在训练时若出现刮伤出血时，应坐下来立即进行止血。常用的止血办法是按压止血、包扎止血、使用止血带止血等。常见的小伤口出血用创口贴或者用干净的毛巾简单地包扎，然后按压住伤口，基本上均可止住出血。若伤口过大过深，在按压后出血止不住，则赶紧使用加压包扎的方法或者使用止血带进行止血，然后尽快送医救治进行清创缝合，在使用止血带时，注意不能长时间使用，使用止血带 $1 \sim 2\,h$ 时应松开 $5\,min$，确保肢体的血液循环畅通，这一点尤为重要。

4. 挫伤

桨板运动员在训练时发生单纯的肌肉挫伤，局部出现疼痛、肿胀、皮下淤血、压痛和功能障碍，可采用急性闭合性软组织处理原则，如在局部冰敷后外用伤药、加压包扎、抬高肢体。

5. 肌肉拉伤

桨板运动员在训练时发生肌肉拉伤，伤部疼痛、肿胀、压痛，出现肌肉紧张和痉挛，发硬，用针刺疗法治疗，$48\,h$ 后开始按摩，手法要轻缓。

（五）桨板运动员损伤急性期自救的处理原则

1. 保护

运动时一旦损伤发生，运动员应马上立即停止活动，保护好受伤部位离开运动场所，避免受伤部位二次受伤或加重伤势，有必要时立即求助他人帮你转移到安全地带。

2. 休息

运动员一旦受伤后局部肢体立即停止活动。对专业的桨板运动员来说，当受伤的部位不能运动时，要保证未受伤的肢体能得到锻炼，以免完全停止运动后出现快速的肌肉运动水平下降和萎缩。如果上肢受伤，在保证上肢得到保护和停止运动的情况下，要继续进行下肢锻炼，可以锻炼下肢的肌肉力量和平衡能力。即"上肢受伤练下肢，下肢受伤练上肢"，因为桨板运动员在下肢完全停止运动时，可能会出现股四头肌的快速萎缩，如果要恢复到原来水平，需要用约 3 倍的时间才能恢复。

3. 冰敷

通过冰敷可以让血管收缩来消肿减少疼痛。需注意切勿直接将冰块直接与皮肤表面接触，这样会损伤皮肤和导致冻伤，最好在皮肤和冰块间铺层毛巾，持续冰敷时间不能超过 20 min。冰敷是减少运动员疼痛最经济最有效的方法。也可以使用冷雾喷剂，它在时间非常短的比赛间歇中，常常用来处理桨板运动员肢体上的急性挫伤。

4. 加压包扎

加压包扎可与冰敷同时进行（冰敷的同时压迫受伤部位），但是难度更大。加压包扎主要是帮助控制并减少肿胀，通过施压增大组织压力进而减少内出血，另外加压包扎也可以减少组织液渗出的作用。最简单的方法是使用弹性绷带做加压包扎，将弹性绷带缠绕住受伤部位。加压包扎完成后，需检查伤处远端肢体的血液循环，如有发紫或麻木说明包扎过紧，需松开重新进行包扎。

5. 抬高患肢

借助重力作用，将受伤部位抬高，帮助积聚在受伤部位的组织液、发炎的体液回流，达到减小肿胀和疼痛的目的。运动损伤发生后，48 h 内都应将受伤部位尽可能长时间地抬高。

（六）桨板运动员损伤急性期自救应遵循原则

1. 热疗

在急性受伤期时不能使用热敷，不能使用会发热、有刺激性的药膏或者膏药等药物。这些药物会造成局部炎症及出血水肿更厉害，不利于早期愈合。

2. 酒精

急性损伤期，不能饮酒。在酒精的作用下反而增加肿胀，不易消退。

3. 训练

受伤后尽量使受伤部位得到充分休息，继续训练会加重受损组织。

4. 按摩

受伤早期一定不能进行局部按摩，按摩会再次诱发局部出血，加重肿胀疼痛的症状。

练习题

1. 桨板救援的原则是什么？
2. 趴板直行的要点有哪些？
3. 简述心肺复苏流程。

第八章 桨板竞技

一、竞速桨板技能

（一）桨频和划距划行技术的影响

提高桨频和拉长划距是提升桨板划行速度的两大重要因素。

1. 桨频、划距与速度的关系

桨频是指在单位时间内的划桨次数，它需要身体机能和训练水平来保障。

划距是指每一次划桨桨板能够前行的距离，它受运动员身体形态的影响，也能反映出一名运动员的技术水平和划行效果。

划距 = 距离 ÷ 总桨数 或 ⇒ 距离 = 划距 × 总桨数

桨频 = 总桨数 ÷ 时间 或 ⇒ 时间 = 总桨数 ÷ 桨频

速度 = 距离 ÷ 时间 =（划距 × 总桨数）÷（总桨数 ÷ 桨频）= 划距 × 桨频

①当划距固定时，桨频越快，划行速度越快，成绩也就越好。

②当桨频固定时，划距越大，划行速度越快，成绩也就越好。

2. 划桨与划距的关系

我们之前所说的"划距"是每一次划行中桨板所产生的前行距离，对应着这段"划距"，我们的划桨动作经历了一次"入水→拉桨→出水→回桨复位"的动作周期。

①拉桨环节是推进桨板前行、实现划距的"高效划行阶段"。

②入水和出水环节是划行的辅助环节，是实现划距的"低效划行阶段"。

③回桨复位环节是划行动作的连接环节，只是依靠惯性增加了"划距"。

如果我们能通过训练来改进划桨技术特点，提升"高效划行阶段"在每一桨划行中的比重，不仅能加长"划距"、改进划行质量，而且也有助于提升"桨频"。

每位运动员要根据自身的特点，钻研入水的位置、延长拉桨的距离、把握出水的时机、优化回桨复位的路径以获得最优的划桨效果。

3. 形成桨频与划距的最佳平衡

每个人的身体形态、肌肉类型、身体素质、器官的机能、技术动作、训练水平等方面都存在差异，因此可以实现的最高桨频阈值、高桨频的保持时间和理想划距都是不一样的。要想达到桨频与划距的最佳平衡，需要做到以下几点：

①运动员要深刻理解桨频和划距对提升运动水平和比赛成绩的重要性，进行科学训练。

②在教练员的指导下，加强针对性的训练和身体素质训练，提升专项竞技运动水平。

③需要经常参加一些高水平的桨板比赛，在与优秀选手的切磋、竞技中来检验这一"最佳平衡"的合理性，不断优化、进一步提高。

（二）比赛准备

为了更好地完成比赛，取得理想的比赛成绩，每一次比赛前都要进行充分的赛前准备。比赛准备又可以分为赛前准备和临场准备两个部分。

1. 赛前准备阶段

对于一场重要的比赛，赛前准备阶段可能需要数周甚至更长时间，它包括：

①研究竞赛规程和比赛规则，充分理解并善于利用规则。

②根据比赛项目进行针对性的训练，特别强化薄弱环节和技术细节的训练。

③合理安排运动量和训练负荷，避免运动损伤，调整竞技运动状态在比赛时达到最佳状态。

④制定合理的比赛战术，并进行模拟训练。

⑤保证充足、均衡的营养和饮食安全，注意休息，谨慎使用药物（特别是可能涉及兴奋剂的药物）。

⑥做好赛前心理训练和各项预案，避免紧张，保持合适的兴奋度。

⑦准备合适的比赛服装，如果比赛器材可以自带，需要提前校验所有比赛器材。

2. 临场准备阶段

临场准备是在比赛当天，单项比赛开始前提前进行的准备工作：

①在条件允许的情况下，进行充分的场地适应性训练，掌握比赛线路、水域、环境等基本情况，并确定比赛线路，设计最优的比赛方案。

②赛前务必检查比赛器材：尾鳍是否固定？如果是充气桨板，要确认一下充气压力是否达标？根据比赛距离和划行习惯调整划桨至合适的长度。

③检查救生衣、脚绳的正确穿戴，确保安全。
④充分做好热身运动，调动身体机能进入"备战"状态。
⑤适量补充蜂蜜水、葡萄糖或巧克力，补充能量。
⑥进行赛前冥想、自我激励等积极的心理建设。

（三）各个比赛阶段的技术特点和要求

整个比赛过程可以分为出发起航、途中划行、冲刺三个阶段。

1. 出发起航阶段

出发起航阶段实际上是由上板和起航划行两部分组成的。

（1）上板技术

桨板运动在国内还处在起步发展阶段，跟其他的成熟项目相比，桨板比赛的规则、场地标准等方面还不规范，这也造成了每次桨板比赛的出发规则是不一样的。根据比赛场地的条件和比赛规则的要求，上板技术可以分为以下几种：

①站立式上板技术：运动员在起点码头上安全上板后持桨站立在桨板上，出发前运动员保持正常的站立划行姿势，调整桨板位置并排在出发点之后，听到比赛发令后在不改变身体姿态的前提下即刻进入起航划行阶段。这种上板技术比较便捷，运动员不需要改变身体的姿态就可以直接进入划行阶段，是目前业余桨板比赛中常用的出发技术。这种上板技术虽然简单，但在开阔的户外水域中，很难对齐桨板的前后位置，增加了统一出发的难度。

②骑跨式上板技术：出发前运动员手握划桨、双腿骑跨坐在桨板上，当听到比赛发令后，运动员第一时间要先通过支撑站立到桨板上，调整好划行动作后进入起航划行阶段(图8-1)。虽然这一上板技术并不难，但要做到在最短的时间内完成上板并无缝连接后续的划行动作，还是需要经过反复练习，掌握动作要领的。

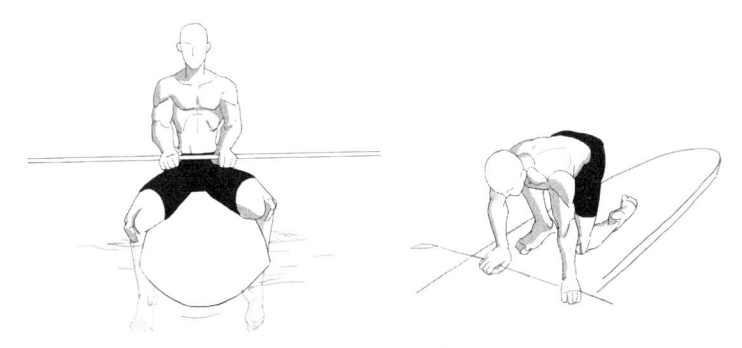

图8-1 骑跨式上板技术

③持板助跑上板技术：这是在海域或者水岸边有开阔且带坡度沙滩的水域中常用的上板技术。出发前运动员一手持板、一手持桨位于起点处，听到比赛发令后，

携板跑到水域处，将桨板放置在水中后通过趴板、跳板等方式完成上板后再进入到比赛划行阶段。

完成以上上板技术还需要注意以下几点：

①一般持板的方式都是单手托住桨板，把桨板夹在体侧，运动员要根据桨板的形状和自身的情况找到最舒适的夹板方法。

②观察风向，避免出发奔跑时桨板的板面处于顶风状态，这样会严重影响速度。

③这种水域大多都是流动水域，风浪也比较大，出发上板的方向要侧对波浪的方向。

（2）起航划行

在完成上板技术后要无缝对接到起航划行技术。起航划行阶段是指桨板从静止状态下克服水对板体的阻力，推动桨板前行的过程。这是桨板竞速比赛中非常重要的环节，领先的划行位置不仅能避开其他选手的划行干扰和前面桨板的尾流影响，而且能形成心理优势，坚定必胜的信念。特别是短距离的桨板比赛，良好的起航划行能达到事半功倍的效果。

这一技术的要点为：

①起航划行时将通过10桨左右的"快桨频、小桨幅"划行，逐步拉长桨幅、降低桨频并过渡到途中划行阶段。

②保持强侧手单边划行，避免左右换手划桨。

③以争取领先的划行位置为首要目的，可暂且忽略划行方向，等到进入途中划行时再修正划行方向。

（3）出发起航阶段的桨频和划距的特点

当选手从静止状态开始启动，先以"小划距"来提升桨频，通过10桨左右的快速划行达到最高桨频。在起航划行的过程中划距也是一个逐步加大的过程，一般20桨划行后可以达到桨频和划距相对平衡的状态，之后将进入途中划行阶段。

在日常的学习和训练中，由于缺少激烈的竞赛氛围，大多数人都只重视提升桨板的划行速度、练习桨板技巧，而忽视了出发技术。参加过桨板比赛的选手可能都有体会：在很多桨板比赛中，是不分赛道的，出发时多名选手拥挤在一起，互相干扰，即使你有再出众的划行能力，你也无法施展，甚至还会被其他的选手干扰造成落水。由此可见，细节可以决定一切，起航出发阶段划行技术的重要性是不言而喻的。如果运动员掌握了优秀的起航划行技术，他就有能力去争取更优的赛道和位置，在众多比赛选手中脱颖而出，并能尽量避免受到其他选手的干扰，确保在比赛中发挥出正常的竞技水平。

2. 途中划行阶段

在经过 15～20 桨的起航划行阶段，就将过渡到途中划行阶段。这个阶段在整个赛程中所占的比重最大，划行距离最长，是运动员充分展示自身竞技能力、争取最佳排位的重要阶段。

（1）途中划行阶段应注意的几个问题

①适当放慢呼吸节奏，增加呼吸深度，稳定心情、放松身体。

②注视终点位置，善于观察风向和水流方向，选择最优的划行路线。

③严格执行赛前制定的战术纪律，不要盲目被其他选手打乱比赛节奏。

④在桨板的途中划行过程中，尽量保持"稳定的桨频 + 充分的划距"的匀速划行状态。

⑤根据比赛距离，合理地分配体力，并根据当时的身体和环境状况来调整比赛战术。

⑥短距离比赛尽量减少换边划行的次数。

（2）快速换手技术

①技术介绍

在我们的日常划行中经常会运用换手划行来修正划行方向和缓解单侧划行的疲劳感，在非比赛的状况下换手的动作和时间也没有特别限制，很多人都是以自己所掌握的方式来完成的。但在桨板比赛中，特别是中长距离的途中划过程中，运动员换手的频率会非常高，换手划行的熟练度都会影响到划行动作连贯性和划行速度，换手技术的质量会直接影响比赛成绩。换边划行不仅是划桨从身体一侧转换到另一侧，同时还要完成双手握桨位置的上下转换，在换手后能以最快的速度找到正确的握桨位置和完成握桨动作（图 8-2）。

图 8-2 快速换手技术

②技术讲解与示范（以从右侧划桨换到左侧为例）：

(a) 掌握快速换手技术首先要把握正确的换手时机，最佳的换手时机是在一次划桨结束、完成回桨动作后进行，一定记住要先换手再把划桨移动到另外一侧，不能在完成换手前反手将划桨换到另外一侧。

(b) 当完成回桨动作后，划桨正好顺势在体前，先松开桨柄上端的左手，桨柄下方的右手一边延桨柄上滑到划桨"T"字把手处，一边把划桨换到另一侧。

(c) 在划桨换边过程中，之前松开的左手迅速找到桨柄下端握桨处握住桨，同时上端的右手迅速握住"T"字把手，双手调整成正确的划桨动作，同时划桨桨叶顺势在体前另一侧入水，连贯开始下一次划桨。

③练习重点和方法

(a) 可以先缩短划桨长度，通过陆上模拟练习找准换手的时机，练习双手换动的动作，等熟练后再到桨板上练习。

(b) 可以先通过较慢的换手速度来巩固技术动作，逐步加快换手速度，并通过多次左右侧换手划行来熟练运用该项技术。

3. 途中划行阶段的桨频和划距的特点

通过起航划行后，桨板已经具备了良好的前行惯性，可以适当降低桨频，努力保持足够大的划距。稳定的匀速划行（包括桨频匀速、划距稳定）是最理想的途中划状态，特别是中长距离的比赛，做到桨频与划距的完美平衡并能长时间保持是取得好成绩的基本保障。但受到身体条件和水域环境的影响，以及竞争对手的干扰，要做到绝对匀速划行是非常困难的，这必须要经过长期针对性的训练才能达成。

4. 冲刺阶段

比赛中的冲刺阶段是在整个赛程的最后一段距离内的最后发力阶段。运动员将竭尽全力通过高桨频的快速划行并能将这一划行状态保持到终点的过程。虽然冲刺阶段已接近终点了，但毕竟在越过终点线之前比赛还没有结束，任何情况都可能发生。

经过激烈对抗进入到冲刺阶段时，运动员大都比较疲劳，这对运动员的身体素质和心理素质都是一个严峻的考验，但要创造好的成绩，就必须顽强拼搏，坚持到底，不遗余力划完全程。

（1）冲刺阶段应注意的几个问题

①根据自己的身体状况和排名选择合适的冲刺距离，太短了无法有效提升成绩，太长了可能无法冲刺到底。

②观察其他运动员的位置，提前选择好冲刺路线，尽量避免冲刺时干扰别人或被别人干扰。

③做好拼搏到底的思想准备，需要靠意志力的支撑来完成冲刺。

④适当降低身体重心，既有助于保持身体平衡，又有助于提升桨频。

⑤尽量通过单侧划行来完成冲刺，减少换边。

(2) 冲刺阶段的桨频和划距的特点

这是比赛的尾声阶段，往往也是决定比赛名次的关键阶段，运动员在身体机能接近极限的情况下要靠意志力来完成最后的冲刺。这个阶段的划行应具备以下特点：

①快速提升桨频接近最高桨频，但不能为了过分追求桨频而发生肌肉僵硬、动作变形、乱桨甚至失去重心的问题，这反而会得不偿失，影响划行速度和比赛成绩。

②控制好划距：一般是途中划行最大划距的80%~90%，划距过大可能会影响桨频。

（四）竞速绕标技术

1. 外转绕标

(1) 技术介绍

外转绕标是以绕轴转向技术为基础的，缩小绕标半径，增加转向的角度来完成绕标，这是桨板比赛中最常用、最有效的绕标技术。

(2) 技术讲解与示范（图8-3）

①当桨头到达浮标位置时，迅速完成走板到板尾，并按照第六章中绕轴转向技术的要领第1、2点外扫桨转向完成绕标。

图 8-3 外转绕标

②绕标时身体略微向浮标处倾斜，并尽可能靠近浮标，扫桨时桨叶尽量向板头位置前伸，这样便于快速绕标并获得最小的绕标半径，提升绕标速度。

③完成绕标后，借助向前划桨入水时产生的反作用力，双脚顺势向前走板恢复到正常的划桨位置，尽量做到整个动作连贯、一气呵成。

(3) 练习重点和方法

①练习时要在水中放置一个浮标，进行实战模拟练习。

②技术可以参照绕轴转向技术的练习方法进行练习。

③掌握技术要领后通过反复练习找到最佳的走板绕标的时机，缩小绕标半径（做到绕标而不触标）。

2. 内转绕标

（1）技术介绍

内转绕标是一种划桨方向正好与外转绕标方向相反的绕标方式，它的扫桨幅度更小、转向效果更好，但对平衡力的要求也更高，一般在白水划行中运用的较多。

（2）技术讲解与示范（图8-4）

①当板头到达浮标位置时，迅速完成走板到板尾成前后脚站立姿势完成翘板，同时把划桨垂直插入水中，以划桨做支点，通过划桨在水中从后往前划行产生的反作用力，借助核心力量转动身体，并通过双脚传导到桨板上，带动桨板转向绕标。

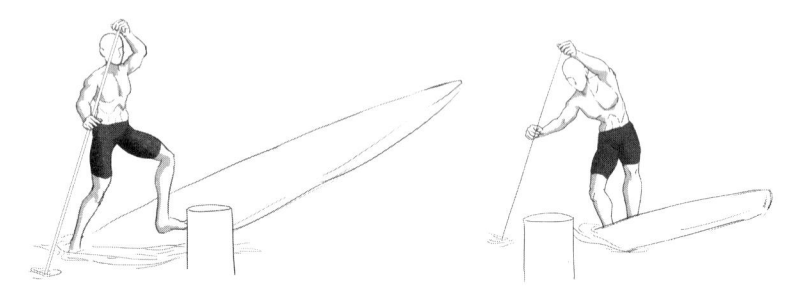

图8-4 内转绕标

②在内扫桨时，上臂要抬高过头顶，这样便于发力。

（3）练习重点和方法

可参照外转绕标的练习方式。

（五）建立和培养技术风格

①桨板技术是由很多技术环节组合而成的一个运动技术系统。

②技术风格是指某运动员或运动队的技术系统，区别于其他运动员或运动队的技术系统，具有较为成熟和定型化了的、经常表现出来的特征。技术系统是技术风格的内核，技术风格是技术系统特征的集中表现。

③运动员是技术风格的载体，任何技术风格都是通过运动员表现出来的。每名运动员都应该有区别其他人的个性行为特征，竞技技术风格是每位运动员的灵魂。

④每位运动员应建立和培养符合自身特点和竞技能力的竞技技术风格，但技术风格的独特性是经过长期的运动训练和竞技比赛培养出来的，并在比赛中表现为成熟和定型的特质，只有动力定型的东西才有可能展现出技术风格的本

质。

⑤形成了技术风格的运动员，能认识到自己在比赛中的优势和劣势，清楚不同阶段的比赛任务，制定科学的比赛节奏和比赛战术，领先时不放松，落后时不气馁，始终保持稳定、自信的比赛状态，确保在比赛中的正常发挥，甚至是超水平发挥。

二、桨板技巧技能

（一）跳板

1. 技术介绍

在正式的竞速桨板比赛中，一般不会用到跳板技术，但在一些桨板技巧比赛中，跳板出发技术是很多选手比较喜欢使用的，甚至是竞赛规程中要求选手必须完成的一项技术。这不仅能提高出发的技术难度，而且潇洒的上板动作更能体现桨板运动的独特魅力和观赏性。

2. 技术讲解与示范（图8-5）

①调整桨板的方向与跳跃上板的方向在一条直线上（桨板基本与跳板位置的岸边垂直）。

图8-5 跳板

②为了保证安全和跳板后的身体稳定性，选手跳跃上板后都是保持双脚前后站立的姿势。跳板时可加一、二步助跑，也可以不加助跑直接跳板，无论用哪种方式都要想清楚双脚的落位位置和握桨的方向，即哪个脚在后，划桨就放在哪边，这样便于在身体失去平衡时转动躯干进行辅助支撑。

③跳板时双脚一般都采用交叉步落板：第一步落在板的后部，另一只脚迅速向前迈出第二步落在桨板中部做好支撑，上体随跳板的惯性略微前倾。也可以采用双脚同时落板的方式。无论哪种落板方式，双脚都要尽量落在桨板中轴线上。

④完成跳板后迅速调整身体重心，连接好划桨动作。

3. 练习重点和方法

①先在陆上完成握桨＋脚步动作的练习（双手的握距不要太大），等熟练后再到水面上进行练习。

②进行正式跳板练习时首先要观察水域及岸线的安全，保证没有危险物品（尖锐突出的物品、渔网鱼钩等）。

③练习时充满信心，做到胆大心细，大步向前跳跃落板，使桨板远离岸边。

④跳板时尽量保持身体前倾，如果身体失去平衡，尽量避免后仰落水。

（二）后低支撑

1. 技术介绍

在桨板的划行过程中，特别是在一些激烈的比赛或者恶劣的水域条件、气候条件下，人在桨板上失去平衡的现象是经常发生的，支撑技术能够帮助我们迅速调整站位和整体姿态，利用划桨与水面之间的浮力来保持身体的平衡，避免落水。后低支撑也是白水桨板保持平衡的一种常用技术。

2. 技术讲解与示范（图 8-6）

①支撑是必须通过灵活转动双手腕关节把划桨反过来支撑水面（划桨时的前面朝下，后面朝上），所以就叫后低支撑。

图 8-6 后低支撑

②当在正常划行时，如果身体将要失去平衡，双脚不要移动，屈膝下蹲，同时立即将身体转向正在划行的另一侧，双手保持之前的划桨动作，借助转体的力量把划桨转到身后。

③把划桨水平伸向身体后下方，用反桨桨叶去拍击水面达到支撑效果。

④完成支撑，身体恢复平衡后要迅速转体复位，回到正常的换行姿势。

3. 练习重点和方法

①可以先用铝合金划桨，在陆地上先模仿转体、下蹲、反桨、支撑的整个动作，保持桨叶水平支撑在地面上。

②蹲在桨板上，降低身体重心，用反桨的动作去拍击水面，感受划桨与水面支撑时的感觉，尽量用桨叶的最大面积去拍水。

③练习时要尽量降低重心，完成支撑起身时一定要借用核心力量，不能只靠腿部力量硬挺，否则容易造成膝关节损伤。

④双手握桨不要太"死"，双手手腕一定要灵活，注意划桨的正反面。

⑤这个动作有一定的难度，练习不能心急，必须循序渐进。不能只练一边，左右两边都要练习并熟练掌握，特别要加强弱侧的练习。

（三）翘板定板

1. 技术介绍

踩在桨板尾部，把板翘起来定住不动，就叫定板，定板是考验桨板选手的平衡力和核心稳定性，定板越稳、定的时间越长越好。练好定板，能提升对桨板的操控性，特别有助于提高绕标技术。

2. 技术讲解与示范（图8-7）

①练习定板前首先要选一块合适的桨板，建议最好使用竞速板，板的长短可以因人而异，桨板越轻、越硬，越有利于完成，练习要循序渐进。

图 8-7　翘板定板

②翘板时两腿之间的站距不能过小，后腿膝关节弯曲，前腿伸直以前脚掌踩在桨板上帮助支撑，身体后仰，逐步调整重心到后脚上，让桨板头部翘起。随着桨板翘起的幅度提高，前腿开始由直膝向弓步调整，控制好翘板的节奏，翘板到极限高度时，后腿绷直、前腿成弓步，双手握桨置于前腿膝关节处，通过桨叶的支撑来调节平衡。整个翘板动作靠双腿的调整、身体重心的移动来完成。结束翘板时是在双脚不移动位置的情况下，通过前移身体重心把桨板压平的。

3. 练习重点和方法

练习翘板和定板的前提是提升在桨板上的平衡力，辅助练习有：

①双腿并拢划桨，这个动作对提升平衡力非常有效，而且难度也不是很高，经过反复练习就能很快掌握，这能让你更好地驾驭一块比较窄的桨板。

②走板练习，记住每一步都要踩到桨板的中线。在走板练习时双手握桨的握

距不要太宽，与肩同宽即可，这样便于支撑发力。练习走板时步伐不要太大，刚开始走的慢一点，3~4步接近板头后可以尝试转身，再小步走回到板尾，来回练习。练习的时候一定要拴好脚绳，以免落水后人板分离，为了避免脚绳对走板的影响，建议把脚绳栓在腰上。

③从缩小双腿间的站距逐步过渡到双腿并腿划行再到单腿站立划行也是一种平衡力非常有效的练习方法，适应了这种提高平衡难度的训练后，再恢复到正常站姿，就能让你能更加得心应手地驾驭桨板。

三、桨板竞速比赛的战术

比赛战术是决定比赛胜负的一个重要因素，实施比赛战术的目的就是能最大程度地发挥自身优势去赢得比赛胜利。对高水平的桨板运动员来说，战术往往起着决定性作用，战术安排得当往往能使比赛取胜，甚至可以战胜实力比自己强的对手；缺乏战术训练和战术安排不当，往往会败给实力比自己弱的对手。

桨板竞速比赛同大多数竞速运动类似，需要在不断积累经验、教训的基础上，设计一种适合自身特点的比赛战术。体力分配的合理性是实施桨板战术的关键，比赛战术的实施取决于运动员自身的生理适应性变化能力。所有的比赛战术设计完后必须要安排专项和辅助的训练方法，在日常训练中反复磨炼。战术方案的设计和实施，不仅是技术能力、身体素质和训练水平的比拼，也是心理素质的角斗。

（一）短距离竞速比赛战术

一般比赛距离在1000 m内的都可参照短距离竞速比赛战术。共有领先战术、均速战术、分段变速战术和终点冲刺战术4种。无论采用哪一种战术都要根据平时训练的实际能力(包括技术能力、身体体能、意志品质、心理因素等)，科学地运用最合理的体力分配。

1. 领先战术

领先战术，要求运动员掌握十分出色的出发技能和具有出发后立即发挥高速度的能力，在转入途中划时，开始快速冲刺，始终保持划在前面，把对手甩开，领先划到终点。这种战术体能消耗很大，所以领先时所使用的力量要考虑自己的能力，不要拼命划，保持一定速度的主动权，领先到底。在平时训练中就要经常在缺氧的条件下进行专门训练，以避免在大赛时出现过早衰竭的危险性(图8-8)。

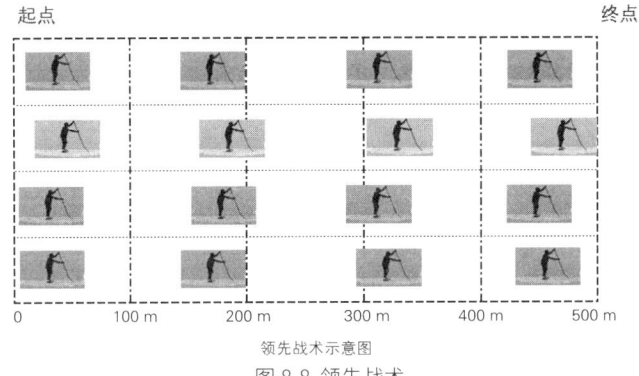

图 8-8 领先战术

2. 均速战术

要求在比赛全过程(从出发到最后冲刺)都"以我为主",不受其他选手的影响,始终保持匀速、高效的划行速度,显然这种战术是最有效的,然而只有高水平的桨板选手才能采用这种战术(图 8-9)。

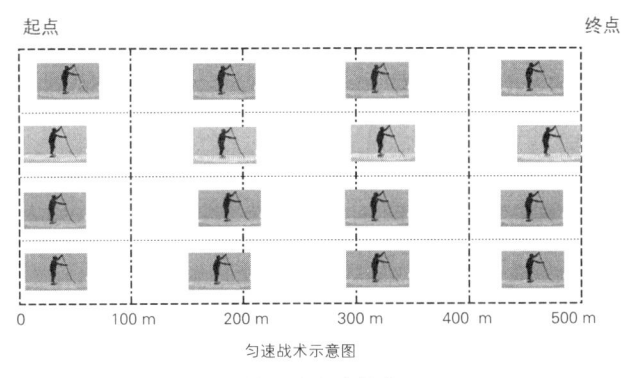

图 8-9 匀速战术

3. 分段变速战术

在分段赛程中通过控制自己划行速度的快慢变化,来打乱对手的速度节奏,最大程度地消耗对手的体力。实现这一战术的基础是要做到知己知彼(图 8-10)。

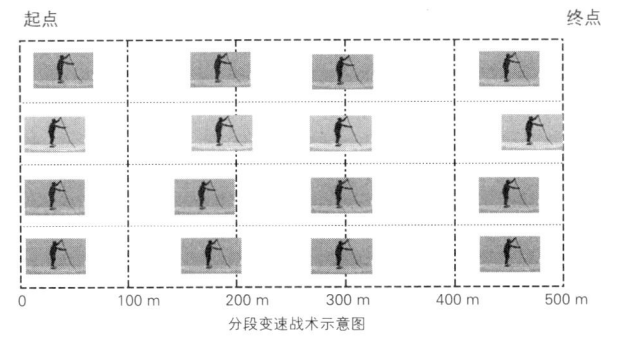

图 8-10 分段变速战术

4. 终点冲刺战术

充分利用自己的体能训练水平，避免过早把机体能力耗尽，按既定的战术，牢牢咬住领先的对手，逐渐赶上，最后充分发挥高速度冲刺能力，夺取胜利（图 8-11）。

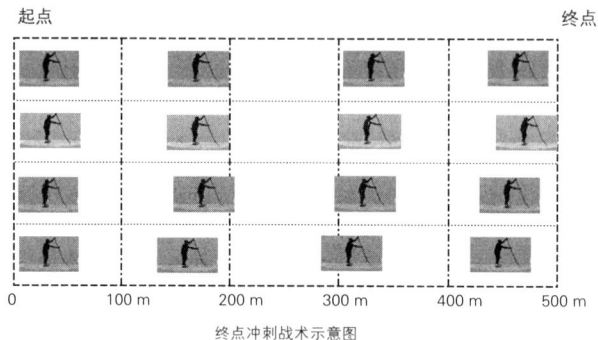

终点冲刺战术示意图
图 8-11 重点冲刺战术

（二）长距离竞速比赛战术

通常的桨板长距离比赛都有几公里的赛程，一些极限类的项目可达数十公里，堪称"水上马拉松"。在长距离的竞速比赛中，短距离比赛的战术都适用，但由于赛程明显加长，长距离的比赛又不分赛道，跟划战术要尽量避免前行选手的尾流干扰。在宽阔水域进行比赛时，战术使用就要更加重视水域、气候等客观条件对战术方案的影响，做好战术预案。

练习题

1. 如何提高桨板竞速中，直线划行的速度？
2. 简述两种桨板技巧的要领。
3. 试述你在长距离比赛中运用的战术和原因。

第九章　桨板教学组织与方法

一、桨板专项教学的原则

（一）从实际出发原则

桨板运动是在公开水域中进行的，它对水域的条件要求比较高，除了水域开阔外，还要考虑水质和水域周边的安全性。在练习桨板的过程中，落水是在所难免的，而且每个人的身体状况和对水的接受程度不尽相同。从实际出发的原则是指参与桨板运动应从个人的实际情况和外界环境条件的实际出发，确定锻炼目的、选择适宜的水域、合理地安排运动时间和运动负荷。这是保证桨板运动安全及提高运动水平必须遵循的原则。

（二）主动参与原则

在桨板运动的教学过程中，教师只是言传身教，通过多种传授形式让学生了解、学习、掌握桨板运动的特点、技术要领和练习方法，但学习和训练的主体还是学生，学生应该主动地参与到学习和训练过程中来，克服困难、坚持不懈、积极地进行身体素质、运动技能和心理素质的自我改造和完善，开动脑筋、用心体会，并根据自身的特点进行创造性地学习。主动参与原则是提升学习和训练效率的基础。

（三）循序渐进原则

循序渐进原则要按照一定的顺序、步骤逐渐深入或提高。一方面，桨板运动的练习和所有学习类似，都是由浅入深、由易到难的过程，如果违反这个规律，不仅会让练习效果事倍功半，而且在练习过程中容易发生伤害事故；另一方面，人的生理机能有自身的阶段性特征，在桨板运动学习过程中，必需依据人体的基本规律以及生理机能变化发展的阶段性特征，合理地安排锻炼行为和运动负荷，通过科学合理的安排，逐步打破人体原有的内在平衡，逐步实现由量变到质变的过程。

（四）持之以恒原则

我们开始学习桨板的理由各不相同，但任何人对桨板运动的认知、学习、掌握都需要一个漫长的过程，不是一朝一夕就能实现的，在这个过程中也难免遇到各种意想不到的困难。人体有着"用进废退"的自然法则约束，已有的锻炼效果如果不进行强化巩固就会慢慢消退。我们不能把桨板学习当作一时的兴趣或者盲目追求时尚的游戏。无论从锻炼行为、锻炼意识还是健身效果的保持来看，都必须坚持不懈，要想熟练掌握和不断提升桨板技能就更加需要排除万难、持之以恒。

（五）与水共生原则

桨板运动离开了水也就失去了它的生命力，当我们在时而平静、时而波澜的水面上碧波荡漾时，感受着桨与水的碰撞，驾驭着桨板完成各种技能，体会着无与伦比的划行乐趣，这是一种人、板、水三者合一的完美境界。这也让我们每一位桨板爱好者更加注重环保意识，关注水资源的保护，达成人与水的和谐共存、人与自然的完美融合。

二、桨板教学的计划、组织和评估

桨板教学的计划、组织和评估是整个教学过程中相互连结的几个重要环节，缺一不可。必须全面地、有侧重点地安排好这几个环节的工作，一切从实际出发，让主观的认知逐步符合教学的客观实际，从而不断提升教学质量，达到理想的教学效果。

（一）制定桨板教学计划

1. 编制教学大纲

教学大纲是教学工作的法定性文件。教师应该根据学校的教育计划和学生的具体情况，结合场地、器材的基本条件，在正式上课前编制好教学大纲，在教学过程中教师应该坚决贯彻落实教学大纲所规定的教学内容和要求，同时也可以在教学过程中不断地总结和提高。教学大纲的编制应该包含以下内容：

①前言：说明编制大纲的依据。

②教学任务和要求：包括课程思政、理论、技术和身体素质等方面。

③教学内容与课时：统筹安排好理论部分、实践部分和考核部分的课时数分配，以及教学方式。

④内容细要：明确各部分内容的教学要点和要求。

⑤考核：制定考核的要求、内容、方式、评分标准和实施方案。
⑥措施：为保证教学大纲顺利完成的具体措施。

2. 制定教学进度

桨板课程的教学进度是依据桨板教学大纲来深化制定的，教学进度要把教学大纲中规定的教学内容根据一定的要求，落实到每堂教学课程中去（包括理论课、实践课、教学比赛、技评达标、理论考试、机动等），教学进度是教师编写教案的基本依据，教学进度安排的是否合理，决定着教学效果的好坏。

教学进度表的内容：注明课程名称、学年度、第几学期、周次、课次、教学内容等。

3. 编写课程教案

任课教师应该在编写完每节课的教案的前提进行教学，教案是依据教学进度来编写的，是每节课具体的执行计划。编写教案应以教学进度规定的每节课的教学内容为基础，在充分了解学生的具体情况和教学场地、器材等条件的情况下制定具体的教学内容、练习分量和组织教法。

教案是组织教学的必要条件，制定教案应有明确的目的，并要结合当时、当地的具体情况。桨板教案的内容包括：教学任务、开始部分、准备部分、基本部分和结束部分的练习内容、分量、时间、组织教法和课后小结等。

（二）桨板教学的组织

1. 课程组织形式和结构

①桨板教学的组织形式是根据教学的具体任务、内容、学生的特点和场地器材的条件来决定的。一般包含理论和实践两大部分。理论部分可以通过理论课、线上教学、自学辅导、座谈交流等形式来完成，实践部分可以通过技术课、教学实习、教学比赛、课外练习等形式来完成。

②桨板教学的课程结构是在遵循体育教学的客观规律的前提下，在一节课中合理安排教学和练习的顺序，它的基本结构包括4个部分：开始部分、准备部分、基本部分和结束部分。

(a) 开始部分：完成上课组织，让学生明确当节课的任务和要求。开始部分的时间都比较短，完成后就应马上进入到下一部分。

(b) 准备部分：通过集中注意力的练习让学生的注意力集中到本堂课的教学中来；通过准备活动让学生的身体各系统器官迅速进入工作状态，为基本部分的学习做好准备，尽量避免因准备不充分而造成的运动损伤。

(c) 基本部分：一堂课的教学任务都是在基本部分完成的，是每堂课最重要的部分。教师通过多种教学形式和练习手段让学生了解和掌握桨板运动的基本知识和水上运动安全知识、学习和巩固桨板技术、提升身体素质。基本部分的教学内容应由简入深，由小运动量的练习逐步过渡到大运动量的练习。技术练习安排在前，身体素质训练安排在后。

(d) 结束部分：组织学生进行运动肌群拉伸和身体放松的练习，并进行课程总结、布置课后作业，整理场地和器材。

课程的 4 个组成部分是相互联系、承上启下的统一教学过程，每一部分有着自己明确的任务，但又有着紧密的关联。随着教学目的、教学内容和学生特点的不断变化，课程结构也应灵活地变化，以便教师能够生动、有效地达成教学目的，并完成教学任务。

2. 课程密度和运动量

①课程密度是指课程各项活动合理运用的时间与课程总时间的比例，以及各项活动时间之间的比例关系。桨板运动是一项户外水上运动，安全防护和器材准备比绝大多数陆上体育项目要复杂，再加上学生在开放水域中进行练习时经常会发生一些不可控的状况，如何在有限的教学时间内提高学生的练习时间、保证课程密度是每一位桨板教师应该重视的问题。课程密度是否合理，与教师的课前准备、教学的组织教法，以及学生的自觉性、积极性等都有着密切联系，为了保证合理的课程密度，应该从以下几点入手：

(a) 教师要认真备课，做好课前准备，周密安排教学内容。

(b) 运用好分组练习、配对练习的形式，在保证安全的前提下合理提高课程密度。

(c) 避免频繁地调动队伍、切换水上练习和陆上练习的形式。

(d) 充分调动学生的自觉性和积极性。

②课程运动量是指一堂课中学生所承受的生理负担量，在每节课的桨板教学中，只有学生的身体获得必要的、适宜的运动量，才能完成增强体质和提高运动技术水平的任务。合理地安排课程运动量应该注意以下几点：

(a) 因阶段而异：不同的教学阶段，课程运动量的安排应有所不同。

(b) 因人而异：要根据学生年龄、性别、身体素质来差异化安排运动量。

(c) 因技术掌握程度而异：同一个班级的学生在技术掌握上也会存在明显差异，对那些技术掌握好的学生可以适当增加练习难度，提高练习要求。

(d) 桨板技术的练习往往无法满足每节课的运动量，可以通过增加专项身体素质训练来进行补充。

一名优秀的教师应该善于观察学生练习后的生理反应，并及时调整课程密度和运动量，在保证教学质量的前提下保护好学生的身体健康，切勿盲目追求课程密度和运动量。

3. 教师在教学组织中的作用

教师是课程的设计者和教学的主导者，教师对课程的准备是否充分、教学方法是否合理、教学现场应变能力的高低等都将直接影响到每堂课程的组织效果的好坏。为了做好教学组织工作，教师应该做到以下几点：

①认真备课。无论是年轻教师还是资深教师，都要明确每节课的教学任务和要求，深入钻研教学内容和教学方法。

②以大多数学生的实际状况为依据，照顾"面"、关注"点"。

③善于鼓励学生，特别是那些不会游泳和怕水的学生，通过循序渐进的方式消除他们对水的畏惧。

④及时总结、分析每节课的教学状况和教学效果，不断提高教学质量。

（三）桨板教学的总结和评估

桨板教学的总结和评估是桨板教学工作的一个重要环节。桨板教学状况的评估是对桨板教学的全过程中来进行，这不仅包括对学生学习情况的评估，也包括对教师教学质量的评估。通过各方面的材料的比较和分析，能清楚地了解学生在知识、技术、技能、身体素质、心理素质等方面的变化情况，能比较全面、客观地反映教学工作的实际效果，也能让教师经常审视自己的教学工作，及时总结经验、发现问题、调整教学计划、改进工作质量。检查和评定工作应包含以下几个方面：

1. 安全评估

桨板运动是风险系数较大的户外水上运动，做好安全评估能帮助教师在今后的教学中减少安全隐患和安全事故，让学生能更加安心地投入到桨板学习中去，也让学校和家长都能更加支持桨板教学。

2. 运动损伤评估

运动损伤会严重影响桨板教学工作的正常开展。发生运动损伤的原因主要是准备活动不充分、运动量安排不合理、运动姿势不正确、身体素质差、过度紧张等。教师在教学过程能准确记录相关情况并进行认真分析，不仅能有的放矢地预防运动损伤，而且对改进教学方法、提升教学质量有着重要意义。

3. 运动成绩及身体素质的评估

这是检查桨板运动教学效果最有力的依据，对研究、分析和改进桨板教学中存在的问题，提升教学质量有着重要意义。

4. 考核标准的评估

可以对照教学目标来检验学生的学习效果，不断优化考核内容和标准，让考核能更加公平、客观地反映学生的学习效果。

桨板教学的总结和评估可以分每节课、每一阶段、每一学期等多种形式来进行，总结和评估时要充分发扬民主、广泛听取各方面的意见，以便我们能更深入地发现问题，总结经验和教训，改进教学质量。

三、桨板教学的基本方法

（一）完整教学与分解教学相结合

①完整教学法就是学生从桨板技术动作的开始姿势到结束姿势，不分环节完整地进行练习，从而掌握技术的方法。完整教学法可以帮助学生建立一个桨板技术动作的完整概念，便于学生了解动作的连贯性和动作节奏，模仿教练员的动作学习技术动作。完整教学法的缺点就是学生无法体会动作的难点和要点，不能掌握技术动作的重点环节。

完整教学法的注意点：

(a) 事先明确提示动作的难点和要点，避免学生只模仿了动作的形态，而忽略了动作要领。

(b) 在还没有形成动力定型的前提下，让学生着重体会技术动作要领，避免因过度发力或追求动作速度而致使动作变形。

(c) 及时掌握学生的练习反馈和对技术要领的理解，加强学生之间的学习交流。

(d) 教师可以把动作要领提炼为简洁的口令，帮助学生关注难点和要点。

②分解教学法就是把一个完整的桨板技术动作按照其基本环节或动作要领，分解成若干个独立的部分，针对每个部分的难点和重点进行强化练习，帮助学生在学习之初就能掌握正确的动作要领和动作规范，减少后续纠错的难度。分解教学法是桨板学习的重要手段，它能让学生准确地体会并掌握技术动作的方向、路线、顺序和每个环节的动作要领，从而简化教学过程，提升教学质量。在通常情况下，分解教学法多用于陆上动作练习，学生通过动作分解练习后再过渡到完整的动作练习。

分解教学法的注意点：

(a) 必须通过反复练习，让学生掌握每个环节的动作要领。

(b) 教师要善于观察学生的学习状况，对学生的错误动作必须及时予以纠正。

(c) 可以借助辅助性器材帮助学生体会、掌握正确的动作要领。

(d) 分解法只是技术动作学习的一种有效手段，不可滥用，最终还是要通过完整教学法让学生掌握连贯的技术动作和动作节奏的。

完整教学法和分解教学法在桨板学习过程中是相辅相成的，可以先通过分解教学法让学生掌握正确的动作要领，再过渡到完整的动作练习中去，当发现学生的动作出现错误时，可以通过分解法来进行纠正，只有通过反复的练习，才能让学生熟练地掌握正确的技术动作。

（二）集体教学与个体教学相结合

①在正常的桨板教学中，教师大都会采用一对多的集体教学形式，教师可以在较短的时间内一次性把教学内容传输给学生，并让大多数学生得以接受，是一种高效的教学手段。集体教学也是学生出现共性问题时教师进行讲解指导常用的方式。

集体教学法的注意点：

(a) 注意教学的队形和站位，要让所有学生都能听清教师的讲解内容，看清教师的动作示范，必要时教师可进行多角度的动作示范。

(b) 集体教学的讲解要简明、扼要，要能突出技术动作的难点和要点。

(c) 在学习过程中如发现学生发生的共性问题，可以让部分学生来配合进行示范，并对其完成的动作进行点评。

②个体教学法是当教师发现学生在学习过程中出现个性问题时，在不影响大多数学生正常练习的状态下进行单独辅导和指正的一种常用教学形式，这是对集体教学有效的补充，在照顾面的前提下，也可以有的放矢地解决点上的问题。

个体教学法的注意点：

(a) 必须在保证集体教学正常进行的前提下，选择合适的时机和形式进行个体教学，不能因个体失集体。

(b) 不要集中对个别学生进行多次个别教学，既要考虑个体学生的承受能力，也要照顾集体的感受。

(c) 教师要善于发掘学生的个体问题并要具备有效解决问题的能力，否则不要盲目使用个体教学法。

（三）陆上练习与水上练习相结合

桨板是一项户外水上运动，大多数学生对水都有畏惧，更担心落水。所以在每项技术的学习初期结合陆上练习，能让学生把注意力从关注水上平衡专注到技术要领的学习上，在掌握基本的动作要领后再转到水上练习，这不仅能大大降低教学风险，还往往能取得意想不到的效果。另外，桨板运动也时常会受到气温、气候、水域条件等多种客观条件的制约而无法在市外水域中进行正常教学，根据教学内容，适时安排陆上练习，也有利于教师合理规划、统筹安排每个阶段的教学任务。教师在选择陆上练习的内容时应根据学生的特点和陆上器材的条件，尽可能选择与桨板技术特点近似或有针对性的练习，切勿贪图省事而随便选择一些陆上练习来应付教学任务。

（四）身体素质练习与专项技术练习相结合

学校体育教学都是以身体练习为主要手段达到增强体质、增进健康和提高体育素养为主要目标的。桨板是一项时尚、有趣的新兴水上运动，对于大多数平日没有机会接触水上运动的学生来说或多或少都会带有"尝鲜""猎奇"的学习心态，教师应该端正学生参与桨板学习的目的和态度，在学习桨板专项技能的前提下，也要积极、主动加强身体素质的练习，敢于吃苦、勇于挑战，优秀的身体素质也是学习和提升桨板技能的必要保障。

（五）运动训练与安全教育相结合

桨板运动是一项风险系数较高的水上运动，教师传授给学生们的不仅是运动技能和强身健体的方法，还要强化学生们水上安全意识，培养学生掌握自我救护和相互施救的基本技能。

练习题

1. 简述桨板教学原则，并举例说明。
2. 以跪姿桨板直线停止为例，试述桨板教学过程。

第十章 桨板训练理论与方法

一、桨板专项身体训练的原则

（一）积极参与原则

提升运动员在训练中的主观能动性是每位教练员的重要任务。教练员通过多种手段和方式让运动员了解训练的目的、任务和要求，调动并保持运动员在训练中的积极性和主动性，将有助于提高运动员的训练质量和训练效果。

（二）专项训练与身体素质训练相结合原则

在训练中要结合运动员的自身特点和桨板运动的特性，针对性地安排专项技术训练和专项身体素质训练。特别要重视力量训练，力量训练是基础和保证，力量素质是发展桨板专项速度、掌握与完善专项技术的基础，要贯穿训练全过程。以速度训练为核心，速度是体能水平最直接的反映，是桨板比赛的灵魂。体能训练的类型和手段多种多样，桨板运动员体能训练目的必须为速度服务，以专项速度为核心进行安排和设计，提高桨板运动所需的专项速度。

（三）合理负荷原则

运动训练是一个循序渐进的过程，教练员和运动员都不能操之过急，在训练中要遵循体育运动训练的规律，合理地安排训练内容和运动量，做好运动监测，减少运动损伤。

（四）全面发展原则

参与运动时人体是一部结构精密、协调运作的完整体系，我们应在加强身体全面发展的基础上强化专项训练，全面发展是专项训练的基础，更是专项发展的必要保证。

(五)实战训练原则

虽然我们很多人学习桨板更多的是对这项运动的喜爱,重在参与,而非为了参加桨板比赛来争金夺银。但桨板运动也要尊重所有体育运动的学习规律,我们可以通过阶段性地参加一些桨板比赛,与一些高手切磋桨板技能,从而检验日常的训练效果、发现薄弱环节、提高实战能力、磨炼心理素质,达到"以赛代练"的目的。

二、桨板专项身体训练的理论依据

(一)桨板专项身体素质训练的分类

桨板运动并不是很多人误解的"靠双手划桨的运动",它其实是一项集力量、速度、耐力、平衡力和柔韧等多种运动素质为一体,通过整个身体运动肌群的协调分工、共同完成的一项运动,所以我们必须要加强综合性身体训练来提升自己的桨板运动水平,体验更好的划行乐趣。

桨板的身体训练应关注爆发力、灵敏和速度训练,并且强调躯干部的力量和稳定性,因为躯干部是控制运动中身体重心和快速改变方向以及做出各种技术动作的发力点。

在训练前进行静力拉伸会降低肌肉在运动中的收缩能力,其中一个可能的原因就是:静力拉伸使神经系统受到了抑制,使其适宜进行慢速工作;另外当一侧肢体牵拉后,对侧未牵拉肢体的力量同时下降,也说明神经系统对肌肉运动表现的主导作用,这一点也是进行爆发力、灵敏素质和速度训练的核心理念。

从力量、速度、耐力、平衡力、协调性等多种运动素质对桨板运动的影响来看,没有力量素质作为保障,其他素质也就失去了存在的意义。竞技桨板运动具有克服各种外界阻力的竞速划行特征,运动员的综合力量素质是桨板划行的首要元素。只有发挥和保持与力量相适应的速度和耐力,才能保证在桨板划行过程中获得理想的推进速度。

力量训练主要包括两种:一种是慢速大力量练习,主要用于发展绝对力量;另一种是快速较小力量练习,主要用于提高力量速度和力量耐力。慢速、快速力量练习在身体训练中均不可缺,速度训练的基础是绝对力量,没有发展绝对力量,永远难以达到高速度;而在具备了一定的绝对力量以后,如果没有很好地发展快速力量,则身体力量不能很好地符合实际运动要求。快速练习能够加强高速运动单元与神经冲动间的联系,神经适应于发放高速冲动,而高速运动单元快速反应,从而提高力量输出的速度。由于快速练习在以往的训练实践中往往安排得不够,所以快速运动单元对训练的适应性非常强，往往短期内训练效果就十分明显。在实践中安排身体训练计划时，要注意根据运动员的个体特点，将慢速练习和快速练习有机地结合进行。

按照桨板运动力量素质的特点，我们又可以将力量训练的内容分为：极限力量训练、速度力量训练、力量耐力训练三个方面。极限力量训练就是提升与桨板划行相关的各肌群的最大的力量能力，这是所有训练的基石。速度力量训练就是指划行过程中在爆发式用力的基础上发展速度的能力，关键是"速度"训练。而力量耐力训练则是在长时间发力的过程中保持力量的耐久能力，关键是"耐力"训练。

（二）桨板运动中身体会动用的肌肉

由图 10-1 可见，桨板运动是涉及到全身各个部位肌群的综合运动，教练员既要在日常的桨板训练中结合每次训练的重点、要点，保持充足的身体训练内容，还要安排运动员自觉完成课后身体素质训练任务，并通过阶段性身体素质测试检查训练效果。

图 10-1 桨板运动中运用的肌肉

（三）桨板专项身体训练的准则

①在进行专项力量训练前，应该率先发展一般的力量、速度、耐力、平衡力和柔韧等身体素质的训练。

②在专项力量训练过程中，应遵循先岸上再水上，先上肢后腰背、下肢的顺序。

③在选择力量训练的动作时，应尽可能选择与划桨技术相似的训练手段，要优先选择能够发展划桨技术动作工作肌群的手段。

三、桨板专项身体素质训练的基本方法

（一）极限力量训练

1. 陆上极限力量训练

（1）训练内容

极限力量训练，是在运动器械的辅助下通过负重和静力等方式，对全身主要活动关节部位的骨骼肌（是平时人体动作的功能组织）进行锻炼。极限力量训练的特点决定了我们绝大部分训练都是通过陆上训练来完成的，主要体现在以下部位。

①上肢肩臂部分，包括三角肌、肱二头肌、肱三头肌以及前臂肌肉群等部位，这些肌肉需要以"平举"、"推伸"和"收拉"的动作分别形成发力收缩的形式。

②胸背部分，主要包括由胸大肌、胸小肌以及下斜方肌、脊下肌、大圆肌和背阔肌等组成，胸部肌肉以"推伸"发力为主；背部肌肉以"收拉"发力为主。

③腰腹处，是围绕躯干的部位，是核心力量的重要部位，主要分别由腹直肌、腹横肌、腹斜肌以及腰大肌、腰小肌和竖脊肌等组成，这些肌肉的收缩，靠身体和下肢的屈卷举腿和仰身反拱的发力形式来实现。

④臀腿部位的肌肉群，重要肌群有：臀大肌、臀中肌以及股四头肌、大腿后侧肌群和小腿肌肉，这些肌肉主要由下肢的蹬伸发力来收缩。

（2）训练方法

极限力量训练动作难度比较大，属于无氧运动，对于我们力量的考验比较大，主要能够起到增加肌肉的作用。同时我们在极限力量训练之前，需要有一定基础才能够完成动作，一般动作强度大并且消耗的能量多，时常需要我们借助器械完成，同时又是我们进行增肌训练必不可少的。极限力量训练大多都是指通过多次数、多组数，有节奏的负重练习，并达到改善肌肉群力量的方式。

①器械训练：器械训练就是健身中心里最常见的重训机械，最好在使用时咨询现场教练，器械使用前可能需要微调。

②自由重量训练：自由重量训练是指没有机械的辅助，靠哑铃、杠铃、壶铃或者其他能够负重的器械，如大轮胎，长柄锤等就可以独立完成的训练。建议有人在旁辅助，重量的选择注意循序渐进。

③自身徒手重量训练：顾名思义，不用器械，利用自己身体的重量来训练，比如深蹲、仰卧起坐等。优点是简单、省钱。缺点是缺乏渐进的阻力，但对于新手足够了，可有效减脂和锻炼心肺。

④桨板模拟器训练：随着桨板运动的发展，桨板运动的专项训练器械也相继出现，陆上桨板模拟训练器可以在陆上、室内等非水域条件下进行桨板专项力量模拟训练，模拟器可以根据教练的要求来调整划行阻力、增加极限力量的训练难度。

（3）训练负荷及要求

强度为最大重量的 90%～100%；速度采用爆发式用力；次数 2～3 次；组数为 3～4 组；间隔时间为 3 min。

2. 水上极限力量训练

多以增加划行阻力的方式为主。

①在桨板上拖挂悬浮物，进行增阻全力划。

②双臂负重划行，可以逐步增加负重重量。

③逆水或顶风全力划行。

3. 极限力量训练的注意事项

①要对全身肌肉进行抗阻力训练，一般不宜将所有的动作都安排一次去完成，力量训练既要遵循对肌肉必须重复循环刺激、不断递进的原则；又要考虑由于超量补偿，要让撕裂的肌纤维得到恢复休息的需要周期时间。

②做力量训练之前要进行热身或伸展运动，像跑步 10 分钟或踩几分钟脚踏车，能帮助肌肉、关节活动起来，减小受伤的概率。

③力量训练要配合呼吸，一般力量训练的原则是放松吸气，用力吐气。

④力量训练完可以用伸展运动来减轻该部分肌肉的疼痛，以及避免抽筋的发生。伸展运动的方向与力量训练时使用的肌肉收缩方式相反。

⑤进行多关节复合动作的练习，最常见的复合动作包括推、拉、深蹲、硬拉、弓步，由此可以演变数十种不同的动作。专注在复合动作的训练，进步更加长久。

（二）速度力量训练

速度力量是运动员在一定条件下划桨时最快的速度；实施速度力量训练，可以控制运动员承受的重量和承受时间，每次都可以增加训练运动次数，合理控制负荷和时间，可以有效训练运动员的速度力量。

发展速度力量，重要的是把速度和力量很好地结合起来，才能转化为速度力量。长时间地采用恒定负荷，就会使动作速度固定，影响速度力量的发展，在日常训练中，要科学地调整动作力量和动作速度，负荷强度的安排应该是周期性、波浪式变化的，训练过程中还应该注意身体局部速度力量能力与全身速度力量能力相结合。

爆发力是在无氧状态下生成的极限强度动作，也就是指肌肉在"缺氧"状态下的高速剧烈运动，所以要练出强大的爆发力，必须提升速度和力量的能力来进行训练。

爆发力训练理念和方法。超等长训练 (Plyometric Training) 是训练爆发力的有效方法。爆发力素质对于许多运动项目的运动员都是十分重要的，爆发力 (功率) 用公式表示为功率 = 力量 × 距离 / 时间，也就是说，需要神经指挥肌肉进行更快和更大幅度的收缩。

超等长训练的原理就是使肌肉在收缩前先进行拉长，利用人体关节、肌肉和肌腱中存在的本体感受器，使肌肉反射性发生更强和更快的收缩，这种情况形象地如同橡皮筋的先拉长后收缩。神经系统发出指令支配肌肉收缩的过程称为耦联阶段，优秀运动员耦联阶段的时间一般在 0.35 s 到 0.5 s 左右，通过超等长训练可以进一步缩短这一耦联时间。

超等长动作过程的两个阶段包括：(1) 先拉长→肌肉离心收缩；(2) 再缩短→肌肉向心收缩。通过离心收缩阶段，肌肉可以积蓄更大的收缩势能，并且通过肌肉的自身调节，使向心收缩做功能力提高，缩短从能量缓冲到能量释放的过渡过程，从而增强爆发力，根据这一理论基础，目前国外较多地运用超等长训练作为提高速度力量及爆发力的训练方法。

在实际训练中，要结合专项特点，设计如各种跳跃和跳伸练习，达到发展爆发力及快速力量的目的。

桨板比赛要求运动员快速起航，途中全力划桨，并在最后阶段全力冲刺。桨板划行速度又分起动速度、途中动作完成速度和冲刺划速度，每一桨动作均以快速且有力形式为主。划行过程中航道上风浪影响和对手干扰要求运动员能够准确并快速完成每一次划桨技术动作。桨板运动员要以改善划桨技术、提高划桨效率、增加肌肉力量、提高速度耐力和力量耐力、快速出发、匀速划行等各种专项训练手段提高专项速度素质。

1. 提升快速动作的陆上训练方法

①双摇跳绳训练：慢速跳绳是有氧运动，但飞快地双摇跳绳是无氧运动，它需要小腿的力量和肩臂的敏捷快速合拍，很好地协调好，快速挥动绳子，使自己尽量多跳，有利于快速的反应；同时也提高了因耐受快节奏而所产生的乳酸的适应能力。

②快速击打沙袋训练：以三分钟一组，利用沙包做快速挥拳击打练习，锻炼高度的神经控制以及肢体的敏捷反应速度。

2. 提升速度力量的陆上训练方法

①杠铃平躺卧推训练：以杠铃负重，仰卧平躺作卧推力量举，为了获得力量受益的最大化，杠铃重量可以大些，抗阻负重的动作次数宜调整在 2～5 个。

②杠铃挺举训练：以举重运动中的挺举动作（需要腿和肩臂协同发力举起完成），来训练刹那间的爆发力，对于推伸发力的动作锻炼较好，抗阻负重次数宜调整在 2～3 个。

③杠铃深蹲训练：臀腿肌肉是可以体现全身爆发力的重要力量组成，以杠铃深蹲抗负重锻炼就可以对股四头肌、臀大肌等下肢部位进行力量强化锻炼，抗阻负重次数宜调整在 5～8 个。

④引体向上训练：引体向上是上肢收拉力量的重要手段，提拉式的爆发力，经常会被用到在上肢的肌肉力量里（背部肌肉、肱二头肌等），徒手引体一次若能连续拉到 10 个动作时，建议可以身挂重物增加抗阻力来训练，训练绝对力量的效果会更好。

3. 速度力量的水上训练方法

①高桨频起航划行训练：从静止状态，通过高桨频划行启动出发，先坚持 30 m 划行，随着训练水平的提高，可逐步提高到 50 m 持续高桨频划行。每次可进行 5～7 组练习，间歇时间为 300～400 m 放松划。

②短距离冲刺训练：在正常划行 300～500 m 后连接 50 m、100 m 的短距离高桨频快速冲刺划行，反复锻炼可提高神经系统的反应和肌肉的快速收缩能力。

③追逐划行训练：以 500 m 划行训练距离为例，2 位运动为一组，两人前后间隔 10～15 m，先都以正常速度划行并基本保持间距，当前一位运动员距终点还有 100 m 时，要求后一位运动员去追赶前一位运动员，前一位运动员也要尽力划行避免被追上，一组训练后双方交换位置。

④负重划行训练：增加划桨的重量（桨柄里注水、换成铁桨），或在划桨上或者在上臂上绑上负重（重量应根据运动员的性别、年龄和力量水平区别对待），进行 50 m、100 m 高桨频划行练习，3 次为一组，每次间隔 4～5 min 放松划，连续进行 3～4 组，组间可休息 5～6 min。

4. 速度力量训练的注意事项

①速度力量训练的强度较大，训练前必须进行充分的热身运动把身体的各项机能调动起来，可以尽量避免发生运动损伤。

②必须因人而异科学安排速度力量训练，并根据训练能力循序渐进地加大训练强度。

③每次速度力量的训练要安排多次多组练习，次别之间和组别之间都要留有合理的放松时间。

④速度力量训练后要进行充分的放松练习。

（三）力量耐力训练

力量耐力是指肌肉长时间克服阻力的能力。力量耐力对于参与长时间需要肌肉用力的运动项目有较大的帮助。

运动员的力量耐力兼有力量与耐力的双重特点，既要求肌肉具有较大的力量，又要求肌肉能够长时间持续工作。可见，力量耐力的决定因素也表现出双重的特点。持续时间较短的划行，如 100 m、200 m 划行，对运动员力量有较高的要求；而随着持续工作时间的加长，如 1000 m、3000 m 划行，就要求运动员具备较强地长时间发挥一定力量的能力。

对力量耐力的评定多采用多次重复完成比赛模仿动作的方法，根据运动员重复的次数进行评定。这种方法要求测试动作的运动形式和神经肌肉工作方式的特点都与比赛动作接近，如自行车运动员在功率自行车附加阻力的脚踏上蹬踏；划船运动员在专门的力量练习器上划桨等。可用力量耐力指数来评定运动员的力量耐力。力量耐力指数 = 练习阻力 × 重复次数。

另外，针对局部肌肉的力量耐力进行评价时，应该选择该部位肌肉的最大重复次数或一定时间内完成的次数。如 1 min 仰卧起坐、最大次数仰卧起坐等。耐力则是运动员抗疲劳能力，在高强度运动下，能持续多久的时间。利用耐力力量训练，可以训练运动员的速度力量；利用有氧耐力训练和无氧耐力训练等方法，使运动员的肺活量和意志力得到提高。这样可以使运动员更好地抵抗疲劳，保障长时间比赛。

桨板比赛对专项耐力提出较高要求，耐力水平直接影响技术发挥。发展耐力主要是发展呼吸系统和心血管系统，耐力训练能使心血管系统氧利用能力得到改善，肌肉的氧供应增加。耐力一般分为有氧耐力和无氧耐力。桨板运动以有氧耐力为基础、无氧耐力为主导，运动员比赛中耐力表现为全身肌力稳定性及神经系统抗疲劳能力，耐力训练必须将桨板供能特点和运动方式与划桨技术、比赛特征紧密结合。

1. 陆上力量耐力训练

①持续训练法：一般采用 25% ～ 60% 的负荷强度，多次重复，直至达到极限。具体次数因负荷强度不同而异。重复组数视运动员而定，一般组数不宜太多。应避免用组数去弥补练习的重复次数不足。

②间歇训练法：组间间歇时间可以从 30 s 到 90 s 或者更多，练习时间较短（如 20 ～ 60 s），并且完成几组练习之后，需要达到疲劳积累的目的，那就应该在工作能力尚未完全恢复时，进行下一组练习。

③循环训练法：将人体不同肌群分别参与工作的 6 ～ 10 个练习按一定顺序排列，运动员连续地依次完成各种规定的练习。短时间间歇后，再做下一组，根据专项比赛持续时间的长短，以及一组练习负荷的大小，可分别选做 3 ～ 10 组，从而使不同肌群的力量耐力得到发展。一次课做 3 ～ 5 组，组与组之间可以慢跑

作为间歇。

④负重抗阻力练习法：这种练习可作用于机体任何一个部位的肌肉群。这种练习主要依靠负荷重量和练习的重复次数刺激机体发展力量素质。

2. 水上力量耐力训练

①中长距离耐力划行训练：规定距离（1000～3000 m）或规定时间（10～20 min）的持续划行训练，在划行过程中也可以穿插变速划行来提高耐力。

②负重耐力训练：在增加划桨的重量（桨柄里注水、换成铁桨），或在划桨上或者上臂上绑上负重（重量应根据运动员的性别、年龄和力量水平区别对待）的情况下进行中长距离的划行训练。

③把中长距离的训练分成起航、途中划行、冲刺等不同赛段，并对不同赛段提出具体的训练要求，特别要严格执行途中划后期和冲刺阶段的训练要求。

3. 力量耐力训练的注意事项

①要最大限度地发展耐力水平，就必须在练习中体现大负荷练习的原则。然而，由于青少年之间在训练程度、机能水平等方面都存在着不同的个体差异。因此，练习的强度、练习的持续时间、间歇的时间与方式以及重复练习的次数应根据实际情况具有差异性。

②力量耐力训练一般安排在训练课的最后部分进行，训练中要让运动员掌握正确的呼吸方式（口鼻吸口呼的呼吸方式，在吸气和呼气时要做到慢、细、长，加深呼吸的深度），训练后应进行充分的放松练习以减缓疲劳、加速恢复。

③耐力训练不仅是身体方面的训练，也是意志品质的培养过程。因此，在耐力训练中除采用多种多样的训练手段外，还应注意培养运动员刻苦耐劳、坚韧不拔的意志品质。

（四）桨板的平衡力训练

平衡能力是身体稳定与动作发展的基本要素，是在运动或受到外力作用时自动调整并维持身体正常姿态的能力。人的任何运动可以说几乎都是在维持身体平衡的状态下进行的，尤其是大肌肉的活动，更需要有较好的平衡能力才能胜任。发展平衡能力有利于提高运动器官的功能和前庭器官的机能，改善中枢神经系统对肌肉组织与内脏器官的调节功能，保证身体活动的顺利进行，提高适应复杂环境的能力和自我保护的能力，发展平衡能力一般可以通过静态的平衡活动和动态的平衡活动来进行。动态平衡能力是指在运动状态下，对人体重心和姿势的调整和控制能力。静态平衡能力是指维持人体重心相对静止的能力。

人的身体会使用身体、视觉、前庭三个反馈系统来保持平衡，身体无时无刻都在接受外部反馈，而在这些反馈中视觉是最为重要的感觉。所以移除了视觉的平衡训练并没有太大价值，因为移除视觉对任何训练来说都是将训练难度急剧增加的一种方法。

身体反馈 – 肌肉和关节会向你的大脑发送有关他们在空间中的位置反馈；

视觉反馈 – 视觉使机体能感知客观物体的形状、颜色和运动，同时在维持身体平衡中也起重要作用；

前庭反馈 – 前庭系统是内耳中主管头部平衡运动的一组装置。主要由椭圆囊、球囊和三个半规管组成。由于解剖学上的朝向，椭圆囊斑对重力加速度特别敏感，像头部或身体倾斜时所感受到的那样。

经常进行平衡类练习，能改善平衡器官功能，发展力量、弹跳、协调、柔韧等身体素质，提高动作的准确性并培养运动员沉着、勇敢、果断的意志品质。平衡练习是缩小支撑面，提高身体重心控制能力的动作练习，分为静态平衡练习和动态平衡练习。

平衡力训练的具体方法参照第四章第二部分。

四、桨板竞技中的心理训练

根据桨板运动的特点，一名优秀的桨板运动员应该具备的专项心理素质包括：清晰的运动表象能力；精确的速度感、时间感和方位感；良好的协调性、平衡性和节奏感；在复杂情况下的抗压能力和心理调节能力等。

桨板运动员心理训练分为常规心理训练和个性化心理训练两种。两者既有区别又有密切联系。常规心理训练又称长期心理训练，是针对所有运动员均应具备的心理素质所采取的训练。运动员良好心理素质的培养是一个漫长的过程，教练员要认清心理训练的重要性，有计划地将心理训练融入到日常的身体、技术、战术训练过程中，培养运动员的参赛动机、感知能力、反应能力、挫折耐受力、情绪调节能力、意志力、战术配合能力和集体责任感等，此外还包括个性心理倾向的矫正和培养。个性化心理训练又称短期心理训练。主要任务是根据每位运动员的心理特点，培养运动员具备桨板运动所必需的特殊心理品质，或是使运动员针对具体的桨板比赛形成最佳的心理准备状态。

心理训练的方法很多，如感知觉训练、注意力训练、意志训练、念动训练、生物反馈训练、自我暗示和放松训练、模拟训练等。

1. 桨板运动员心理训练

（1）纯化比赛目的，确定适宜的比赛目标

在每次桨板比赛前，根据运动员自身的能力和对手的竞技水平给参赛运动员制定一个符合实际且又具备挑战性的比赛目标，将能够最大限度地调动运动员的参赛动机，充分发挥运动员的比赛潜能。

（2）形成最佳的比赛心理状态

常规的心理训练让运动员具备了良好的心理素质，赛前再根据每位运动员的特点进行个性化的赛前心理训练，特别是进行集中比赛注意力、身心放松以克服比赛焦虑、保持适度紧张和比赛欲望等方面的训练，让运动员在比赛中保持最佳的竞技状态。

（3）树立坚定的比赛自信心

自信表现出的优秀品质，就是在比赛中保持平和的心态和高涨的情绪，勇于拼搏、敢于争先，能创造性、果断性地处理好比赛过程发生的突发问题。

（4）适应比赛环境

桨板运动是一项受外界环境因素很大的运动项目，赛前让运动员提前进行适应场地的训练，让运动员适应水域、水质、气候、比赛器材等比赛环境，就能提高运动员在比赛中的心理稳定性。

（5）赛前心理放松和动员

自我暗示是用一定的自我暗示语使自身肌肉放松的一种方法。运动员不仅在大运动量训练后需要放松以消除疲劳，在比赛前出现过度兴奋时，也需要放松以镇定情绪，让运动员在赛前处于最佳的准备状态。放松部分主要是运动员利用自我暗示语的方式，学会充分放松脸、颈、臂、腿和躯干的肌肉，降低其紧张度，从而减少身体向大脑传递冲动，使大脑得以休息。肌肉的放松通常与深呼吸密切配合，运动员的注意也依次指向放松的各部分肌肉。动员部分主要是运动员在身心放松的状态下默念一些自我暗示语，有意识地对自己的生理功能（如呼吸、心跳）和心理活动（如情绪、信心）的强度施加影响；或者回忆自己获得优异成绩的比赛情景，以达到自我动员的目的。

（6）调解呼吸频率和深度

调解呼吸频率和深度也是自我放松和改善运动员情绪波动的有效方法，它能促进神精系统迅速恢复平衡，保持呼吸平静而有节奏，起到稳定运动员身体练习情绪状态的作用。

练习题

1. 简述桨板专项身体训练的原则。
2. 试述素质水上力量训练的方法。
3. 设计一个月的专项平衡能力训练方法。

第十一章 桨板竞赛组织与裁判法

一、桨板竞赛组织

桨板赛事的顺利举办，分为三个阶段：申办筹备、赛事承办、赛后颁奖总结，即赛前、赛中、赛后阶段。赛前阶段：即赛事前期的申办筹备工作。首先，要明确举办桨板比赛的目的和意义；其次，撰写申报文件，向政府职能部门申报举办赛事，以获得政府的审批文件；然后，成立竞赛委员会或赛事筹备工作组，确定竞赛方案，制定竞赛规程，倒推工作时间表，制作比赛秩序册、组织运动员报名等。赛中阶段：比赛场地布置、开幕式、有序比赛、闭幕式和颁奖等。赛后阶段：制作成绩册、赛后总结、发布新闻稿、留档保存预备评估。每个阶段均需要精心组织，各个部门相互配合，按照制定计划有序推进，科学合理保障赛事圆满完成。

申办赛事，首先要明确举办桨板赛事的目的与意义。随着人们对户外运动的向往，桨板运动的低门槛和简便、亲民、上手快的特点迅速迎合了时代发展的需求，已成为刷爆户外运动社交平台的"网红"运动，满足人们对体育+旅游的需求。其组织灵活、易学易玩，集运动、激情、时尚于一体，老少皆宜，是一项门槛低、易推广，深受群众欢迎的水上时尚潮流运动。五颜六色的桨板意喻着激情奋进、阳光港湾、碧海蓝天和积极向上的城市青春活力。近几年我国水上桨板运动的飞速发展，对水上运动的整体提升具有里程碑式的重要意义：拓宽了全民健身锻炼的硬件环境，向水域资源要场地；倒逼水资源环境的改善，提升水资源的环境卫生条件；桨板运动为水上救援体系提供了一项全新的救援方案。

申报赛事，其次要根据国家《体育赛事活动管理办法》(2020年1月17日颁发)的文件要求，制定赛事的目标与计划、确定赛事的组织机构、竞赛场地和设施、竞赛规程、安全保障、后勤保障等，确保整个赛事工作能够顺利举办。近几年，全国各地陆续举办了多场"首秀"水上活动。如武汉(2021)首届中国桨板俱乐部联赛总决赛，温州(2021)首届桨板救生大赛，青田(2022)全国首届桨板瑜伽赛，粤港澳大湾区(2022)首届户外水上休闲运动节，杭州(2022)首届美人鱼潜水大赛等。众多新兴首秀的连续同期举办，有力证明了我国水上运动赛事的增涨速度。

（一）申报桨板赛事具备的基本条件

依照《中华人民共和国体育法》(2016)、《体育赛事活动管理办法》(2022年体育总局颁布)，申办国际级、国家级、省市级、地方群众性、商业性等桨板赛事，应当具备如表11.1所示的办赛条件。

表11.1 申办桨板赛事应具备的条件

序号	申办内容	办赛条件
1	办赛	目的、意义、过往经验
2	主体	政府：县级以上 企业：年审合格、体育企业 协会：年审合格
3	水域使用	水域使用权（办赛期间）、水域符合办赛条件、气候条件
4	经费	与赛事等级规模相匹配、有专业服务团队
5	器材设备	赛事等级规模场地设施相匹配，器材、交通、卫生、食宿、安全
6	安全预案	安全许可、安全方案、安全措施、安全保障、熔断机制
7	具体信息	名称、时间、地点、规模、主办方、承办方、协办方、参赛条件等

（二）正式申办

按照相关职能部门申办赛事的申请程序，赛事申办主体单位需要按照管理部门的规定准备好申报材料，通常需要提前半年、一年，甚至更早时间提出办赛申请，以预留充足的筹备时间，为圆满完成赛事任务做好充分准备。申报管理单位通常提供标准格式文件自行下载填写，赛事申办申请文件范文格式如下。

```
                    XXX赛事申请表
XXX 主管单位：
①申办主体。
②申办动机。
③申办目的。
③申办意义。
④赛事内容。
⑤主办单位、承办单位、协办单位。
⑥比赛时间。
⑦比赛地点。
⑧安全预案、卫生预案、交通预案、消防预案、疫情防控预案等。
                                          申办单位
                                          日期
```

申办赛事的主体单位包括：政府职能部门、行业协会、俱乐部或赛事承办机构等，申办赛事应综合考虑赛事对本土经济、文化、旅游等各个领域所产生的影响因素，以及能够产生的综合效益。桨板赛事按照承办主体、规格、等级等要素的不同，分为国际性、全国性、地方性赛事，按照赛事承办性质分为体制内官方赛事、群众性赛事、商业性赛事等（表11.2）。

表11.2 申报赛事主体、赛事规格、赛事性质

赛事申报主体	赛事规格	赛事性质
政府职能部门	国际级	官方赛事
行业协会	国家级	群众性赛事
俱乐部	省市级	商业赛事

按照承办赛事目的、任务、项目的不同，桨板赛事通常包括桨板单项赛、户外水上综合休闲运动、桨板＋等赛事，如表11.3所示。

表11.3 桨板赛事名称

户外综合水上运动	桨板单项赛	桨板＋赛事
分项赛(桨板、皮划艇、帆船、龙舟、冲浪、漂流、潜水等)	锦标赛、邀请赛、公开赛、挑战赛、技巧赛、俱乐部联赛、分站赛等	桨板瑜伽、桨板救生、桨板球、桨板花式、桨板高尔夫、桨板冲浪等

自递交赛事申请材料并得到相关职能部门的正式批复后，开始赛事筹备工作。赛事申办主体单位依据政府批复意见，首先发起主办单位、承办单位、协办单位、赞助单位的沟通协调会，进一步确定赛事的目的、意义及赛事的社会影响力，预估参赛队伍、参赛人数、参赛规模，确定赛事的工作进程和宣传推广方案，成立竞赛委员会，确定委员会人员名单。

（三）成立竞赛委员会

竞赛委员会通常由政府部门、体育主管部门、各方代表组成，或由主办单位、承办单位、协办单位和裁判长组成。竞赛委员会在主办单位与承办单位的共同领导下，负责赛事的全局统筹与协调，包括确定竞赛组织方案，确定赛事名称、目的和意义，明确工作计划、内容和任务等。竞赛委员会根据赛事工作需要设立工作机构，布置各工作机构的具体任务，并明确责任人。具体工作机构通常包括：裁判委员会、竞赛部、宣传部、后勤保障部、安保部等，各工作机构任务分工如表 11.4 所示。

表 11.4 竞赛委员会工作机构及分工

竞赛委员会					
官方承办	由政府部门、体育主管部门、机构代表组成				
企业承办	由主办单位、承办单位、协办单位代表组成				
工作内容	确定竞赛组织方案、赛事名称、目的、任务、规模、场地器材、经费预算、宣传、报名、编制秩序册、承办比赛、统筹协调				
设立机构	裁判委员会	竞赛部	宣传部	后勤保障	安保部
分工	仲裁 裁判	比赛编排 检录	物料设计 媒体宣传	现场布置 奖品奖状	现场秩序 人员安保
负责人	张一	张二	张三	张四	张五

（四）各工作机构赛前、赛中、赛后任务与分工

各部门在赛前、赛中、赛后的任务与分工如表 11.5 所示。

表 11.5 桨板赛事中各部门的分工

竞赛委员会					
部门	裁判委员会	竞赛部	宣传部	后勤保障	安保部
赛前	竞赛规则	统计参赛人数 比赛对阵	物料秩序册设计 对外联络	物料搭建	检查设施 购买保险
赛中	裁判执法	检录 比赛顺序	摄影摄像 媒体	现场维护	维护 现场秩序
赛后	成绩公告 仲裁	颁奖 成绩册	新闻播报 媒体	场地恢复	善后 理赔

竞赛委员会明确举办赛事的目的意义之后，要确定赛事名称。体育赛事名称的确立要符合国家及省市级体育赛事管理办法的规定，例如 2020 年《上海市体育赛事管理办法》出台。第十五条（知识产权保护），对体育赛事相关商标、专利、著作权等知识产权，以及体育赛事的名称、徽记、旗帜、吉祥物等标志，按照国家有关规定依法予以保护。第二十四条规定（名称规范），体育赛事的名称应当与举办区域、参与人群、活动规模、赛事内容等相符，不得含有欺骗或者可能造成误解的文字，不得侵害国家利益、社会公共利益或者他人的合法权益。第四十二条（对违反名称规范行为的处罚），违反本办法第二十四条规定，体育赛事名称不符合规范要求的，由市或者区体育部门责令限期改正，并可处以 1000 元以上 1 万元以下的罚款；拒不改正或者造成严重后果的，处 1 万元以上 5 万元以下的罚款。

桨板赛事工作内容（表 11.6）。桨板赛事活动通常会涉及体育、水务港务、消防、交通、医疗、食品、卫生、安保等各部门，赛事工作的首要责任是以安全保障为本，加强统筹调度，制定应急预案，特别落实到责任人和风险预案的演练工作。做好电力、通信、医疗、运动员接待、水上安保、环境整治等工作；要提前谋划好赛事的交通疏导工作，强化执法管理，做好现场重要点位管控；要做好后勤保障工作，确保活动顺利进行；要进一步压实责任，按照活动方案把各项工作落实到人，同时加大宣传力度、扩大宣传范围，邀请各类媒体广泛参与，提升本次赛事影响力。要严格按照筹备工作方案要求，高标准、高质量、高效率推进各项筹备工作落实到位、以精益求精的态度注重细节，抓好关键环节，把水上赛事办出亮点，努力为桨板赛事活动营造一场高质量的体育盛宴。

表 11.6 桨板赛事内容与任务

序号	工作	内容与任务	备注
1	比赛场地	比赛码头、起点、途中、终点	
2	附属设施	更衣室、涮洗室、成绩公告区、停车场	
3	裁判区	起点、途中、终点	
4	运动员区	比赛会议室、运动员休息区、运动员检录处	
5	主席台	开幕式、闭幕式、颁奖仪式、媒体区、音响设备区	
6	观众区	观众席、互动娱乐区、亲子游戏区、售卖区、比赛宣传区	
7	宣传品	秩序册、背景墙、刀旗、指示牌、地贴、横幅、席卡等	
8	比赛物料	比赛器材、裁判用具、音响设备等	
9	安全保障	大会保险、救生设备、急救人员、免责责任	

国内桨板运动的竞赛一般分为官方赛事和商业赛事。官方赛事自上而下，主办承办方架构清晰，任务明确，经费由政府拨款；商业赛事一般由水上俱乐部或行业协会向职能部门申请承办，在获得政府授权的官方批复后，开始组织实施，经费来源基本是自筹，通过赛事赞助、广告、运动员报名、媒体和流量等获得比赛收益。

（五）桨板竞赛项目设置

桨板竞赛项目如表 11.7 所示，设有：①里程竞速赛，如短距离赛、折返竞速赛、中距离直道赛，远距离拉力赛等；②技术赛，如绕标技术赛、花式桨板、桨板救援等；③团队赛，如桨板龙板赛。

表 11.7 桨板竞赛项目

竞速类	200米短距离、100米折返、500米竞速、1公里拉力赛、水上马拉松
技巧类	绕标技术赛、花式桨板、桨板救援、桨板球
团队类	接力赛、龙板赛、追逐赛、亲子赛
休闲类	桨板瑜伽、桨板高尔夫、桨板漂流、桨板钓鱼、桨板趣味运动

桨板里程赛。短距离赛通常用水线划分赛道，全程爆发力冲刺比的是直线划行技术、划行方向和全程爆发力。远距离拉力赛可以理解为桨板马拉松，距离1公里、5公里、数公里不等，比的是技术和耐力的结合。例如 2019 年青岛桨板世界竞标赛，以里程赛为主。

桨板绕标技评赛：类似于帆船场地赛，在水面上固定浮标，选手划桨板绕过各个浮标达到终点。例如2019青岛ICF(国际教练联合会)世界桨板锦标赛-5 km技术赛，比赛规则包含沙滩出发、左右绕标、沙滩折返、结尾冲刺等。考验了选手的奔跑跳板出发技术、群体混战绕标技术、陆地携板奔跑技术、途中加速技术、终点冲刺及上岸技术，全面展示了桨板运动所特有的技术特点，具有很强的观赏性和参考学习价值。

花式桨板赛：在全球范围内，花式桨板赛是近几年才发展起来的比赛内容，一直以来桨板比赛都是以里程、绕标、拉力、冲浪赛等项目为主，花式桨板开创了桨板运动的新玩法，并且吸引了参赛选手和观众的高度关注。例如2021年南浔古镇桨板公开赛，组委会设置了花式桨板赛，选手的高难度动作及意外落水，提升了赛事的关注度，聚焦了赛事的眼球，吸引了多家媒体的争相报道。

各类大赛中花式桨板动作如表11.8所示，有：①跳板出发；②前后交叉步；③踩板尾翘板头；④踩板头翘板尾；⑤双手持桨跳；⑥勾板翻转跳；⑦180度平转跳；⑧连续平转跳；⑨360度平转跳；⑩落水爬板；⑪骑板翻转；⑫翘板头360度转；⑬内切压弯；⑭划板腾跃障碍；⑮翘板头上岸。

表11.8 花式动作（桨不离手）

动作	要领	评分要求
跳板出发	选手从陆地以各种腾空飞跃动作跳至桨板上，或双手抱板陆地飞跃同步跳至板上	选手腾空动作矫健，落板姿态平稳
前后交叉步	先前交叉2步，向后交叉2步	动作连续连贯
踩板尾翘板头	走至板尾，翘起板头，让板头浮水面3秒	身体、板头保持稳定
踩板头翘板尾	交叉步至板头，翘起板尾浮出水面3秒	身体、板尾保持稳定
双手持桨跳	双手水平握桨，双脚起跳越过桨杆	保持站立、稳定
勾板翻转跳	单脚勾板反转，双脚跳起落板	保持站立、稳定
180度平转跳	双脚起跳，180度平转	保持站立、稳定
连续平转跳	正反连续180度平转跳	连贯、稳定
360度平转跳	双脚起跳360度平转	保持站立、稳定
落水爬板	落水后爬板，手握桨站立姿势	5秒内一气呵成
骑板翻转	骑板水下翻转后回到骑板位	一气呵成
翘板头360度转	踩板尾翘板头，划桨360度转圈，可正反转	身体板头稳定转圈

行进压弯	行进中桨板内切压弯技术	内切、快速、稳定
划板腾跃障碍	行进中选手腾空跃起跳过障碍	落板站立、稳定
翘板头上岸	踩板尾翘板头划行，板头骑停码头	踩板上码头

桨板救援赛是一项桨板技术和救援技术相结合的全新救援技能，已经成为近几年广为推崇的户外水上救援方法，其轻便、快捷、高效、安全的救援方式，已经得到消防部门和救援组织的高度认可，因为救援艇虽然宽大平稳，但要将溺水者拖入救援艇上，需要绝对的力量，特别是单独一个人完成的难度较大。桨板救援恰好解决了该问题，女生都能实现，因此被引入救援培训体系并进行大力推广，是户外开放水域最为理想的救援方式，特别是城市狭窄河道的救援有出奇的效果，能大大提升各类风大浪急特殊水域的救援速度。民间有许多桨板爱好者偶遇河道溺水者成功救援的案例和相关报道，甚至中小学生都能够成功实施救援。桨板救援不仅能有效施救溺水者，并且极大地促进了桨板运动的健康发展，因此桨板比赛组织已经开始将桨板救援赛列入市民运动会、城市业余联赛、邀请赛、挑战赛等比赛项目之中。桨板救援的项目、要领及评分要求如表11.9所示。

表11.9 桨板救援的项目、要领及评分要求

项目	要领	评分要求
一对一	一名选手借助桨板施救水上一名"溺水者"	时间最短或限定
一对多	一名选手借助桨板施救水上多名"溺水者"	救援人数多者
多对一	多名选手合力救助水上一名"溺水者"	时间最短或限定
多对多	多名选手合力救助说上多名"溺水者"	救援人数多者

桨板瑜伽赛：桨板瑜伽是桨板运动与瑜伽运动的完美结合，受水特性影响，在水上做瑜伽远比在陆地上做瑜伽增加了不稳定因素，因此桨板瑜伽比陆地瑜伽难度更大，更挑战参赛选手的平衡性、意志力和心态，适合崇尚自然户外亲水人群的自我放飞，体验在水中漂浮的轻盈感和随水律动的静思冥想。桨板瑜伽赛自2022年在全国开始爆发，各类赛事组织先后举办了包含男女单人单板、男子双人单板、女子双人单板、男女混双单板、集体多板、龙舟桨板瑜伽赛等多个比赛内容。例如2022年在浙江青田举办的全国首届桨板瑜伽锦标赛上，赛事设立了桨板瑜伽、持桨瑜伽、桨板体适能、桨板技巧4个项目。

桨板龙舟赛：桨板龙舟玩法花样多变，有将单人桨板板尾上迭放后一个桨板板头从而连接成的多人相连桨板龙舟（多个单人桨板相连）。也有用超大号桨板乘坐多人进行比赛的桨板，该器材比普通的单人桨板尺寸或长一截或宽一截，又称"龙板"，其长宽、厚薄、重量等目前暂没有统一的规格标准。其尺寸较长款，多名队员站一排划桨；而尺寸较宽款，多名队员站两排划桨。因此为了体现比赛的公平性，赛事组委会通常会统一提供桨板龙舟，一般可容纳 2 人以上运动员同时乘板上参赛，竞赛规则分有坐姿、跪姿、站姿等，以最快速度划桨至终点为获胜 (图 11-1、图 11-2)。

图 11-1 龙板

图 11-2 龙板比赛

（六）各部门职责分工

1. 裁判委员会工作职责

裁判委员会在赛前、赛中、赛后中的工作职责如表 11.10 所示。

表 11.10 裁判委员会工作职责

赛前	1. 制定竞赛规则 2. 比赛执行国家体育总局水上中心最新审定的竞赛规则 3. 参照执行最新国际冲浪联合会桨板竞赛规则
赛中	1. 在比赛进行前，召集裁判集中培训 2. 根据赛事规程和比赛任务，由裁判组统一比赛执法尺度和标准 3. 预防和规避比赛的模糊判罚和执法不公，做到公平公正公开执法
赛后	1. 统计比赛结果，处理仲裁争议，颁布比赛成绩 2. 裁判签名，保留存档 3. 撰写赛后总结报告，纸质和电子存档，以备评估

裁判执法规则：

①聘请规则：聘请的裁判员应具备桨板裁判员资质证明；

②执法标准：所有裁判员赛前应统一竞赛规程培训，统一执法判罚尺度；

③回避规则：各单位领队或教练员不应再担任裁判工作，裁判员执法本单位或本代表队时应主动提出并回避；

④惩罚制度：裁判执法发现有舞弊行为，将永不聘用，并录入裁判黑名单；

⑤奖励制度：桨板比赛评选优秀裁判员颁发奖状和证书，同比赛成绩册一同发布；

⑥仲裁申述：对于裁判判罚争议引起的仲裁，纠错并公告，记录裁判执法信息。

2. 竞赛部工作职责

竞赛场地应选择合适水域，首先确定比赛起点，一般选择水上码头为起点，考虑观众位置、开幕式位置、媒体摄影位置、起终点裁判位置等。赛道宽度针对短距离直道赛，例如200 m或500 m，通常参考皮划艇或龙舟赛道宽度，5～9 m宽，用塑料浮球在水面上划分赛道，长距离桨板拉力赛，通常不分赛道，划定起点区域后集体一起出发，中途设定绕标障碍物，终点冲刺区域水域应宽阔，方便运动员上下船、观众观赛、裁判记录和判罚等。竞赛部门在赛前、赛中、赛后中的工作职责如表11.11所示。

表11.11 竞赛部工作职责

赛前	根据桨板竞赛规程，按照报名时间，统计参赛队伍和人数 根据比赛日程、参赛组别，设计比赛对阵，编排、分组 编制秩序册，统计器材
赛中	运动员签到、检录、抽签、预赛、决赛编排，安排比赛顺序 比赛成绩的记录、统计名次 打印比赛成绩并公告
赛后	按照竞赛规则，统计各奖项名次 制作成绩册，装订成册，电子版发布 撰写赛后总结，存档、以备评估

负责制定比赛日程、编排比赛分组、核定比赛时间。

负责开幕式、闭幕式、颁奖环节的策划、组织与实施；负责起草和下发竞赛通知。

负责参赛运动员、领队、教练、工作人员的竞赛活动安排。

负责赛事经费的预算、使用、结算、财务报账等工作。

3. 宣传部工作职责

①赛事活动新闻发布，含线上线下赛前、赛中、赛后各类媒体信息发布。

②宣传广告、比赛物料的设计制作。

③比赛秩序册的校对和编印，比赛现场的横幅、背景墙、刀旗、地贴、展板等广告信息宣传的设计和制作。

④比赛相关的印刷材料，出席领导和嘉宾的席卡、讲话稿、发言稿的起草和印制。

⑤比赛的奖牌、奖状、证书、礼品的设计与制作等。

⑥提供给新闻媒体的信息和新闻稿。

⑦负责联系对接相关部门领导，邀请出席开幕式的领导和嘉宾，列出席卡名单和主席台座位顺序；负责接待开幕式领导和嘉宾。

宣传部工作职责如表 11.12 所示。

表 11.12 宣传部工作职责

赛前	1.赛事活动内容的网络媒体发布，宣传组织报名 2.邀请领导、嘉宾、行业协会参与 3.邀请媒体拍摄
赛中	1.比赛物料的设计、制作 2.印制、校对、分发秩序册 3.摄影、摄像、网络媒体宣传曝光
赛后	1.媒体新闻报道 2.自媒体、官方媒体推送 3.撰写赛后总结报告，视频归纳资料存档，以备评估

赛事合作和赞助通常包括技术赞助、物质赞助、现金赞助等。技术赞助通常根据桨板运动的特征，从专业的视角提供赛事安全和技术服务，技术赞助方一般以协办单位的身份参与本次赛事活动；物质赞助通常提供赛事需要的比赛装备器材、服装、保险、食品、饮用水等物资；现金赞助以现金支付本次比赛活动。作为回报，赛事主办或承办方在整个赛事活动中，借助线上线下媒体为赞助方提供商业 logo 的曝光率。

4. 后勤保障工作职责

①落实比赛所需物资的采购，物料的制作；
②比赛现场布置、搭建；
③经费核算、支出结算，购买保险，赛会医疗保障用品；
④赛会人员用餐、饮水、交通等费用结算；
⑤奖品、奖状、奖牌、证书等费用结算；
⑥赛后器材和物料的整理、清点和回收。
⑦赛后工作人员的劳务费结算。

后勤保障工作职责如表 11.13 所示。

表 11.13 后勤保障工作职责

赛前	1.比赛物料的采购，比赛物料的制作 2.赛前一天比赛现场的布置、搭建 3.比赛报名、赞助等相关费用的财务收支核对
赛中	1.比赛现场的物料的秩序保障 2.比赛奖牌、奖状、证书的发放
赛后	1.比赛物料的整理、清点、回收 2.比赛财务核算 3.撰写赛后总结报告，留组委会存档，以备评估

赛场航道布置，定位起终点。根据水域环境，短距离比赛尽量选择直线航道，或者视野宽阔的圆环形赛道。上下水码头、比赛起点（出发区域）、比赛终点（冲刺区域）、终点返回到起点，整个闭环航道设计合理，比赛才能高效有序。比赛航道设计应亲自试水彩排几次。

比赛起点确定后，可以用红外线测距仪、激光测距仪、超声波测距仪等仪器测量水面赛道的距离，可以依托水上浮标，避开水面的漫反射光，进行多次复测，从而得到相对精确的赛道距离，根据赛程确定终点。起点：起点水域应平静宽阔，视野不受遮挡，登桨码头距离比赛起点就近最佳，方便保障安全和赛事的有序进行。

比赛航道：使用激光测距仪进行测距，用皮尺丈量进行复测，直线航道距离相对容易测量，环形航道以内道为准核定距离。每条航道宽度不小于 5 m。

终点：终点水域应无障碍无遮挡，预留 30 米左右的冲刺滑行水域，终点区域应方便裁判员计时，同时有利于观众观赛。

返航：第一种离岸返航，即将桨板抬出水面，通过陆地搬运至起点，此方法对运动员的体力是一个考验；第二种划桨返航，其返航航道与比赛航道必须分开，以免重叠，避免运动员相互对冲碰撞，产生运动损伤。

5. 安保部工作职责

安全保障是赛事顺利开展的基础，比赛期间的安全保卫工作包括以下方面：

①检查比赛场地环境和运动器材的安全隐患；

②参赛运动员、领队、教练、工作人员的身体状况，核对身体健康证明和签署安全责任，核对教练签署的运动队安全责任或免责责任书；

③核对运动员和工作人员的运动意外伤害保险；

④落实大会医生、医疗急救药品及设备；

⑤水上急救船艇及设备的正常工作使用；

⑥比赛现场核验所有参赛运动员救生衣的正确穿戴方法；

⑦本次比赛的安全注意事项等。

安保部工作职责及安全隐患排查如表 11.14、表 11.15 所示．

表 11.14 安保部工作职责

赛前	1.检查比赛场地起点、途中、终点安全隐患，排查礁石和浅滩 2.统计运动员、工作人员人数，落实参赛保险
赛中	1.检查参赛选手的健康状况，确认安全责任 2.告知参赛选手比赛现场的安全注意事项 3.粘贴比赛现场安全导引图 4.指挥现场运动员，安全有序比赛
赛后	1.安全导流疏散现场观众及运动员 2.配合竞赛部回收整理器材，恢复现场原貌 3.撰写赛后总结报告

如表 11.15 安全隐患排查

检查	内容	备注
场地	登船浮码头、起点浮码头、码头护栏、船艇标准等	质量、功能
器材	救生衣、救生圈、救生艇、急救药品、急救医护人员	规格、数量
安全预案	演练救生救援实施方案，落实责任人	实操
运动员	饭后1小时比赛、赛前做准备活动、救生衣正确穿戴	备巧克力等
参赛人员	运动意外伤害险、运动员身体健康状况证明	保单、责任书

运动员身体状态良好。重点筛查心脏病、高血压、癫痫、传染病、皮肤病、眼疾等症状的运动员，同时身体状态欠佳、疲倦、空腹、饱食、酗酒、抑郁等情况也不宜参加。运动员应对自己的身体状况进行评估，教练员须仔细询问和筛查，确认是否存在安全隐患。运动员应会游泳或者穿救生衣游泳 200 米，并签署运动队及个人安全责任书。

桨板赛事必须购买比赛期间的运动意外险或人身意外伤害保险，包括参赛运动员、领队、教练、全体工作人员等。保费金额通常是每日 5～20 元不等，应包含现场急救、救护车、紧急医疗、意外医疗、伤残及身故保障等费用。例如水上运动意外保险、平安水上运动保险、海上运动意外险、水上运动公众责任险等多个险种，量身定制的险种为水上运动保驾护航。水上运动保险如表 11.16 所示。

表 11.16 水上运动保险

保险	保费（元/每天）	保障
水上运动意外保险	2～20	水上运动项目及意外
水上运动公众责任险	6～20	水上俱乐部及水上项目
海上运动意外险	10～20	海上运动项目及意外

运动员安全责任书（承诺书），用于证明参赛运动员身体状况良好。领队或教练应了解参赛运动员的身体健康情况，以确保参赛运动员在比赛期间的人身安全，为整个赛事创造良好的运动环境。

【比赛场地安全排查】

检查活动场所码头、河岸、桥墩、航道是否存在安全隐患，如暗礁、暗流、水草、浅滩等，须提前熟悉水域环境，并查询活动期间的天气，对大风、暴雨、雷电、潮汛等情况了如指掌。桨板比赛的场地需要一定范围的水域面积，比赛水道深度和宽度目前还没有出台国家和地方标准，水深一般选择 1.5 米以上。靠近岸边较浅的区域不适合作为比赛区域，避免运动员落水后容易产生运动损伤。

桨板器材主要是桨、板、救生衣。救生衣是必须穿戴的安全保障，且救生衣要符合标准和按照要求穿戴，这是有效保障生命安全的最后一道屏障。各类桨板比赛所使用的器材：通常官方举办的赛事要求所有运动员使用大会统一的桨板；商业赛事一般限定器材的标准，由运动员自备桨板。自备桨板分玻璃钢和充气两种。充气桨板充气压力不同，桨板的强度、硬度、刚性不同，其稳定性、速度、浮力也不同。赛事组委会须准备的比赛器材如表 11.17 所示。

表 11.17 赛事组委会须准备的比赛器材

序号	名称	规格	数量	备注
1	桨板与桨	竞技或休闲	赛道数×2倍	
2	救生衣	桨类运动专用	赛道数×5倍	
3	发令枪	汽笛发令枪	起点+终点	
4	秒表	竞赛裁判使用	计时裁判员人数	
5	对讲机	超远距离	若干	
6	AED	心肺复苏仪器	1~2台	

桨板比赛运动员器材装备如表 11.18 所示，有：防水袋（防水包），用来放置手机等随身物品，避免进水物损或遗失；眼镜绳，眼镜掉水里仍然漂浮在水面；弹力绳，捆绑物品或水面上拖拽其他船艇；冰袖、手套、帽子、防晒霜等，属于防晒用品。

表 11.18 比赛运动员的器材

序号	名称	性能用途	备注
1	帽子	遮阳防晒	
2	冰袖	护肤防晒	
3	手套	护手耐磨	
4	眼镜绳	防落水	
5	防水袋	手机等电子用品	
6	弹力绳	捆绑拖拽	
7	更换衣物	备用	

二、裁判法

本小节引用国家体育总局水上运动管理中心 2023 年 8 月修订并公布的《中国桨板竞速赛事竞赛规则》。

（一）中文桨板运动术语

中文桨板运动术语如表 11.19 所示。

表 11.19 中文桨板运动术语

大项（Sport）	在这里被定义为桨板
分项（Discipline）	指桨板一个细分领域的集合或者一系列赛项，比如桨板竞速
桨板竞速（SUP Race）	以桨板为载体，以站姿完成比赛的快慢（速度）作为评判和排名标准的竞赛形式。竞赛环境包括但不限于海洋、天然湖泊、河流、人工水池等各种水域环境
竞赛（Competition）	指一场赛事活动中，从第一个小项的预赛开始到最后一个小项的决赛结束的比赛全过程
小项（Event）	指分项中可以对应奖牌分配的各细分项目，一个小项由年龄组、性别、距离等信息决定，例如青少年男子桨板5000 m、男子桨板200 m接力等
运动员（Competitor/Athlete/Paddler）	参加桨板竞赛的运动员
性别（Gender）	明确为男子或者女子
板（Board）	桨板竞赛所使用的器材
桨（Paddle）	桨板竞赛所使用的单叶桨
年龄分类（Age Category）	如U12、U15、U18、公开组、大师组、卡胡纳组等
场次（Race）	竞赛的基本单位，例如预赛第一场、决赛等
竞赛官员（Competition Officer）	监督和执行比赛进行的官员
组织委员会（HOC）	负责竞赛管理工作的机构

（二）通用缩略语

桨板运动的通用缩略语如表 11.20 所示。

表 11.20 桨板运动的通用缩略语

国际冲浪协会	ISA	International Surfing Association
国际奥委会	IOC	International Olympic Committee
国家奥委会	NOC	Nation Olympic Committee
国家协会	NF	Nation Federation
组织委员会	HOC	Host Organizing Committee

国际技术官员	ITO	International Technical Official
国家技术官员	NTO	National Technical Official
有比赛资格但没有出发	DNS	Did Not Start
取消比赛资格	DSQ	Disqualified for the event
未完赛	DNF	Did Not Finish
因行为不端而被取消所有比赛资格	DQB	Disqualified for the whole competition for Unsportsmanlike Behaviour
世界最好成绩	WB	World Best Times
世界反兴奋剂机构	WADA	World Anti-Doping Agency
个人最好成绩	PB	Personal Best Times

（三）总则

1. 竞赛的目的

为贯彻落实《体育强国建设纲要》，规范全国桨板竞速赛事的标准，提高全国办赛水平，促进桨板项目的在中国的发展，扩大桨板项目参与人口规模。

2. 全国桨板运动的管理机构

国家体育总局水上运动管理中心（以下简称"中心"）负责中国桨板运动的管理工作，包括但不限于从国家层面修订桨板竞赛规则，组织和指导中国境内的桨板竞赛，认证和管理桨板运动裁判员、教练员、运动员等。

3. 竞赛的管理

中国境内的桨板竞速赛事的组织、举办等应遵守本规则。

4. 赛事的级别

桨板赛事活动名称应符合相关规定，除中央和国家机关及其事业单位、全国性社会组织外，其他党政机关、企事业单位、社会组织或公民个人主办的体育赛事活动，名称中不得使用"中国""全国""国家""亚洲""世界""国际"等字样或具有类似含义的词汇。

赛事的分级分类按照中心赛事管理与服务办法中的相关规定执行。

5. 竞赛的有效性

全国性比赛至少应有来自六个省市的运动员报名参赛；省级比赛至少应有六个市县区的运动员报名参赛。

运动员在比赛中退出不影响竞赛的有效性。

6. 反兴奋剂

桨板竞赛中运动员严禁使用兴奋剂。

7. 商标和广告

①板、配件和衣服可带有商标、广告符号和文字。

②禁止使用与赞助无关或具有任何政治信息的图像、符号、口号和书面文字。

③广告不应干扰运动员身份的识别和不影响竞赛的结果。

8. 裁判员的资格和工作规范

所有裁判员应持有与岗位职责相对应的裁判证书。

全国性竞赛主要裁判员应为国家级，省级竞赛主要裁判员应为一级、市级竞赛主要裁判员应为二级。

裁判员的认证与管理根据中心颁布的《桨板项目裁判员管理办法实施细则》执行。

9. 桨板竞速赛器材

①只允许单体板型，配套固定尾鳍（不可活动）。

②单人桨板长度不超过 427 cm。

③只允许使用单叶桨划行。

④桨板竞赛应穿着救生衣和佩戴脚绳。

⑤龙板长度为 650～750 cm，厚度不低于 15 cm。

10. 前进动力

(1) 桨板

桨板的前进动力来自运动员的单叶桨。不可使用任何获取额外动力的物品，例如动力尾鳍、风帆等。

(2) 跪姿或趴姿划板

跪姿或趴姿划板的前进动力来自运动员的手。不可使用任何获取额外动力的物品，例如手蹼、动力尾鳍、风帆等。

11. 竞赛小项

竞速赛主要包括竞速赛、技巧赛、长距离赛、拉力赛、接力赛、龙板赛、趴板划水赛等。

（1）年龄

本规则建议的年龄分组为：

12 岁以下，含 12 岁 (U12)

15 岁以下，含 15 岁 (U15)

18 岁以下，含 18 岁 (U18)

40～54岁（大师组）

55～65岁（卡胡纳组）

公开组不限年龄

年满 18 岁的定义：参赛当年满 18 周岁，其他年龄的定义同理。年龄以身份证或其他法定有效身份证明所标注的出生日期为准。

（2）距离

本规则建议的项目距离为

竞速赛：200 m

技巧赛：500～2000 m

长距离：6000～12000 m 及以上

拉力赛：12000 m 及以上

接力赛：5×200 m

龙板赛：200 m 及以上

趴板划水赛：200 m 及以上

考虑到运动员水平、安全保障条件，原则上省级及以下的赛事中不组织超过 12000 m 的拉力赛。

（3）项目定义

①竞速赛：符合本规则的直道竞速赛。

②技巧赛：在规定赛道中，完成规定技术动作的比赛项目，通常以线路绕标的竞赛形式进行。

③长距离：在海洋、湖泊、河流等开阔水域按规定线路进行长距离划行的比赛项目。

④接力赛：以团队接力形式完成的比赛项目（包括但不限于单人板、龙板等）。

⑤拉力赛：在海洋、湖泊、河流等开阔水域按规定线路进行超长距离划行的比赛项目。

⑥龙板赛：以团队多人完成规定线路的比赛项目。

趴板划水赛：采用身体俯卧于桨板上，双手划行提供动力的方式，按规定线路完成比赛项目。

（四）赛事组织架构

1. 主办单位

主办单位负责竞赛规程的制定与发布、裁判员的选派、对竞赛组织工作提出明确标准与要求等事宜。

2. 承办单位

按照主办单位要求，做好竞赛执行工作。

3. 竞赛委员会

竞赛委员会领导仲裁委员会和裁判组承担一场赛事的竞赛工作。

仲裁委员会职责是处理运动员、领队对比赛成绩、裁判判罚的仲裁申请。

裁判职责是依据竞赛规则、竞赛规程等相关竞赛文件，完成执裁工作。

4. 仲裁委员会

仲裁委员会的组成人数为单数，至少由三人组成，由主办单位于赛前确定，需包含总裁判长。仲裁委员会负责处理对裁判员判决有异议的申诉。仲裁委员会的判决结果为比赛现场最终结果。

（五）裁判组

1. 裁判组岗位设置

总裁判长

副总裁判长

编排裁判

检录裁判

起点裁判

赛道裁判

终点裁判

2. 总裁判长

根据竞赛规则和规程的要求，全面负责竞赛执裁工作。具体负责工作如下：

①参与考察场地、制订竞赛细则等工作，指导、监督竞赛按要求进行准备。

②监督验收比赛场地、路线（赛道）设置、竞赛器材、裁判器材、竞赛功能用房和设施等，检查监督裁判员和辅助裁判员（志愿者）的培训质量情况。

③根据报名情况指导编排裁判合理编排竞赛日程。

④组织召开裁判员会议，明确裁判员分工，组织裁判员熟悉执裁场地。

⑤开赛前组织裁判、领队、运动员召开联席会议。

⑥在每个比赛日结束后，向主办单位、媒体、领队、运动员等有关方面同步更新比赛排名、成绩和积分等竞赛信息。

⑦对比赛规则中未提及或者不明确的事项，向竞赛委员会书面汇报并落实执行。

⑧赛前、赛后召开裁判工作例会，做好赛事工作布置与总结。

⑨审核各裁判员的判罚结果，接收和处理运动员的抗议事项。

⑩审核并签署公布成绩。

⑪比赛结束后召开裁判员总结会议，向主办单位提交实习裁判员评价表。

3. 副总裁判长

协助总裁判长工作，完成总裁判长委派的工作，并在必要时经授权可代替总裁判长进行裁判工作。参赛运动员在 100 人以下规模的比赛可不设置副总裁判长，100～200 人规模的比赛应设置一名副总裁判长，200 人以上规模的比赛应设置两名副总裁判长。具体职责如下：

①对接承办单位做好裁判组竞赛器材、后勤保障工作。

②协调对接并落实水上救援团队及医疗团队的人员数量、救援点位的具体事宜。

③负责检查竞赛场地布置。

④根据总裁判长安排负责指导具体岗位开展工作。

4. 编排裁判

编排裁判负责赛事的编排工作，确保比赛的顺利进行。所有的赛事文件和信息在公布前均须提交总裁判长签字确认。编排裁判的具体职责如下：

①根据竞赛规程审核所有报名运动员的信息（如性别、年龄、组别、所属单位等），审核报名人员是否具备参赛资格。在报名截止后向总裁判长递交参赛人员名单，同时递交报名但不具备参赛资格人员的名单和无资格的理由。

②负责制作和分发所有竞赛文件，包括但不限于比赛日程表、秩序单、检录表、判罚表、申诉表、成绩表、技术文件等。

③赛后根据赛事星级，完成中心桨板运动员积分排名更新工作。

④在赛前技术会前收集任何有关参赛运动员变更的信息，更新预赛分组表后及时确认并分发。

⑤收集各裁判岗位汇报的比赛成绩、违规情况、判罚结果等重要信息，经总裁判长确认签字后公布。

⑥按照赛制及时更新进入下一轮比赛的参赛运动员名单。

⑦向赛事解说员提供经总裁判长确认的比赛名单、出发顺序、比赛成绩、违规情况、判罚结果等竞赛信息。

⑧赛事结束后将所有竞赛文件汇总提交给总裁判长。

5. 检录裁判

检录裁判应在赛事检录区负责运动员的召集、赛前和赛后对运动员及其器材进行检查等工作。检查内容包括：

①对照秩序单检查参赛运动员的身份证（重点年龄与姓名）或赛事身份卡，确保参赛运动员在正确的场次进入比赛场地。

②桨板的类型（充气板、硬板）、长度、厚度、尾鳍等。

③安全装备，如救生衣、脚绳等。

④参赛运动员标识如号码薄、号码衣等。

⑤参赛运动员及其器材上的广告信息。

⑥拒绝不合规运动员及迟到运动员进入比赛场地，并向总裁判长、编排裁判长、起点裁判、赛道裁判、终点裁判及时报告检录情况，同时做好记录。

⑦通过赛事现场广播召集需要二次检录的运动员并对其装备进行二次检录。二次检录应在专门场地进行，并全程录像。

6. 起点裁判

起点裁判分为取齐裁判、发令裁判。

①取齐裁判：将参赛运动员引导至起点，核对各赛道上的运动员是否有误，当所有运动员都在起点线后，取齐裁判举起白旗示意发令裁判取齐完毕。

②发令裁判：当发令裁判收到取齐完毕的旗语后，可进行发令。发令指令为"一分钟准备"、鸣笛(鸣笛为动令，鸣笛方式包括汽笛、发令枪及电子鸣笛等)。

7. 赛道裁判

根据竞赛项目设置与场地的情况，选派相应数量的赛道裁判，除起终点以外的每个航行标识旁需配置一名裁判。设置一名赛道裁判长，负责领导赛道裁判工作。赛道裁判包括途中裁判、标旁裁判。

①途中裁判：职责是判罚运动员在比赛途中的违规、违体行为，例如未站立划行、干扰其他运动员等行为。

②标旁裁判：职责是监督参赛运动员按照比赛要求通过相应标识，对违规参赛运动员进行判罚。

③途中裁判的判罚应以录像方式保留判罚证据。赛道裁判长应及时向总裁判长、编排裁判长和终点裁判长汇报判罚结果，同时做好书面或者电子的判罚记录。

④赛道裁判长负责协调管理途中的救援人员，保障途中救援的及时性。

⑤非安全性意外，途中裁判只进行判罚与记录工作，不得私自中断正在进行的比赛。

⑥裁判艇行驶状态下，原则上与运动员间距离大于10米，静止状态下大于5米，确保不会对运动员造成任何干扰，紧急情况除外。

⑦途中裁判如做出判罚，应进行录像并配合文字说明，记录准确时间、组别、号码、位置等内容。

8. 终点裁判

终点裁判分为计时裁判、记号裁判，可选择设置单独的终点摄像岗位。终点裁判长负责终点工作。

①计时裁判职责是准确记录运动员完赛时间。一场比赛至少要有两套计时装备。计时装备启动与出发信号同步，若两计时成绩不一致，应以人工计时为准。

②记号裁判职责是准确记录通过终点的运动员顺序。

②终点裁判长职责是确保成绩记录无误，并进行终点违规行为的判罚。计时裁判和记号裁判将成绩汇总后交给终点裁判长，终点裁判长确认无误并签名后提交给编排裁判长。

③有电子计时系统的比赛，终点裁判职责依旧按此执行。

（六）竞赛场地及物料

1. 竞赛场地功能区

桨板的竞赛场地应根据功能设置合理的陆上功能区和水域中的竞赛区。

陆上功能区包括：主会场区、观赛区、运动员休息区、检录区、器材存放区、医疗工作区等；水域中的竞赛区要设置码头、热身区、比赛区、缓冲区等；终点裁判区可根据实际情况设置陆上或水中。

赛场应公布各功能区示意图、比赛路线示意图。

2. 水域条件

设置赛道的水域必须满足以下条件：

①水中无暗礁、人工构筑物、危险生物、污染源等危险因素。

②水深不得少于 1.5 米。

③拥有便利、安全的码头或者平坦的水边沙滩。

④水质不低于三类。

3. 标识

（1）陆上标识

①赛场指引标识：赛场、停车场、更衣室、检录区、运动员休息区、卫生间、医疗点等具体功能区的引导牌和地名牌。

②安全提示标识：用电提示、水边安全提示、道路安全提示等标识。

③宣传标识：宣传道旗、合影背景、签到板等。

(2) 水上标识

比赛水域使用醒目的浮标来布置场地。主要的浮标类型有：三角浮标、方形浮标、圆柱浮标、终点拱门等。

(3) 竞速赛、趴板赛、龙板赛场地的布置

起点：使用两个起点浮标（白色）放置在起点左右两侧，作为出发基准线。

终点：使用终点浮标（红色）放置在终点左右两侧，作为到达基准线。折返赛时，终点和起点共用一套浮标。

转折点：转向和折返处放置一个折返浮标，作为转折点，折返赛中所有运动员应根据标识颜色进行折返，黄色标为顺时针转向标，蓝色标为逆时针转向标。

标准直线竞速赛场地布置图（图11-3）如下：

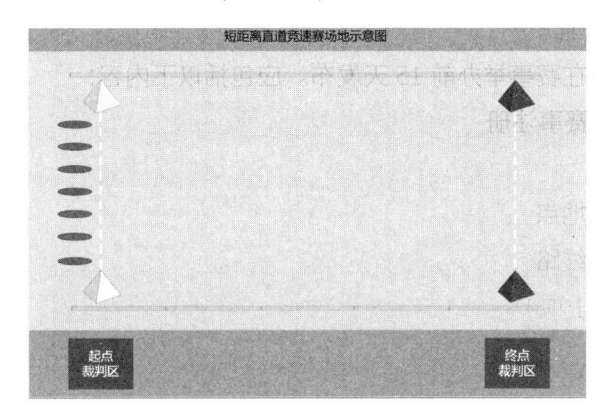

图 11-3　标准直线竞速赛场地布置图

（4）技术赛场地

技术赛场地中，应至少设置4个转折点，可沙滩出发或者水上出发。赛道设置应考虑时间和空间因素避免线路交叉穿越。应设有等额数的顺时针和逆时针标；可设置跳跃、穿越等其他形式的障碍。

500米技巧赛场地由上下水平台、两个起点浮标（白色）、四个技巧浮标与两个终点浮标（红色）共同组的"矩形场地"，整个路线包含两次顺时针和两次逆时针绕标（图11-4）。

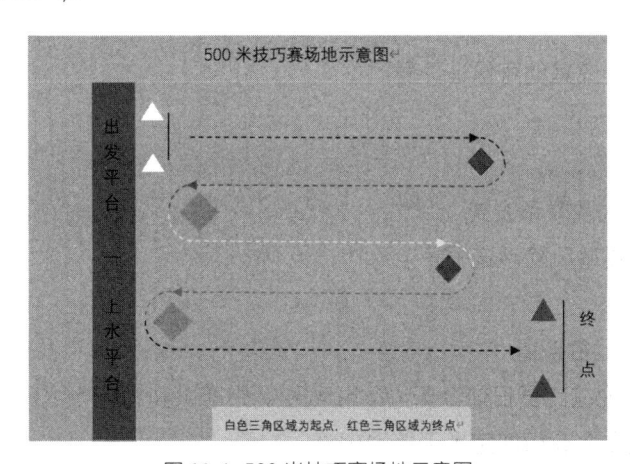

图 11-4　500米技巧赛场地示意图

（5）长距离比赛的场地

长距离比赛的赛道布置要充分使用各种浮标，做到安全、指引明确无歧义、直观。

（七）竞赛组织

1. 竞赛信息

（1）竞赛规程

竞赛规程应在赛事举办前 15 天发布。应包括以下内容：

赛事星级/赛事注册

赛事积分

竞赛日期和地点

竞赛场地和线路

竞赛项目（小项）

竞赛日程表

报名条件

报名方式

报名截止日期

报名费

（2）报名

运动员报名信息至少包括以下内容：

所属单位

真实姓名

性别

出生日期

身份证号（或其他身份证件号码）

联系方式

参赛项目

紧急联系人及联系方式

承诺书（赛事风险承诺书等）

赛事保险

（3）特殊报名申请

①报名最晚在比赛日前 3 天 (72 h) 截止。迟于截止时间报名的，需向竞委会提交申请，竞委会有权决定是否接受申请。

（4）对领队和运动员的信息公布

①根据长距离赛的排名确定技巧赛、竞速赛、趴板划水赛的预赛分组。

②应在竞赛第一场开始前向领队和运动员公布以下信息：

场地情况、天气、水温、流速、风速；

竞赛线路及其标识；

比赛日程表、出发秩序单；

颁奖典礼的时间和地点。

(5) 赛前技术会

①赛前技术会应在第一场比赛开始 12 h 前召开。

②赛前技术会上，应对赛事报名情况进行介绍。

③详细介绍竞赛的场地、赛道情况、分组及晋级规则和竞赛期间的其他活动安排。

④总裁判长应讲解竞赛日程、参赛注意事项、补充通知等内容。

(6) 参赛和退赛的变更

①临时退赛的运动员将被取消本次竞赛的所有比赛项目。

②团队项目中，运动员不能参赛(受伤或者生病)，应在赛前技术会上向竞委员会提出申请，获批后可替换参赛队员。

(7) 赛项顺序变更

①竞委会和裁判员应遵守竞赛日程表，尤其是赛项顺序和间隔时间。

②如遇不可抗力因素，经竞赛委员会同意，裁判长可根据实际情况调整竞赛顺序或取消部分比赛项目。

(8) 运动员编号和广告标识

①运动员应使用同一套编号系统，无论是一人一号还是一项一号的编号方式。

②每个运动员应穿戴号码衣或至少悬挂两块号码簿，一块在胸前、一块在背后；可根据赛项需要在大腿外侧佩戴号贴方便裁判员识别。

③号码簿的尺寸不小于 25 cm×20 cm，号码簿底色为白色，字体为黑色，文字高不小于 12 cm，宽不小于 5 cm。上下底边各高 3 cm，可由赛事组委会根据赛事具体情况设计不同的花纹和广告信息。

④号码衣应使用透气、有弹性的面料制作，分为成人和青少年两种型号。号码衣的正面和背面应印刷号码，文字高不小于 12 cm，宽不小于 5 cm。号码衣颜色应为浅色，字体为深色。

⑤号码簿、号码衣和号码贴纸由承办单位提供，应印刷赛事名称，不可使用自制号码簿、号码衣或号码贴纸等。

⑥运动员应全程穿着(佩戴)正式的标记(号码衣或号码簿、号码贴)。

2. 竞赛场地的布置和使用

①竞赛场地应于第一场比赛开始前 24 h 完成布置，由裁判组对赛场进行验收，并以书面形式进行确认。

②比赛开始前可向运动员开放场地进行适应性练习，场地的开放与关闭应听从赛道裁判长的指令，运动员适应性训练时检录裁判、赛道裁判、救护团队必须在场。

③竞赛过程中，裁判员应时刻注意竞赛场地情况。如有浮标损坏或距离改变等情况，应根据实际情况及时进行调整。

3. 编排

(1) 赛制分类。

①长距离比赛采取一次决赛制，直接根据完成比赛用时长短作为长距离比赛的排名依据。

②对于直道竞速赛、技巧赛、团队龙板赛等赛道容量有限需要进行分组的项目：单个项目报名人数在赛道单场承载容量以下，采取一次决赛制；如预赛组数为 2～4 组，采取预 - 决赛制；预赛超过 4 组设置预赛、复赛和决赛。

(2) 分组、晋级、出发位置编排规则

①分组：预赛依据长距离比赛排名和每组人数进行蛇形分组。每组人数根据赛道容量、计时承载人数等因素来设定。同一场竞赛中，每组预赛的人数够平均分配时则平均分配，不能平均分配时应保证各组人数差异最小。同一组别同一轮次的比赛应在同一场地内进行。

②晋级：晋级的主要依据为小组名次，即取后继轮次的录取总人数除以分组数量向下取整的结果作为每组录取名次下限；如通过上述规则出现后继轮次名额空缺的情况，再取上一轮次落选运动员中成绩最好的补全晋级。

③出发位置编排：上一轮次中录取小组名次较好的运动员安排在优势出发位置，录取小组名次较差的运动员安排在较差出发位置，例如将预赛各小组第一名安排的最优出发位置。一般中间位置为优势出发位置，具体因赛道水文条件等因素而有所差异，须根据每场比赛的场地情况具体设定。

(3) 竞赛间隔

① 200 m 比赛的参考单场用时为 5～8 min，团队龙板赛的参考单场用时为 10～15 min，技巧赛的单场用时根据赛道距离、标点数量等因素具体设置，长距离的比赛参考关门时间为 12 min/km，青少年组别可根据不同年龄段适当放宽关门时间。具体的单场比赛用时设定应根据比赛报名人数、场地布置、轮换器材数量、开始和结束时间要求等因素具体设定。

②同一项目的相邻轮次间隔应不少于 30 min，一方面留给运动员足够的休息时间，另一方面留足处理运动员对上一赛次成绩与判罚的申诉处理时间。

③ 不同组别的同类比赛项目安排在一个单元内连续进行。这样有利于场地、

器材和裁判员的安排和调动，节省比赛时间。决赛项目可平均分配到各个比赛单元。尽量将容易发生兼项的项目分别编排到不同的比赛单元中，并尽可能地拉大时间间隔。在可能情况下，把比较精彩的决赛项目排在开、闭幕式或观众较多的单元里。

4. 检录

（1）一次检录程序

① 召集：指定场次比赛开始前 40 min，检录裁判召集运动员到检录区开始检录，该场次比赛开始前 10 min 停止检录。

②身份核查：运动员应向检录裁判出示身份证、参赛号码簿，符合要求方可放行。检录情况应及时记录并向总裁判长汇报。

③器材检查：根据要求对运动员的板、桨、安全装备、号码簿、广告信息等进行检查。检录裁判应向运动员指出不合规项并要求改正，符合要求后方可放行。

④码头检查：运动员完成身份核查与器材检查后应通过规定线路进入码头。

（2）二次检录程序

①召集：指定场次比赛结束后运动员应通过指定的路线上岸，根据裁判要求，携带所有器材前往二次检录区接受二次检录。

②身份和器材检查：运动员到达二次检录区后接受身份、器材、安全检查。

（3）比赛器材检查

①承办单位应提供至少两套丈量长度的设备。

②救生衣、脚绳等装备应符合竞赛要求。

③可自带器材的比赛，完赛后可随机挑选至少三名运动员的器材进行二次检录。

5. 出发

（1）出发程序

①候场：出发前 5 min，所有运动员应在出发线后方等候区等候，不得进入出发区或者赛道内影响其他运动员。

②点名：出发前 3 min，所有运动员在出发线排列。起点裁判点名（长距离赛、拉力赛除外）。

③取齐：取齐裁判点名调整所有运动员的位置至最佳位置随时进入下一步骤。

④出发：运动员取齐后，取齐裁判举旗示意，以"一分钟准备、择机鸣笛"发令。起终点的计时、摄像等岗位应协同发令裁判开始计时、录像工作。

⑤判罚抢航行为，发令裁判的判罚是最终判罚；如发生抢航，应使用规定的信号（两声长鸣笛音）进行召回或进行加时判罚，并及时向总裁判长、编排裁判、终点裁判及时报告判罚信息；起点需配置录像设备并进行录像。

（2）岸上出发

在出发线的两端各设置一个标识，作为出发参照物，两者之间的连线作为起点线。

出发时参赛运动员的板头必须在起点线后。

(3) 水中出发

在出发线的两端各设置一个浮标，作为出发参照物。如不是直线赛道，出发线应垂直第一个转向浮标设置。

(4) 水中出发姿势

所有比赛采取站姿出发，特殊情况可经竞委会批准，采用坐姿出发。

(5) 无效出发

①运动员在鸣笛之前越线将被判为抢航。

②在长距离比赛中，抢航将被罚时 2 min。

③在除长距离比赛中，如有人抢航，发令裁判用多次短鸣笛召回重新出发。第二次出发抢航者则被取消该小项比赛资格 (DSQ)。

④如果有突发情况无法正常完成一组比赛，发令裁判会发出多次短鸣笛声召回所有运动员，并组织重新出发。

6. 赛道中的行为

(1) 赛道浮标

赛道浮标有转向浮标和指向浮标两种。

转向浮标是指运动员需要在此绕过此浮标转向进入正确赛道。

指向浮标主要用于长距离赛、拉力赛中，当两点之间距离太远或受到中间障碍物的遮挡以至无法看到时，则需指向浮标引导正确方向。指向浮标的设置必须在赛前技术会中向运动员解释清楚。指向浮标不强制规定从哪一侧经过。

(2) 漏标与补标

当运动员在错误的一侧或不正确的顺序绕过相关浮标时，无论运动员是否获利，都被判定犯规。如果其在下一个标识之前进行了补标则可正常进行比赛；如未进行补标则视为未完赛 (DNF)。

(3) 阻挡

领先运动员不得使用桨或者板恶意阻挡其他运动员的前进路线，否则将被取消资格 (DSQ)。

(4) 站姿规定

原则上运动员在划桨时应保持站姿，每位运动员必须在自己的桨板上以站姿完成比赛。划行过程中以跪姿、坐姿划行超过 5 桨，赛道裁判有权取消其该项目比赛成绩。

(5) 外力协助

运动员在比赛过程中不得接受外力协助。包括落水后借助外力上板、额外获得动力或助力等；赛道裁判执裁过程不应向运动员提供任何关于竞赛指导或者不利其他运动员的信息。

7. 到达

（1）水上到达

当终点设置在水面上时，以板头撞线为准。运动员必须手持桨以站姿撞线，其他情况视为未完赛。

（2）岸上到达

当终点设置在岸上时，以板头撞线为准。

8. 运动员赛后行为

①运动员完赛后应立即离开赛道，如影响其他人冲线或者下一组出发，将被取消该比赛成绩及后续项目比赛资格 (DSQ)。

②被选中二次检录的运动员应立即前往检录处接受二次检录。

③所有运动员应遵守反兴奋剂条例，配合进行兴奋剂检测。

④获奖的前三名运动员必须出席颁奖仪式，组委会有权取消未参加颁奖运动员比赛成绩 (DSQ)，比赛成绩顺延，重新排名。

9. 运动员违反体育道德的行为

违反体育道德行为的运动员将被取消所有比赛资格 (DQB)。包括但不限于以下内容：

①使用身体、板或桨对他人造成身体伤害。

②故意使用身体、板或桨干扰他人正常比赛的行为(如划桨、前进、转弯、出发、到达等)。

③蓄意干扰裁判员执裁。

④在竞赛现场不服从仲裁委员会的判决。

⑤故意损坏公共设备。

⑥使用兴奋剂。

⑦任何以不正当方式参与比赛的行为。

追加判罚：

①中止行为不端运动员的所有比赛 (DQB)。

② 取消在竞赛中已获得的所有成绩、排名和积分，并收回奖牌、奖金及其他所有奖励。

③已完成比赛的成绩不再更改，只重新计算受影响的排名和积分，并补发相应奖励。

10. 竞赛成绩公布

每场比赛结束后，组委会应尽快公布成绩，所有成绩的公布都必须由总裁判长或其授权代表进行公布，无论正式或非正式成绩。

11. 抗议、申诉与仲裁

各代表队对裁判员的判决有疑义时，其领队或教练可向总裁判长口头询问。如仍有异议，可正式提出抗议。

（1）抗议

下列情况可提出抗议

①针对未遵守比赛规则和规程的行为；

②发生了影响比赛或危及运动员的情况；

③对裁判的判决有异议，但不得对符合客观事实的判决提出抗议。

（2）抗议的程序要求

①该项比赛结束 30 min 之内；

②填写抗议书后领队或教练签字；

③向组委会交纳抗议费人民币 500 元，并将抗议书提交给总裁判长。

无论抗议结果如何，已完成比赛的成绩不再更改，只重新计算受影响的排名和积分，并补发相应奖励。

总裁判长必须对所有抗议做出书面答复。如果驳回抗议，必须在抗议书上填写驳回理由，并将抗议书交还。

（3）申诉与仲裁

①如果抗议被驳回，其领队可向仲裁委员会申诉。此时，总裁判长应将抗议书提交仲裁委员会，对申诉进行复议和裁决。仲裁委员会的裁决为赛场最终裁决。

②如胜诉，退还抗议费。

练习题

1. 简述桨板竞赛组织的各个部门有哪些，其工作重点分别是什么？
2. 如何确保比赛公平、公正？
3. 如果本次赛事有 300 名选手参加，每人一个项目，共计要多少名裁判，他们的岗位分别是什么？

第十二章　桨板+项目介绍

桨板最早是在海洋上冲浪的冲浪板，随着水域环境的变化，桨板衍生出各种新兴运动项目，桨板的品类为了符合新兴运动的发展也发生了多种变化：1. 静水桨板，用于户外活动、健身和休闲观光；2. 竞速桨板，用于湖泊、河流及运河上的竞赛；3. 白水桨板，用于探险或急流漂流；4. 瑜伽桨板，水上瑜伽或钓鱼；5. 桨板高尔夫，水上打高尔夫；桨板球，水上桨板球运动等。从桨板衍生出丰富水上运动的同时，桨板的品类也发生了多种变化。

自 2008 年伊始，世界上有了第一家专门设计制造静水桨板的厂家，静水桨板专门为个人在野外进行探险而设计，避开城市的喧嚣，和大自然融为一体。与传统的冲浪桨板相比，静水桨板增加了携带随身物品的设计，同时有利于在水面上划行。随着桨板＋的不断发展，桨板的品种也同步发展壮大。

一、冲浪桨板

准确地讲，冲浪板、冲浪桨板和 SUP 桨板虽然外形相似，但各自的尺寸特征大相径庭。冲浪板、冲浪桨板、SUP 桨板的区别如表 12.1 所示。

表 12.1 冲浪板、冲浪桨板和 SUP 桨板的区别

参数	冲浪板	冲浪桨板	SUP桨板
作用力	海浪+双手	海浪+桨	桨
外形	偏小	中等	较大
长度/m	1.6～2.6	2.6～3.2	3.2～4.6
宽度/m	18～24	24～32	28～4
厚度/cm	7～10	10～12	12～15
体积	偏小	中等	较大
骑浪	大浪	中浪小浪	无浪（静水）
方向--姿态	顺海浪--站立 逆海浪--趴板	任何方向--站、趴、蹲、坐	任何方向--任何动作

冲浪是以海浪为动力的极限运动，是在浪潮翻滚的环境下，冲浪手趴在冲浪板上，借助双手划水逆水划入浪区，当海浪浪尖溃击冲浪板下落的过程中，冲浪手靠近浪壁迅速站立骑乘冲浪板，在连续翻卷的海浪里，顺着浪壁下滑并保持身体骑乘站立在板上，翻卷的浪壁越高，人骑乘站的越稳、越刺激。冲浪板越小则操控性能越强，越难骑乘，对冲浪手的技术要求越高。冲浪手的骑乘规则是：一个人骑一个浪，谁靠近浪壁第一个站立骑乘，其余冲浪手须等待下一个浪壁，避免相互冲撞。所以优秀的冲浪手在进入浪区后，会抓住时机潜越浪（鸭子潜水技术）冲入浪尖，钻入浪壁。对于潜越浪，冲浪板越小越容易下潜，冲浪板体积大则浮力大很难潜入水下。因此新手冲浪，大部分是在浅水区划水，眼看划到浪区了，一个浪过来又被拍回岸边，因此冲浪运动需要掌握潜越浪技巧，才能划入浪区，钻入浪壁骑乘。

当浪壁逐渐变弱变小后，冲浪板的滑进速度逐渐变慢，冲浪手没有前进的推力则无法站立在板上，改成趴板双手划水，然后再次划入深海浪区，如此反复。冲浪手是骑浪站立冲浪，逆水趴板划水潜越浪。

桨板冲浪的诞生是为了降低难度和更好地普及冲浪运动。让初学者首先能够站立在板上，同时保持身体的稳定平衡，身体站稳了才能有效地借助海水浪花的推力，对原有的冲浪板进行了改良：加长加宽加厚，增加了承载力和稳定性。桨板冲浪更适合在浅海浪花较小和稳定推力的水域开展，桨板冲浪是冲浪板的简化版本，同时配合桨叶的划水助推，二者配合完成冲浪运动。

冲浪桨板与 SUP 桨板的外形和尺寸差距较大，SUP 桨板更长，通常在 3 m

左右,又重又厚。冲浪板较短,大约 2 m,更加轻盈,厚度薄。因其外形尺寸的不同,导致 SUP 桨板有更大的面积接触水,以保持更好的稳定性,优点是能更好地抓住浪,缺点是运动员身体控制桨板响应水浪的反应速度较慢,因此 SUP 桨板冲浪的机动性和灵活性较弱,SUP 桨板冲浪主要借助水浪相对较小的水域环境,通过双手划桨冲入波浪,骑行在滚动的浪尖上,相比冲浪板稳定性更高,冲浪的难度降低,双手借助桨控制板的动作更多。反之冲浪板较轻较薄、体积较小、操控性强、响应速度快、灵活性好,一般是趴板用双手划入浪尖,当被浪尖溃击后迅速站立,始终骑行在浪尖或浪腰上。虽然两者都是冲浪,SUP 桨板冲浪需要借助桨来划水推动并控制身体平衡,而冲浪板完全依靠波涛汹涌的海浪溃击推动划行和用双手控制平衡。因此,真正意义的 SUP 桨板冲浪是冲浪板的初级阶段,主要还是依靠双手划桨来推动 SUP 桨板向前运动。

冲浪桨板尺寸比 SUP 桨板略小,比冲浪板略大,以适应选手的划水能力和体重。冲浪桨板越小,冲浪的机动和灵活性越强,同时控制身体的平衡性稳定性要求越高。冲浪桨板利用波涛较小的海浪和桨板的推水向前划行,便于最佳时机骑行在波浪溃点,以便较好地借助波浪的溃击力,从而更好地节省双手的划水力。

二、白水桨板

白水是指流水发生撞击后产生的白沫。白水分为 6 个等级(表 12.2),通常适合大众开展的水域环境是 1-3 级。

表 12.2 白水等级

等级	水流环境	风险程度	适合人群
1级	有浅滩或小浪快速流动的水,周围障碍物少	安全	初学者
2级	笔直宽阔的急流,明显清晰的通道	相对安全	爱好者
3级	中等不规则水浪和急流,难以避开较窄通道和暗礁	一般安全	有经验
4级	激烈强劲急流,狂暴水流中有无法避开的浪洞	有风险	专业选手
5级	剧烈的急流伴随险峻狭窄的瀑布	较大风险	专业选手
6级	极端的水流	极大风险	顶尖选手

白水桨板即桨板漂流,是漂流的进阶形式,比普通漂流更具挑战性。白水桨板在不同的水流环境下,可能会遇到暗礁、岩石、悬崖、瀑布等,因此白水桨板

是一项危险性极高的运动，不仅要穿救生衣，而且必须穿戴头盔和安全保护装备，运动员需要具备丰富的桨板运动经验。

和静水相比，参加白水桨板比赛，运动员要做好充分的准备工作，如表 12.3 所示。

表 12.3 白水桨板赛事运动员准备的工作

内容	资料
水性	胜任游泳技术，熟悉急流爬板和旋涡逃生技术
水流	掌握水文资料、水流漕溪变化情况
天气	季节气候风速变化
装备	白水桨板、救生衣、头盔护具、替换衣物等
安全预案	现场急救措施、逃生方案

白水桨板相对较宽较短，通过增加表面积来增加板的稳定性，因为面积越小的板遇到同样的水浪颠簸得越厉害，越容易翻板落水，所以白水桨板相比大竹筏或救生筏风险要大得多，参加白水桨板需要经过专业的训练。

三、桨板瑜伽

桨板瑜伽又称水上瑜伽，是在水面的桨板上进行的瑜伽运动，将冲浪的刺激与瑜伽的放松巧妙地结合在一起，集娱乐性、趣味性、刺激性、休闲性于一体（图12-1）。练习者是在漂浮的板面上运动，所以对平衡性、水性、柔韧性和核心力量有较高的要求，感受风口浪尖下身体控制平衡的能力。板型通常是长方形的，提升了板的稳定性，前后各安装有两个把手。桨板瑜伽穿泳装练习，且为了肢体动作伸展的需要，是不穿救生衣的，因此桨板瑜伽为了保障练习者的安全一般在游泳池内练习，水深约为 1.5 m 的浅水区，桨板是用绳索相互连接固定在水面上。

图 12-1 桨板瑜伽

户外桨板瑜伽另有一番风味，这是室内瑜伽无法带来的运动体验，在户外广阔水域，感受水波荡漾，微风拂面，与美丽的大自然交相呼应，融为一体。户外桨板瑜伽对练习者的水性有较高的要求，因不穿救生衣和不绑脚绳，练习者必须熟悉水性熟练掌握游泳技能，户外桨板瑜伽一般将桨板用绳索固定在水面上，避免练习者落水后桨板位移飘走发生危险。户外桨板瑜伽相比室内瑜伽对练习者的挑战性更大，带来的锻炼效果更好。

桨板瑜伽优点在于不由自主提高练习者的专注力，身体重心在变化的过程中，核心肌肉和小肌肉群也随之发生变化，因此桨板瑜伽锻炼 1 h 约等于健身房锻炼 3 h。瑜伽本身需要较好的身体平衡能力，加之在桨板上需要保持更好地平衡性，所以桨板瑜伽需要用到更多的核心力量，更能提升人的平衡能力；其次，由于水环境和桨板的不稳定性，能够有效减少练习者注意力的分散，快速进入冥想状态；最后，瑜伽肢体动作最佳的平衡点，练习者平衡得越好越精准，可以快速提升瑜伽的技术水平并减少身体的运动损伤。由此可见，桨板瑜伽可进一步提升瑜伽修身养心、身心合一之目的。

在瑜伽难度相同的情况下，在越窄、越轻、越短的桨板上进行瑜伽运动的难度更高，桨板的不稳定性提升了瑜伽的难度。普通的桨板也可以进行瑜伽运动，一般适合瑜伽的桨板比寻常桨板更宽一些，除了专门为瑜伽设计的瑜伽桨板，白水板比较宽，也可以兼做瑜伽桨板。专业瑜伽桨板设计有供绑缚锻炼设备，如弹力带、侧面把手等装置，此外还配备有桨板锚以防治被水流带走。

四、花式桨板

如前文所述，花式桨板顾名思义——在桨板上展现各种花式动作，其最高境界不仅仅是表演，是人与桨板和谐统一。选手从陆地抱板奔跑，至跳跃飞身上板进入水面，在板上腾空跳跃、上下翻滚、辗转腾挪，挑战水的束缚，玩出各种花式和高难度动作，不断创新桨板运动的维度和宽度，花式桨板的无限创意玩法，恰恰符合当前新潮、炫酷、刺激、时尚和前卫的运动需求。

五、龙舟桨板

如前文所述，龙舟桨板又称龙板，是 2 人以上的集体项目，需要团队相互配合，其玩法多样。如：多个桨板叠加相连的玩法，需要选手站在各自桨板上，将板头压在前一位选手的板尾上，且始终相连不分离，选手站姿划桨，多个桨板连接呈一条龙，形似龙舟桨板；另一种玩法是用可容纳多个选手的大号桨板，多人乘坐在一个桨板上，分成一排或者左右两排乘坐，用坐姿、跪姿、站姿等动作划桨，以速度领先为战胜对手。龙板的面世是为了多人团队比赛及集体拓展活动。

六、桨板球

桨板球又称桨板水球，是一项新兴的水上趣味运动项目，是通过水球、皮艇球、独木舟水球等项目演变发展而来的，是水上注重团队合作的运动项目，集趣味性、娱乐性、观赏性于一身，能较好地锻炼个人身体的平衡性、协调性、灵活性、柔韧性和耐力，是亲水人群中趣味性较强的团队合作运动（图 12-2）。

图 12-2 桨板球

桨板球的基本规则：每队场上选手一般为 5 人（全队 12 人，含领队、教练、替补），其中一名选手为守门员。选手使用单人桨板，桨叶像一个漏勺，既可以划水又可以平稳托住水球，选手在桨板上运用各种肢体动作：站姿、坐姿、跪姿、趴姿，借助桨叶快速前进、急转和急停，同时用桨叶来抢球、接球和传球，身体任何部位禁止接触球。比赛在规定的水域范围内，球门是水球门，选手通过团队配合用桨叶来传球和射门得分。

选手落水后不能用肢体动作护球拿球，爬上桨板后方可继续比赛，用桨叶传接球。比赛过程中须避免选手故意撞击桨板，不得用桨攻击对方选手的身体或桨板，不得用球故意砸向对方选手，否则判犯规处罚。

七、桨板高尔夫

桨板作为水上新兴运动项目，其爱好者和专业粉丝的欲望一直在不断延伸和发展，桨板高尔夫就此诞生。受场地和资金的限制，陆地高尔夫属于贵族运动，可望而遥不可及。水上高尔夫打破了陆地的局限性，有水域就可以开展，变得更加普通化。

桨板高尔夫基本规则：水域环境没有局限性，高尔夫球具有浮力和不同颜色，每个选手有若干个相同颜色的球，通过桨板划至若干限定区域击球，将球击打至水上浮洞，进入浮洞最多或距离浮洞最近的选手获胜，桨板高尔夫的规则还处于尝试探索和不断改进阶段，可以自制游戏规则，玩法花样繁多，比拼的是选手站在桨板上击打高尔夫的发力和动作稳定性，让球进入指定位置或比对手更靠近指定位置获胜。

八、桨板钓鱼

桨板钓鱼顾名思义坐在桨板上钓鱼，钓鱼桨板更宽更稳定，方便容纳各种渔具，同时方便钓鱼爱好者划桨进入最佳水域位置抛饵钓鱼，桨板钓鱼打破了钓鱼爱好者仅能在岸边垂钓的局限性（图12-3）。

图 12-3 桨板钓鱼

九、桨板运动的发展是体育强国建设的必然要求

体育强则中国强，建设社会主义现代化强国，实现中华民族伟大复兴的中国梦，体育强国建设是不可或缺、至关重要的一环。中国在传统陆上体育运动项目上已走过了很长一段时间的发展，水上运动的兴起，特别是以帆船、赛艇、皮划艇、桨板等为代表的运动项目，国内的普及程度亟待加强，桨板运动更是作为全民健身项目、群众体育项目的代表，应该加强普及和推广。桨板运动因其可以培育勇敢、合作、包容的体育精神，更是年轻人涵养品质、砥砺精神的优秀体育项目代表，因此桨板运动的推广事关水上运动发展，事关体育强国建设。

党的十八大以来，在以习近平总书记为核心的党中央站在党和国家发展的全局，统筹谋划，科学决策，把体育强国建设提升到了国家发展的战略高度。下面我们一起回顾总书记在体育强国建设方面的重要论述。

2013年习近平会见全国体育先进单位和先进个人代表时强调：体育是社会发展和人类进步的重要标志，是综合国力和社会文明程度的重要体现。体育在提高人民身体素质和健康水平、促进人的全面发展，丰富人民精神文化生活、推动经济社会发展，激励全国各族人民弘扬追求卓越、突破自我的精神方面，都有着不可替代的重要作用。

2020年习近平在教育文化卫生体育领域专家代表座谈会上的讲话中曾提到，"要推动体育产业高质量发展，不断满足体育消费需求。要加快推进体育改革创新步伐，更新体育理念，借鉴国外有益经验，为我国体育事业发展注入新的活力和动力。"

2022年习近平在北京冬奥会、冬残奥会总结表彰大会上发表的讲话中曾提到，"我们要坚持以增强人民体质、提高全民族身体素质和生活质量为目标，高度重视并充分发挥体育在促进人的全面发展中的重要作用，继续推进体育改革创新，加强体育科技研发，完善全民健身体系，增强广大人民群众特别是青少年体育健身意识，增强我国竞技体育的综合实力和国际竞争力，加快建设体育强国步伐。"

练习题

1. 简述你最喜爱的桨板＋运动。
2. 如果你来创造一个新的桨板＋项目，简述你的想法和原因。

参考文献:

[1] 红网新传媒.桨板（SUP）的前世今生[DB/OL].2017-7-17. https://www.sohu.com/a/157751685_475844

[2] 麦田创投竞争对手研究.2022-2028年全球与中国站立式桨（SUP）板行业发展趋势及投资战略分析报告[R].麦田中国市场分析报告书发布中心,2022-4-22.

[3] 乐海户外.SUP的结构分类以及桨板的选购[DB/OL].2018-4-8 https://zhuanlan.zhihu.com/p/35428787

[4] 北京博研智尚信息咨询有限公司.中国桨板行业市场规模及未来发展趋势[DB/OL].中国市场调研在线,2023-10-27.https://caifuhao.eastmoney.com/news/20231027110722950924150

[5] 陈思彤.培训体系日益完善 参与人数增长迅速——中国桨板未来可期[J]. 中国体育报, 2022-01-21.https://www.sport.gov.cn/n20001280/n20067662/n20067613/c23941240/content.html

[6] 国家体育总局水上运动管理中心.全国冲浪（桨板）项目专业技能培训管理办法（试行）[Z]. 2022-07-19.

[7] 国家体育总局水上运动管理中心. 全国冲浪（桨板）项目俱乐部管理办法（试行）[Z]. 2022-04-21.

[8] 国家体育总局水上运动管理中心.初、中级桨板教练员培训教材 [M]. 2022.

[9] 张迪天.桨板运动在大学生水域安全教育的可行性研究[J]. 武术研究,2020(6):147-149.

[10] Nate Burgoyne.THE STAND UP PADDLE BOOK[M]. Hawaii:Lava Rock Publishing,2010.

[11] Ben Marcus.THE ART OF STAND UP PADDLING[M]. USA： NATIONAL BOOK NETWORK,2016.

[12] 全国体育院校教材委员会.游泳运动[M].北京： 人民体育出版社,2021.

[13] 盛文林.赛艇、皮划艇：激流上的运动[M].北京：台海出版社,2014.

[14] 刘崇,任立峰.人体平衡能力的评价系统[J].中国组织工程研究与临床康复,2009,13(2):363-365.

[15] 唐桥,张海忠. 综合性项目运动员动态平衡能力与双侧膝关节肌力、下肢爆发力的相关性研究[J].中国体育科技,2019,55(5):65-80.

[16] 国家体育总局水上运动管理中心.中国桨板竞速赛事竞赛规则[Z]. 2023-08.

说明：
扫描左方二维码，可免费观看桨板运动的视频，有助于掌握桨板运动的正确姿势。

鸣谢：
协作单位：AZTRON阿斯创制作团队
总制片：杨逸俊
总导演：王 简
执行导演：柯治泉
执行策划：刘雨惠
美术指导：陈鸿刚
副导演：罗 明
摄影师：强 军

图书在版编目(CIP)数据

桨板运动 / 朱江华, 刘勇主编; 高文倩, 秦伟, 侯秀文副主编. —上海: 东华大学出版社, 2024.6
ISBN 978-7-5669-2370-7

I.①桨… II.①朱… ②刘… ③高… ④秦… ⑤侯… III.①水上运动—教材
IV.①G861.9

中国国家版本馆CIP数据核字(2024)第102072号

责任编辑：竺海娟
封面设计：魏依东
插图设计：林以诺　夏邦豪　吴秀清

桨板运动

主　　编：朱江华　刘　勇
副 主 编：高文倩　秦　伟　侯秀文

出　　版：东华大学出版社（地址：上海市延安西路1882号　邮编：200051）
本社网址：dhupress.dhu.edu.cn
天猫旗舰店：http://dhdx.tmall.com
销售中心：021-62193056　62373056　62379558
印　　刷：常熟大宏印刷有限公司
开　　本：787mm×960mm　1/16
印　　张：14.75
字　　数：330千字
版　　次：2024年6月第1版
印　　次：2024年6月第1次印刷
书　　号：ISBN 978-7-5669-2370-7
定　　价：78.00元